한국과 주변 4강과의 관계

한국과 주변 4강과의 관계

초판 1쇄 발행 2015년 11월 30일

지은이 ㅣ 윤 병 석
펴낸이 ㅣ 윤 관 백
펴낸곳 ㅣ 도서출판 선인

편 집 ㅣ 이경남 · 김지현 · 최진아 · 심상보 · 임현지
표 지 ㅣ 박애리
영 업 ㅣ 이주하

등 록 ㅣ 제5-77호(1998.11.4)
주 소 ㅣ 서울시 마포구 마포대로 4다길 4 곳마루 B/D 1층
전 화 ㅣ 02)718-6252/6257
팩 스 ㅣ 02)718-6253
E-mail ㅣ sunin72@chol.com

정가 27,000원

ISBN 978-89-5933-939-6 93900

한국과 주변 4강과의 관계

윤 병 석

○ 한국과 주변 4강과의 관계를 출간하면서

서구인에게 '은둔(隱遁)의 나라'라고도 알려진 한국(韓國)은 서세동점
이 시작된 후 근대문물과 과학문명을 받아들이려고 힘겨운 노력을 하
였다. 그런 중에서도 한국을 둘러싼 주변 4강은 때로는 평온한 선린우
호관계가 유지되어 서로 협력하는 경우도 적지 않았다. 그러나 인류역
사 발전의 관점에서 한국과 주변 4강은 근원적으로 각기 자기들 나라
의 무역증진이나 자국의 이익쟁취라는 근원적 난제를 띠고 있다. 그중
에서도 "제국주의 열강의 동양 여얼(餘孼)"인 일본은 이틈을 타서 한국
을 강점하고 그들의 식민지로 만드는 것이 목표인 것이었다.

그러므로 한국과 일본은 서로 풀 수 없는 견원지간(犬猿之間)이 되어
갈 수밖에 없었다. 일본은 한국의 독립유지나 동양평화를 외쳤지만,
실상은 첫째, 한국에 대한 강점과 지배를 완성시키는 일이고 나아가
그들이 갈망하는 이상국가인 지대물박(地大物博)한 중국대륙으로의 진

출을 도모하는 것이었다. 그를 위하여 일본은 메이지유신(明治維新)을 핑계로 군국화환 군사력을 앞세워 서슴없이 청일·러일전쟁을 도발하였고 한편으로는 한국을 강점하고 한국민을 식민지 조선인으로 만들어 갔다. 일본은 이런 속에서도 겉으로는 근대 입헌국가(立憲國家) 참설을 목표로 하였다. 현실로 벌어지는 현상은 문무겸비한 근대법치국가를 만들어간 것이다.

일본은 이때 이를 명분삼아 1894년의 청일전쟁과 1904년의 러일전쟁을 도발하여 한국을 서세동점의 세력에서 교묘히 이탈시켜 한국 식민지 지배를 완성하려는 속셈이었다. 나아가 중국대륙으로의 진출을 본격화하려는 것이었다. 여기에 영미세력을 청일전쟁과 러일전쟁의 종전(終戰) 중개자로 나서게 하여 그들 강국도 일본의 침략을 방조한 셈이 되었다. 가쓰라─태프트밀약과 영일·제일이차동맹을 십분 이용한 것이다.

또한 1905년에 일본은 마침내 한국의 부강을 실현시킨다는 명목으로 '보호국'을 확립하여 한국의 외교권을 박탈하였다. 이어 1910년에는 한국에 대한 병탄(倂呑)을 완성시켜 그들 식민지 조선(朝鮮)이 되게 하였다. 이 무렵 이 같은 침략을 현지에서 광폭하게 추진시킨 인물이 일제 메이지유신의 원훈(元勳)인 이토 히로부미(伊藤博文)였다. 그는 겉으로는 한국의 독립을 지키고 부강시켜 선린지국(善隣之國)을 만들자고 하였지만 속셈은 한국의 침략을 위장하는 술책에 불과하였다. 중국 하얼빈에서 안중근 의사가 발사한 총탄에 그가 죽은 것은 지은 원죄(原罪)를 받은 것이나 다름없다 할 것이다. 이때 만약 이토가 죽지 않았다면, 남북만주도 한국과 다름없는 일본의 종속국이 될 수도 있는 국제 관계가 펼쳐질 수도 있는 상황이었다.

내외 한국민족은 1914년 세계 제1차대전이 발발하는 시점을 기회로

국내외 온 민족이 단합하여 대동단결(大同團結)을 실시하여 근대국가를
세우려고 기도하였다. 바로 이 무렵 일제는 제1차대전을 통해 한국을
서세동점의 세계 정국 중에서 교묘히 이탈시켜 한국에 대한 식민지 지
배를 완성한 것이었다. 뿐만 아니라 중국 대륙으로의 진출을 본격화하
려는 것이었다.

　한편 민족주의 사학자이며 국내외 독립운동을 지도하던 백암 박은
식은『한국통사(韓國痛史)』나, 그를 이어 3·1운동과 대한민국 임시정부
의 성립을 저술한『한국독립운동지혈사(韓國獨立運動之血史)』에서 그런 점
을 명확히 규명하고 강조하였다. 물론 새로운 근대문화(近代文化)의 수
용과 과학 등의 수용 등을 강조하였다. 또한 민족주의 사학을 대성한
단재 신채호도 독립운동에 신명을 바치면서 수행하면서도 한편 비슷
한 주장을 하였던 것이다. 이로부터 한국은 '주권(主權)과 인민[국(國)민]
및 영토(領土)가 완전히 보장'되고, 후대에 이어지는 역사방향(歷史方向)
을 '민주주의(民主主義)의 확립과 공화제(共和制) 완성'으로 확정하였다.
이 사실은 역사적 좌표를 올바로 잡은 것이며 지엄(至嚴)한 역사적 은
감(殷鑑)인 것이었다.

　한국과 주변 4강의 역사적 관계에서는 아래와 같은 8편의 글을 게재
한 것이다. 아울러 이와 관계되는 저자의 학행(學行)을 서술한 이만열
(李萬烈) 교수의 독립기념관 관보에 제2회 학술상 심사경위 심사절차 등
을 담은 글을 전재 수록하였다. 저자에게는 과분한 논찬이 아닌가 하
는 생각도 있지만 한국사학지의 논찬이 되어서 사진판본같이 등재 수
록한 것이다.

○ 한국과 주변 4강과의 관계

이 저술의 목적은 여러 가지를 들 수 있지만 요약하면 주변 4강의 다음과 같은 8개 문제를 심층 분석하려는 것이기도 하다.

첫째, 『헤이그만국평화회의의 한국특사의 역사적 의미』를 게재하여 1907년 네덜란드 헤이그에서 개최된 만국평화회의에서의 특사들의 행적을 살펴보면서 한국의 국제적 지위를 분명하게 확인한 것이었다. 그로부터 외세를 살피는 독립운동의 방법은 과감히 버리고 한국민족의 자주적 독립운동의 방향을 분명히 제시하며 일제화의 항전(抗戰)에 들어간 것이었다. 저자는 이 같은 동향을 주목하여 한일 양국에 실제로 전래 현대 보관된 을사5조약 협약 등 을사5조약 등 늑결 관련 문서 등을 검토하고, 그 바른 진실을 규명하여 기술하였다.

둘째, 『간도협약100주년을 돌아보다』를 게재하여 중국이 간도를 기어코 중국의 것으로 삼으려는 그들의 중화주의(中華主義)적 작위(作爲)를 규명, 부각시켰다. 중국이 간도를 아무리 강조하여도 한국과 중국의 영토(領土) 분쟁의 역사적 바른 내용을 탐구한 것을 사실대로 기술한 것이다.

셋째, 『을사5조약(乙巳五條約)의 선고찰』을 게재하여 일제의 광폭한 한국 식민지화 작태를 부각시켰다. 더구나 현재까지도 지속되는 '일본의 신제국주의'라고 밖에 볼 수 없는 행위를 실증 제시한 것이다.

넷째, 『경술국치(庚戌國恥)를 성찰한다』를 게재하여 일제의 한국병탄과 한국민족의 광복선언 및 그의 실행전술까지 제시하였고, 지금까지도 계속되는 일본의 한국재침략기도를 경고한 것이다.

다섯째, 『3·1운동과 대한민국(大韓民國)의 임시정부, 임시의정원』을 게재하여 한국의 3·1운동과 그 운동이 최고조에 이를 무렵부터 대한민국이 광복선언(光復宣言), 임시의정원과 임시정부의 광복운동(光復運動)의 방향(方向)과 실상(實相)을 상세히 제시하였다.

그런 중 최근 황태현과 팽주한 양 교수가 연달아 2015년인 금년으로부터 소급하면 100년하고도 10년을 더 보태는 110년 전에 대한민국이 광복선언(光復宣言)을 하였다는 내용을 담은 글을 발표하였다. 필자도 마침 이 견해는 십분 요해(了該)할 수 있는 것이며 이미 110년 전에 한국과 주변 4강의 중심에 위치한 동아세아(東西亞) 지역인 그 발원지(發源地)에 올바른 역사의 계보(系譜)를 규명하여 그 내용을 제시하던 참이었다.

그러나 이 110년이나 지난 대한민국의 광복선언의 기원은 현재 나타난 사실의 증거만으로는 충분하지 못하다. 왜냐하면 대한민국의 광복선언을 하였다고 하여 그 대한민국의 운영기관인 임시정부와 망명정부이던, 또는 이념을 갖춘 정당이나 사회단체 등이 부산하여 대한민국이 광복선언의 시동(試動)을 걸었다는 증좌는 아직까지 찾지 못하였고, 예컨대 그 대한민국을 운영하였다는 변화의 현상을 설명할 수 없기 때문이다.

그러므로 공식적인 광복선언은 1919년 3·1운동이 최고조로 진행 될 무렵인 그해 4월 10~11일 중국 상하이에서 건립한 대한민국 임시정부와 임시의정원 광복선언만이 국내외에 공표될 수 있었던 것이다. 그러나 한국은 저어도 110년이나 앞서서 '민주주의를 근본으로 하고 공화정(共和政)을 확립'하는 역할만은 인정할 수밖에 없다.

"역사를 올바르게 이해하고 그를 계승하는 활동력은 한국역사에서 아무것도 가르쳐 주지 않으면 우리 모두는 어제 있는 오늘, 오늘 있는 내일이 없다는 자세로 우리의 쓰라리고 아팠던 지난 역사에서 배워 오늘과 내일에 대비하여야 할 오늘이라고 본다."라고 설명한 인사도 있다. 아마 이 뜻은 오늘날도 올바로 성찰하여야 할 유위(有爲)의 말을 한 것이 아니겠는가! 110년이 전통의 예정한 만세 소리가 들릴 것이라고 생각된다. 한국은 자기들의 세력 확장과 이권 쟁취에 여념이 없는 주변의 4강으로 둘러싸여 있으면서도 동북아세아 지역에서는 제일 먼저 민주주의를 근본으로 하고 공화정(共和政)을 시행하겠다는, 위에 논급한 대한민국의 '선진적 광복선언(光復宣言)'을 단계별로 정리하면 다음과 같이 설명할 수 있다.

첫째, 대한민국의 광복선언의 기원은 현재까지의 규명된 사실만으로도 110년이 되는 것이 확실하다고 할 수 있다. 둘째, 대한민국의 광복선언이 국내외 공표된 것은 1919년 3·1운동이 고조(高調)될 무렵인 그해 4월 10일~11일 사이에 중국 상하이에서 대한민국 임시정부가 국내외 광복선언을 공표한 때문이었다. 셋째, 대한민국의 '민국(民國)'이라는 용례(用例)는 중화민국이라 한 '민국'의 용례(用例)를 본받은 것이 아니고, 한국은 독자적으로 110년 전의 자주적이며 민주주의를 근본으로 하는 공화정을 시행하기 위하여 추진한 것이 분명하게 되었다. 넷째, 한국은 1945년 일본 제국주의의 패망으로 해방되고 그로부터 70년의 광복사(光復史)가 한국민의 열(熱)과 성(誠) 혈(血)로 이루어져 현재의 한국의 위상을 갖춘 나라가 되었다. 그것은 세계평화를 공유하기 위하여 세운 UN의 회원국들 중에서도 G20 내에 들어가는 회원국이 되었고 비록 세계평화를 위한 기구인 안전보장이사회(安全保障理事會)의 정 이사국이 아니더라도 그를 함께 뒷받침하는 비상임 안전보장이사회의 회원국 등으로 활동하게 성장하였다. 앞으로 한국의 지상(至上)과제는 무엇보다 원만하게 국론통일을 하고 남북통일이 어려운 과제이지만 반드시 성사시켜 장래 후손에게 물려줄 웅비(雄飛)하는 한국을 건설하는데 매진하여야 하는 것이 아니겠는가.

이와 같은 작업 중 뜻밖에 이를 면밀히 재검증하는 중 저자는 대한민국의 '민국(民國)'이란 원천(元泉)이 현재까지는 신해혁명 후 '중화민국'이란 칭례(稱例)에서 본받은 것으로만 생각하였는데, 근래 학계 일각에서의 연구사례를 통해 대한민국의 '민국(民國)'은 이미 1905년 을사5조약 늑결부터 자주적으로 국명을 대한민국(大韓民國)이라 한 것이 명백하였다는 견해와 그 실상(實相)을 파악하였다. 그리하여 이것이 틀림없는 사실이라면 대한민국의 공식선포는 3·1운동이 절정인 무렵, 중국에선 선포되기 20여 년 전인 1905년으로 상향할 수밖에 없다. 그렇다면 한국은 동북아(東北亞: 중국, 한국, 일본 및 아세아대륙의 동남지방을 지칭한다)에서 최초로 민주주의를 기본으로 하여 공화정(共和政)의 완수를 내용으로 하는 민주평화국의 원천의 발원(發源)으로 확정되는 것이다. 앞으로 정밀 규명을 면밀히 할 필요는 있는 것이다.

여섯째, 『일제의 한국침략과 전후에 이르러서까지도 변화없는 일본의 역사왜곡 및 독도(獨島) 재침략 기도』는 실상을 규명하여 현재까지 지속되는 한국재침략을 실현시키기 위하여 현재 '신제국주의'를 수행하려드는 일본을 경고한 것이다.

일곱째, 소비에트 건설기에 고려인이라고도 하는 한인의 갖가지 참변과 중앙아세아로 강제이주의 참상과 그런 속에서도 한인의 열성적인 재생실상(再生實相)을 한러관계 역사에서 보다 부각시킨 것이다. 특히 근래에 들어서면서 스탈린의 소련강제전제체제가 고르바초프와 엘진으로 넘어오면서 그들 국가체제의 큰 변혁을 갖고 온 민주주의국가를 건설한다고 선언하였다. 주변국은 물론 세계가 환영하는 추세였다. 그러나 어찌된 셈인지 프신 현 대통령이 집권하면서 새로 전제체제로 전환하는 정책을 쓰는 것인지 의구심을 떨칠 수 없는 상황인지 의심스럽다.

여덟째, 4강 중의 한 나라인 미국과 한국의 관계도 희비양단의 상관관계가 유지될 때도 있었지만, 미주 내에서 민족운동의 전말을 담은 『미주한인사회의 성립과 민족운동』을 게재하여 한미관계의 전말을 심층 분석하여 올바른 역사적 좌표를 찾아 지엄한 판단을 제시하려 한 것이다.

○ 맺음말

한국의 근대 시련에서 주변 4강과의 난제(難題)는 나라마다 대소 다른 과제가 제기된다. 그러나 우선 나라별로 중요 과제를 짚어보면 첫째, 일본제국주의의 강폭한 한국 강점 무력행위와 그를 합리화하기 위한 보호국 확립이라는 명분하에 '을사5조약'을 강제늑결하고, 연달아 한국병탄을 실현시킨 '한일병합조약'이라는 것을 강제하여 식민지 조선으로 만들어 강폭통치한 일본과의 난제이다. 역사적 관점에서만 보면 역사왜곡은 조만간 그 나라의 종말을 예고하는 역사의 심판이란 것을 망각한 단견(短見)이 더 나은 것이 아니겠는가.

둘째, 중화사상의 원조인 중국과의 영토 문제이다. 중국은 분명한 한국영토인 간도(間島)를 '중국 것'이라고 강변하면서 두만강을 한중경계의 강으로 억지 주장하였다. 그러나 두만강은 여러 가지 지난 역사의 문헌실증도 있지만 그들이 세운 백두산정계비의 명문대로 하여도 한국의 장강이 되는 것이지, 결코 중국 것이 될 수 없다는 것을 역사적 사실대로 구명한 것이다.

셋째, 러시아는 제정러시아 시절부터 자국 내의 100여 족도 넘는 소수민족을 지배하고 있으면서 그들의 귀화러시아인으로 동화시키는 데

전념하고 있다. 이런 속에서도 스스로 고려인이라고도 하는 한인에 대한 동화정책은 특히 무자비하게 자행시킨 것이었다. 러시아는 가장 먼저 고려인이라고 하는 한인을 중앙아세아 반사막의 초목지대로 강제 이주하도록 강행하였다. 이런 속에서도 원래 부지런하고 성실한 한국인은 그곳에서 재생활동을 열심히 추진하여 고려인의 강인한 생명력을 실증하고 있었다. 마땅히 현재의 러시아는 소련전제체제하에 제1·2차 혁명 중 충성을 다 바친 한인 중 지도급 인사 2,500명을 무고한 반혁명 혹은 간첩 등의 죄목으로 처단한 내용이 왜 단행되었던 것인지 사실대로 밝혀야 할 것이고, 압수한 그들 유품은 후손에게 돌려줘야 할 것이다.

넷째, 미주지역의 한인(韓人)은 대한제국 해체 전에도 하와이와 미국 본토에 미주 속의 '한인사회'를 건설하여 조국독립을 위한 민족운동을 꾸준히 전개하고 있었으며 하와이 노동이민이 이루어진 이후에는 이들을 아울러 조직하여 국내외 온 한민족 중에서도 가장 먼저 경제력 안정을 구축하고, 그보다도 민주주의를 기본으로 하는 조국독립운동에 참여하게 하였다. 최근 6·25전쟁이라고도 하는 한국의 분단과 민족분열에 대항하여서는 통일운동과 '한미공동방위 조약' 체결 등을 통하여 정부수립 이래 최고 간란(艱難)이라 할 수 있던 대한민국의 위상을 현재와 같이 발전을 기약할 수 있는 중요 계기가 되게 하였다. 그러므로 예컨대 6·25전쟁 중 한국과의 혈맹(血盟) 관계 등을 사실대로 부각시켜 앞으로의 은감(殷鑑)을 삼아야 할 것이지 결코 역사의 망각이 있어서는 안 될 것이다.

여기에 이색적인 사실은 헤이그 만국평화회의에 참석한 반 슈트너 여사(女士)는 이미 그때 여사로는 최초로 노벨평화상을 받은 분으로, 이위종(李瑋鍾)이 실토하는 한국침략상을 듣고 이 화합이 그러한 호소를 받아들이기를 동정(贊成)하며 또한 세계군대(UN軍)가 'UN군을 파견하여 한국의 독립을 도와야한다'고 하였다. 단지 의미있던 예언일까?

한편, 한국 독립운동의 지도자인 박은식은 민족주의 사학자이며 대한민국 임시정부의 제2대 대통령을 역임하였다. 박은식은 한국의 주권과 인민(國民) 및 영토를 지키기 위하여 주변국과 싸우거나 나아가 대적전쟁(對敵戰爭)까지 수행할 시 먼저 '졸속탐공(拙速探功)'을 수행하는 경우가 일반적이라고 하였다. 그러나 이것은 효과적일 때보다 불리한 처지에 빠질 수도 있다. 그러므로 대적투쟁에 앞서 시일이 걸리더라도 한국이 완공(完功)을 걸을 수 있는 성품과 기질로 무엇보다 국론통일을 통하여 독립의 대업(大業)을 완성시킬 수 있는 방법을 찾아 차근차근 실천하는 것이 필요한 것이라 하였다. 또한, 박은식은 한국은 4,300여 년 전 단군조선 개국 이래 주변국으로부터 동방예의지국(東方禮儀之國)이란 논찬을 받는다고 하였다. 그러나 한국은 주변 4대강국이 그들의 실리만을 따져 그것을 역이용하는 경우가 없지 않았다. 특히 일본의 강폭한 제국주의는 한국의 예의지국 따위는 안중에도 없고 그들의 침략 목적에 필요하면 대내외의 명분을 세우기 위하여 입헌제국(立憲帝國)을 건설하고 한국을 강점하여 한국을 그들의 식민지 조선으로 만들어가는 데 십분 이용하였다. 나아가 일제는 그들이 이상으로 여기는 중국대륙으로의 침략정책도 간교하게 은폐시키는 술책과 같은 정책도 서슴치 않았다. 이런 속에서 박은식은 한국민족의 독립완수를 위하여 주변 강국의 외온 따위를 살피는 경우가 없지 않았다 하고 한국의 독립은 선린외국의 후원 혹은 연대도 필요하지만 한국민족이 자주적으로 한국민족의 혈투(血鬪)로 완성시켜야 호국이 걱정 없는 자주독립국가(自主獨立國家)의 지위를 차지할 수 있는 것이라고도 주장하였다. 명심분발이 필요한 대목인 것이다. 이런 점이 박은식의 한국민족 독립운동

방향과 기상을 함양한 뛰어난 리더십으로도 생각된다.

　그러므로 한국은 주변 4강과의 선진우호관계의 증진도 보다 필요한 상황이다. 특히 민족적 대업인 남북통일의 민족문제의 해결방향을 염두에 둔다면 더욱 절실한 상황이다. 그러나 한국은 종래보다 국가안보와 정치ㆍ경제ㆍ사회ㆍ문화 등 여러 분야에서 균형 잡힌 국가건설을 목표로 자주적 국력배양에 전진하여야 할 특히 어려운 시점이라고도 생각된다. 한국이 주변 4강에 비해 비교되기 어려운 면도 있지만 국론통일과 국민총화의 강화가 국가안보를 비롯한 금융산업과 그에 따른 경제ㆍ사회ㆍ문화 등이 조화를 이루면서 발전하게 하는 것이 국력신장과 통일 문제 해결의 올바른 방향이라 아니할 수 없는 것이다.

차례

만국평화회의와 한국특사의
역사적 의미

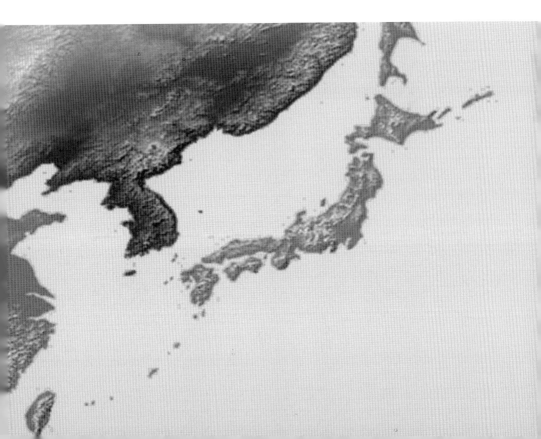

만국평화회의와 한국특사의 역사적 의미

1. 머리말

금년 2007년 6, 7월로 일제에게 침탈당한 국권을 회복하여 대한제국의 독립을 지키며 극동평화를 유지하려던 헤이그 만국평화회의에 밀파된 한국특사의 헌신적 구국외교 100주년을 맞는다. 격동과 시련의 한국근대사에서 대한제국 최후의 구국외교(救國外交)이며 나아가 민족의 자유와 독립을 회복하고 평화를 지키기 위한 독립외교(獨立外交)의 시발이 되기 때문에 그 은감(殷鑑)이 매우 중요시 되는 것이다.

세계(만국)의 평화유지를 위한 제2회 헤이그평화회의에 밀파된 이상설(李相卨)과 이준(李儁)·이위종(李瑋鍾)의 세 특사가 사행(使行)한 사실은 잘 알려져 있다. 그 외교특사 세 사람 가운데 이상설이 정사였다. 그는 을사5조약 강제 때 의정부참찬으로 그 조약 체결은 망국이 된다고 반대하며 조약의 파기와 을사5적의 처단을 사생을 걸고 상소한 인물이다. 이어 그는 종로거리에서 조약파기에 대한 강개한 연설하다가 자결

을 기도 혼절했던 반대 강경론자이다. 부사는 전 평리원 검사로 애국
계몽운동을 선도하던 강직하고 웅변가로 알려진 이준이었다. 특히 그
는 일제의 앞잡이인 일진회에 대항하기 위하여 만민공진(萬民共進)이란
뜻을 담은 공진회(共進會)를 조직, 회장으로 국권회복에 진력하다가 모
함에 빠져 황주 철도에 유배되기도 하였다. 또한 기독교를 믿어 한국
YMCA에서 「생존과 경쟁」이란 연설로 명성을 떨치기도 한 인물이다.
또한 사람의 특사는 전 러시아 주재 공사 이범진(李範晋)의 둘째 아들로
미국과 프랑스 러시아에서 영·불·러어를 익히고, 구미외교 실무에
유위한 전 러시아 공사관 참사관 이위종이었다. 이 세 사람은 광무황
제의 위임장(委任狀)에 표시된 이들이다. 이밖에 한국독립운동의 은인
이라고도 칭송되던 헐버트(Homer B. Hulbert) 박사가 처음부터 이 사절단
의 중요 지원자로 포함되었고, 헤이그에서도 함께 활동하기도 하였다.
헐버트는 따로 광무황제의 위임장과 친서를 휴대하고 갔다. 또한 공식
사절에는 포함될 수 없으나 재미한인의 후원으로 윤병구(尹炳球) 목사
와 송헌주(宋憲澍)가 7월 초 미국에서 헤이그에 도착하여 특사일행을 도
왔다.[1]

그동안 이 헤이그 특사의 사행은 그중 이준 열사의 애국적 생애와
헤이그 사행지에서의 순국을 중심으로 적잖이 논찬(論贊)과 연구도 축
적되었다. 그럼에도 불구하고 역사적 진실과 은감이라는 관점에서 고
려할 때 더욱이 100주년을 맞는 현시점에서 논위할 때 적어도 다음과
같은 몇 가지 점은 보다 상세히 규명되고, 강조되어야 마땅할 것 같다.

첫째, 이 사실(史實)은 '헤이그 밀사' 혹은 '돌아오지 않는 밀사'로 논

---

[1] 이밖에도 특사일행과 관련하여 헤이그에 갔던 인물로는 이준 순국 직후 러시
아 페테르부르크에서 이위종을 따라왔던 하급 외교관인 듯한 '임진태'와 이준
장례 때 참여한 이준 열사의 동생이라는 '이윤'의 이름이 현지 자료에 보인다.

의되기 보다는 대한제국의 헤이그 특사(特派委員)의 최후의 '구국외교'로 부각시켜 해석하려는 것이다. 무엇보다 그들이 품고 간 신임장(위임장)에 '대한제국특파위원(大韓帝國特派委員)'이라 명시되어 있다. 이것을 일제와 그들 주구인 친일파의 방해를 피하여 현지 도착 때까지 비밀 사행한 것을 부각시켜 '헤아밀사'라고 할 필요까지 있느냐는 것이다. 더구나 그들 사절단은 현지에 도착해서는 숙소에 태극기까지 게양하고 성사여부는 두더라도 평화회의에서는 물론, 각국 사절 혹은 기자를 상대로 비밀사행을 지향하고 공식 활동을 떳떳이 편 사실이 명백하기 때문이다.

둘째, 특사들의 활동을 이준 열사의 행적과 순국에 중점을 두고 논의되는 것이 잘못된 것은 아닐지라도 이준 열사 이외의 이상설·이위종·헐버트·윤병구·송헌주 등의 헌신적 활동도 상응하게 구명되고 논찬되어야 이 사행의 의미가 보다 선명하여질 것이다. 더구나 이들 각 특사들의 행적은 서로 유기적 관련이 깊은 대한제국 특파위원단의 활동이기 때문이다.

게다가 한국특사의 사행은 이준 열사 순국 후에도 헤이그평화회의에 한정된 것이 아니라 그동안 대한제국과 수교관계를 맺어오던 미국과 러시아를 비롯하여 영국 프랑스 독일 등 국제열강에 대한 순방외교도 벌렸다. 한국의 독립과 영세중립이 동양평화 유지의 관건이란 중장은 주목할 만하다.

셋째, 이제는 특사들이 국권회복을 목적으로 갔던 헤이그평화회의라는 것이 문자 그대로 만국(세계)의 평화를 이룩하려 논의한 '평화회의'라기 보다는 제국주의 열강이 그들의 국익을 위하여 개최한 '강자들의 회의'였다는 평화회의 실상도 밝히며 한국특사의 사행을 연관시켜 사실을 조명 해석 하는 일이다. 이미 한국이 크게 기대했던 러시아와 미국은 물론, 그밖에 한국과 국교를 맺었던 영국·프랑스·독일 오스트리아·헝가리 등 우방이 국제조약으로서 도저히 성립될 수 없는 을사5조약(보호조약)을 용납하고 그 속에서 먼저 그들 국가 이익들은 챙기고 있었던 것이다. 이러한 평화회의의 조류는 끝내 제3회 평화회의를 예정했던 1914, 1915년에는 평화회의 개최는 고사하고 제1차 세계대전의 개전이란 세계재앙으로 치닫고 말았다.

넷째, 특히 러시아가 러일전쟁 전후로부터 일제의 한국강점을 규탄하고, 한일의정서와 외국인고문용빙협정, 포츠머스 강화회담, 을사5조약 강제, 제2회 헤이그회의 준비에 이르도록 일관되게 한국의 독립지원을 공언하고 약속하였음에도 불구하고 제2회 평화회담 개회전후부터는 친일 유화책으로 급선회하며 한국특사를 배제시킨 경위와 원인을 면밀히 점검할 필요가 있다. 그것은 한국침략자 일제와 대결하던 짜르 러시아의 대한정책의 진실이 보다 선명하게 부각될 수 있을 것이기 때문이다.

다섯째, 일제는 한국특사의 헤이그사행을 꼬투리로 국제법상 성립될 수도 없는 을사5조약을 위반했다는 구실을 내세워 나라를 보위하려고 노심초사하던 광무황제를 강제 퇴위시키고 내정까지 송두리째 침탈하는 정미7조약(丁未七條約)을 늑결시켰다. 뿐만 아니라 나라의 최후 보루인 군대까지 일군의 잔인한 작전으로 강제해산시켜 최후의 참담한 호국의전(護國義戰)이 벌어졌다. 대한제국은 겨우 이름만 남은 일제 괴뢰국으로 전락하여 완전 병탄의 수순만 남겼다.

여섯째, 불행하게도 이와 같은 병탄에 이토 히로부미(伊藤博文) 한국통감과 하세가와 요시미치(長谷川好道) 일군사령관을 비롯한 일제 현지 하수인에게 부용(附庸)한 '오칠일(五七一)'이라고도 비칭되던 을사5적을 비롯하여 정미7적(丁未七賊) 그리고 일진회(一進會) 무리의 역할도 주목된

다. 유사 이래 지켜온 자기 나라 명망에 가담한 이들의 구실과 소행은
보다 선명하게 논책되어 마땅할 것이다.

한국특사의 사행은 이와 같은 관점과 연관시켜 대한제국 최후의 구
국외교의 '허와 실'을 가리며 그 속에서 그들 사행의 올바른 위상과 역
사적 유산을 조명하는 은감(殷鑑)을 바로 찾아야 될 것 같다.

2. 제2회 헤이그평화회의 개최

만국평화회의라고 통칭되는 헤이그평화회의는 1899년 5월 19일부터
동년 7월 29일 사이에 러시아 니콜라이 2세의 주창으로 세계 26개국이
참가하여 개최국인 네덜란드 헤이그에서 제1회 평화회의가 개최되면
서 시작되었다. 19세기가 저물어 가던 이 시기는 제국주의 열강이 세
계 도처에서 식민지 확장을 위하여 군비경쟁이 한참 기세를 올리던 무
렵이다.

미국은 마침 미서전쟁에 승리하여 필리핀과 푸에르토리코(Pueto Rico)
를 합병하고 쿠바를 자국령으로 만들고 있었다. 영국은 인도를 이어
중국에서 세력 확장에 독주하면서도 한편으로 프랑스와 수단에서 세
력경쟁을 벌이고 있었다. 독일도 이와 못지않게 영미와 대항하며 해군
력을 확충하고 있었다. 한편 세계 최대의 육군력을 자랑하던 러시아도
자국의 국방이 불안하여 계속 군비확장에 주력하고 있었다. 여기에 이
들 열강은 이해관계가 판이하여 서로 편을 가르는 군사동맹 관계가 성
립되기 시작하여 유럽과 대륙세력들이 불럭으로 갈라져 갔다. 독일과
오스트리아·헝가리 그리고 이태리의 3각 동맹이 성립되고 이에 대응
하여 러시아와 프랑스의 양국동맹이 맺어졌다. 어느 모로나 이와 같은

각국의 군비경쟁은 경제파탄을 예고하고 나아가 '미래전쟁'을 재촉하는 형국이었다. 만약 전쟁이 발발되면 그동안 인류가 이룩한 소중한 문명의 '파괴'를 가져올 가공할 사태가 감지된 것이다.

니콜라이 2세는 이런 배경에서 우선 자국의 군사적 안전도 도모할 방책으로 평화회의의 개최를 선도하고 '전쟁과 평화' 문제를 세계 각국이 한자리에 모여 협의하려는 제1회 만국평화회의의 개최를 주창한 것이다. 참가한 26개국은 거의 러시아와 외교관계를 맺고 페테르부르크에 외교관을 파견한 나라들이고 그밖에 세계에서 독립국가임을 주장하던 59개국 중 태국과 몬테네그로(Montenegro), 룩셈부르크(Luxembourg) 등이 공식으로 초청되었다. 그러나 러시아와 수교국일지라도 남아프리카공화국과 오렌지(Orange)는 영국의 반대로 참가하지 못하고 결국 후일 영국에 병합되었다.

26개 참가국은 헤이그에 유명한 숲속의 집(Huisten Bosch)이라는 왕궁에 모여 "전 세계적으로 큰 부담이 되고 있는 군비를 억제하는 일은 인류의 물질적 정신적 복지 증진에 크게 바람직한 일이다."라는 데 합의하고 공동결의문을 채택하였다. 그러나 이 제1회 평화회의의 구체적 협정이나 선언사항에는 군비억제에 무게를 두기보다는 전쟁을 초래할 수 있는 국제분쟁을 평화적으로 중재에 의하여 해결을 도모하려는 상설 국제재판소 설치와 운영에 집중되었다. 또한 전쟁억제에서도 군비축소보다는 군비통제(arms control)와 육전 및 해전 중에서의 전쟁법규들의 정비에 성과를 올렸다. 따라서 결의사항 중 대표적인 것은 국제중재재판소(ICA, International Court Arbitration)의 설치안이었다. 그러나 이 중재재판소도 실질적으로 강제 구속력이 없기 때문에 1900년부터 1920년 사이에 몇 건의 재판이 상정되었으나 별로 해결된 것이 없었다. 더욱이 미국과 같은 강대국이 부정적 입장을 고수하고 있어 실효성이 적었다. 따라서 결과적으로 제1회 헤이그평화회의는 새로운 세계질서를 확립하는데 일단 실패했다는 혹평까지 나오고 있다.[2]

한국특사가 사행한 제2회 헤이그평화회의는 제1회 회의의 기류를 타고 역시 러시아의 니콜라이 2세의 주도하에 현재 네덜란드 국회의 사당인 기사관(Ridderzaal) 궁전에서 1907년 6월 15일부터 10월 18일 사이에 45개국의 대표 239명이 모여 개최되었다. 참가국이 26개국에서 45개국[3]으로 늘어난 것은 이보다 앞선 1904년 9월에 재선을 준비하던 미국의 루스벨트(Theodore Roosevelt) 대통령의 제2회 평화회의 개최 선창이 유용한 작용을 하였다는 견해도 있다.[4] 제1회 당시 미주대륙에서는 21개국 중 미국과 멕시코 2개국만이 참가한데 반해 1907년 제2차 회의시에는 온두란스와 코스타리카의 2개국만이 불참하고 나머지 19개국이 모두 참가하였다. 또한 서반구의 국가들도 다함께 참석하자는 미국의 권고로 45국으로 늘었다는 것이다.

그러나 미국의 선도로 1904년에 개최하자던 제2회 회의는 일본과 러시아가 전쟁 중이라 성사되지 못하고 러일전쟁이 종전될 때까지 미뤄질 수밖에 없었다. 러시아가 러일전쟁중이라 연기를 주장했고 독일이 쉽게 참가에 동의하지 않았던 것이다. 그 후 러시아는 포츠머스조약으로 다시 회의를 선도할 수 있는 기회가 생겼다. 그것은 러시아가 미국의 중개로 러일전쟁에서의 패전의 대가로 자국의 사할린을 일본에 떼

---

2) 「만국평화회의의 약사」, 『헤이그에서 본 이준열사』, 2000, 화란 Yi Jun Peace Museum.

3) 처음 주창국 러시아의 초청국은 47개국이었다. 그러나 그중 일본이 배척한 한국과 아프리카에서 유일하게 초청받은 Ethiopia가 참석하지 못하여 45개국이 되었다.

4) Pater van Dungen, 「제2차 헤그평화회의(1907)의 역사적 의의」, 『이준열사95주기추모 학술발표』, 2002, Yi Jun Peace Museum.

여주며 종전을 선언하는 평화조약을 맺고 평화증진을 도모한다는 명분으로 제2회 평화회의의 개최를 미국과 협의하여 양해를 받은 것이다. 러시아는 그 회의에서 전후 자국의 국제문제를 해결하겠다는 의도가 짙게 내포되었다. 물론 한국의 독립을 지원하여 종전의 남하정책을 계속 유지시키려는 의도도 포함되었다. 포츠머스조약 체결 후 1주일 만에 미국과 협의를 마치고 소집을 준비하여 1906년 4월 12일에는 47개국을 선정 미국에 통고하였다.

이 47개국 초청국 중에는 한국도 포함되었고 그것은 곧 주러한국공사 이범진(李範晋)을 통하여 한국정부에도 통고되었다. 그러나 그해 7월경 개최하려던 계획은 여러 가지 사정으로 순연되어 그 다음해 1907년 6월 15일에 「전쟁법규(Law of War)에 관한 협정」을 주 의제로 하는 제2회 헤이그평화회의가 개막된 것이다. 이 평화회의 의장에는 제1회의 때와 같이 러시아 수석대표 넬리토프(M. Nelidov)가 맡아 1) 국제중재재판소의 발전문제를 비롯하여 2) 육전규정에 관한 문제 3) 해전규정에 관한 문제 4) 전쟁 당사국이 아닌 중립국의 지위에 관한 문제 5) 전쟁 중 노획한 전리품 처리에 관한 문제 등으로 나누어 그해 10월 18일까지 열린 것이다. 그 결과 새로 채택된 해전법전을 비롯하여 13개의 각종 협정이 체결되었다. 그중 국제분쟁의 평화적 해결을 위한 협약과 육전조례는 제1회 평화회의 때 것을 보정한 것이고 전쟁 시에 중립국시민들에 관한 법과 부유물로부터 폭발물의 투하를 금지하는 규정은 새로 이 회의에서 협정한 것이다.[5]

그러나 무엇보다 중요한 것은 그래도 의무적인 중재원칙을 만장일

---

[5] Peter van den Dungen, 「제2차 헤이그평화회의의 역사적 의의」, 『이준열사 95주기 추모 학술발표』, 2002, Yi Jun Peace Museum.

치로 결의하고 헤이그에 세계평화를 위하여 평화궁전(peace palace)을 설립 국제중재재판소와 국제사법재판소(ICJ, International Court of Justices)를 두고, 실질적으로 운영하게 만든 것이라 할 것이다.[6] 그러나 반면 제2회 평화회의가 이와 같은 국제평화를 위한 협의와 조약을 이루었으나 한국을 유린한 가해자 일제의 방해와 그를 방조한 미국을 비롯한 제국주의 열강의 외면으로 처음부터 회의 참석마저 좌절되어 제국주의 '강자의 회의'가 되고 말았다. 물론 러시아도 그동안 공언했던 '한국독립의 지원' 의도가 후술하는 바와 같이 우선은 역부족으로 관철되지 못할 것을 감지하고, 자국의 만주와 몽고에서의 우월한 이권을 지키기 위하여 '일본의 한국지배'를 용인하는 친일유화책으로 선회했던 것이다.

3. 러일전쟁과 일제의 한국강점 및 보호국화

1) 한일의정서

1904년에 접어들면서 러일 간의 개전이 임박해지자 한국정부는 1월 21일 '국외중립선언'을 각국에 동시 성명함으로써 위기를 타개하고자 하였다.[7] 이 중립선언은 극비리에 이용익(李容翊)·현상건(玄尙健) 등이 프랑스어 교사 마르텔(Martel), 벨기에인 고문 데레베유(Delevigue) 등과 연계하여 프랑스공사를 통해 중국 지프에 체류하던 밀사 이학균(李學均)

---

6) H. M. Mensonides, "A Korean Drama in the Hague", 『The Hague in 1907』, Jaarboek 1978, 350~383쪽.
7) 『日本外交文書』 37-1, 사항 4 「韓國中立聲明關係의 件」, 한국의 中立聲明에 關한 件, 311~312쪽.

등에게 타전되어 그곳에서 각국 정부에 동시에 통고되었다. 때문에 일본정부로서는 사전에 이를 저해할 수가 없었다. 더욱이 같은 달 21일부터 29일 사이에 영·독·불·이태리의 주한 각국 공사들은 각기 본국정부를 대신하여 이 성명을 받아들일 뜻을 회답해왔던 것이다.

그러나 일제는 1904년 정초를 전후하여 전쟁 감행과 한국의 군사적 점령을 위해 인천·부산·군산·마산 등지에 군수물자를 수송해 오고 2월 6일에는 러시아와 국교단절을 선언했다. 이어 일제는 다음날 인천 앞바다에서 러시아 함정을 급습함으로써 마침내 침략전쟁을 도발하였다. 일제는 개전 선전포고문에서 "동양평화를 유지하고 한국의 독립을 공고히한다"는 명분을 세웠다. 2월 9일에는 지상군 2천 명을 선발대로 하여 대규모 병력을 인천을 거쳐 서울에 진주시켜 서울 일원을 장악, 중립선언을 무력화시켰다.[8] 이러한 상황에서 러시아공사 파블로프(A. Pavlov)는 공사관 직원 및 자국의 병사들과 함께 서울에서 철수함으로써 삼국간섭 이후 10년간 일본과 세력을 다투던 러시아 세력은 한국에서 일단 물러나게 되었다.

한국을 군사적으로 강점한 일본은 무력을 배경으로 '한일의정서'의 체결을 서둘렀다. 일본공사 하야시 곤스케(林權助)는 러일전쟁 당시의 사단장 이노우에(井上)와 더불어 한일의정서 체결을 한국정부에 강박하였다. 이때 의정서의 조인에 반대한 탁지부대신 겸 내장원경 이용익은 2월 22일 밤 일본군에 납치되어 '유람'의 명목으로 일본으로 추방되어 10개월간 연금되었다. 마침내 개전 후 보름만인 2월 23일에는 한국의 주권이 크게 침해되는 한일의정서가 외부대신 이지용과 일본공사 사

---

8) 윤병석, 「日帝의 舊韓國强占과 武力 위협」, 『韓國史 市民講座』19, 一潮閣, 1996, 57~61쪽.

이에 조인되었다.

이 조약의 중요 내용은 그들의 선전포고의 명분과는 달리 일제의 군사적·정치적·외교적 측면에서의 식민지 경영을 합리화하는 규정을 넣음으로써 '을사5조약' 체결의 발판을 마련했던 것이다. 아울러 한일의정서의 체결로 한국정부가 끈질기게 추구한 국외중립 선언은 물거품이 되고 말았다.

한일의정서를 강제 체결함으로써 한국 식민지화 경영에 한발 다가선 일제는 이후 이 의정서를 구실로 「대한방침」과 「대한시설강령」·「대한시설세목」 등 식민지 경영을 위한 세부계획을 마련, 1904년 5월 말 그들 내각회의에서 이를 의결하고 일왕의 재가를 받아 확정·시행하였다.[9] 「대한방침」에서 일제는 "일본제국은 한국에 대해 정치상·군사상 보호의 실권을 확립하고 경제상으로 더욱 우리 이권의 발전을 도모할 것이다."라고 하여 한국 침략의도를 노골화하였다. 「대한시설강령」과 「대한시설세목」은 「대한방침」에 따라 구체적인 식민지화 방안을 명시한 것으로 국방·외교·재정·교통·통신·척식의 6개 조항으로 되어 있다.[10]

이러한 강령과 세목을 확정한 일제는 온갖 수단방법을 동원하여 각 조항의 계획들을 강력히 실천에 옮겼다. 그중에서도 일본은 러시아와의 전황이 자신들에게 유리하게 전개됨을 이용, 한일의정서 제1조에 규정된 '시정개선(施政改善)'을 구실 삼아 「외국인고문 용빙에 괸힌 협정서」를 외부대신 서리 윤치호(尹致昊)와 주한일본공사 하야시 사이에 체결하였다.[11]

---

9) 윤병석, 「을사오조약의 신고찰」, 『國史館論叢』 23, 국사편찬위원회, 1991, 34쪽.
10) 『駐韓日本公使館記錄』 24, 「1904년 長谷川·丸山·스티븐스에 對한 訓令及對韓施設網領並加藤增雄備聘契約」, 1904년 7월 8일, 機密送 제51호.

이 협정에 따라 일본 대장성 주세국장 메가타 슈타로(目賀田種太郎)를
재정고문에, 또한 20여 년간을 일본정부에 고용되어 충성을 바친 미국
인 스티븐스(D.W. Stevens)를 외교고문에 취임시켰다. 이를 통해 한국의
외교와 재정을 감독·정리한다는 미명하에 외교권과 재정권을 침식해
갔다. 그러므로 이들에게 이와 같은 일을 충분히 실행할 수 있게 하기
위하여 용빙계약서에서 그 권한을 다음과 같이 부여하였다. 재정고문
은 첫째 한국정부의 재정을 정리·감사하며 재정상의 제반시설에 관
하여 심의·기안할 책임을 가진다. 둘째 재정에 관한 한국정부의 각종
회의에 참석하여 의견을 제시할 수 있음은 물론 의정부 결의 및 각 부
의 사무상 재정에 관계된 것은 상주하여 결재를 받기 전에 반드시 재
정고문의 동의 서명을 요하게 한다는 것이다.

다음으로 외교고문은 첫째 한국정부가 타국 정부 혹은 타국 인민과
의 사이에서 발생하는 일체의 외교상 및 기타 안건에 관하여 심의 입
안할 책임을 갖는다. 둘째, 한국의 외교에 관한 일체의 왕복문서 및 모
든 안건은 사전에 반드시 외교고문의 동의를 구하고 또한 의정회의에
참여하여 외교에 관한 제의를 할 수 있다. 셋째, 한국 황제를 알현하여
외교상 의견을 상주할 수 있게 하였다.[12] 더욱이 두 고문의 권한은 한
국정부가 자의로 변경하지 못하도록 하는 부수조건을 계약문 속에 명

---

11) 『日本外交文書』 37-1, 事項 6 「日韓協約締結의 件」.

12) 『日本外交文書』 37-1, 事項 6 「日韓協約締結의 件」, 韓國外交顧問 스치븐스氏
契約案並同氏宛內訓寫送付의 件, 374~376쪽. 외교고문의 막대한 권한 규정
밖에도 일본은 이 조항들을 명분으로 내세워 스티븐스란 외교고문 밑에는 보
좌관이란 명목으로 누마노(沼野安太郎)란 일제 파견교관이 모든 외교 관련
문제를 간섭하는 것은 물론, 대한제국외부대신지장(大韓帝國外部大臣之章)
이란 공인을 관리하고 있었다. 을사5조약 날인 때 누마노는 이 외부대신지장
의 관리함을 부수고 을사5조약을 강제하던 이토 히로부미에게 전하여 자신
들이 날인하고 을사5조약이 유효하다고 선전하였다.

시하였다.

이와 같은 재정 및 외교고문의 용빙계약에 의하여 한국의 주권은 한일의정서의 조인에 의한 것보다 가중한 제약을 받게 된 것으로, 한국은 이미 온전한 독립국이라고 볼 수 없게 되었다. 일본은 두 고문의 강제 용빙을 전후하여 조약에 하등의 근거도 없이 한국정부에서 자진 초빙한다는 형식을 빌려 각 부에도 모두 이와 비슷한 방법으로 고문을 차례로 두게 하여 이른바 '고문정치체제'를 확립시켜 나갔던 것이다.

2) 가쓰라-태프트밀약과 제2차 영일동맹

일제는 1905년에 접어들어 한국에 대한 식민지화는 위의「강령」및「세목」에 규정된 대로 순조롭게 진행되어 스스로도 "해국(한국)의 국방·재정의 실권을 我(일본) 손에 수람하고 동시에 해국(한국)의 외교를 아(일본) 감독하에 두고 또한 조약체결권을 제한하였다"고 자평할 정도였다.[13]

한편 러일전쟁의 전황은 일본군의 연승으로 1월에는 여순항을 함락하고 3월에는 봉천대회전에서 대승을 거두었다. 이어 5월에는 러시아의 발틱함대가 일본해군에 의해 궤멸되었다. 일본은 이로부터 전쟁의 승리와 한국의 보호국화 경영에 자신감을 보다 굳히게 되었다. 일본은 1905년 4월 8일에는 전시 각료회의를 소집하여 한국을 국제법적 입장에서도 '보호국'으로 만들 것을 결의하고 준비를 서둘렀다.

그러나 한국의 보호국화를 위한 조약을 체결하는 문제는 일본으로서도 쉬운 일이 아니었다. 왜냐하면 기왕에 체결된「한일의정서」와

---

13)『日本外交文書』, 제38권 제1책, 事項 11「韓國保護權確立의 件」, 519~520쪽.

「외국인고문 용빙에 관한 협정서」 같은 조약은 제국주의 열강의 이해
와 직접적인 관련이 적었으므로 한국에 대한 군사적 위협만으로도 성
취할 수 있었지만 이 보호조약만은 영·미·불·독 등 한국과 외교관
계를 맺고 있던 열강에 직접적인 영향을 끼칠 것이므로 서두를 수 없
는데다가 열강의 승인 없이 일방적으로 강행할 수도 없기 때문이었다.
우선 한국의 외교권을 박탈하여 한국을 일본의 명실상부한 '보호국'으
로 만드는 이 조약이 체결되면 각기 본국정부를 대표하여 한국에 주재
해 있던 각국의 공사관은 모두 철수를 해야만 실효를 거둘 수 있는 형
편이었다. 그러므로 일제는 보호국화 결정과 함께 이의 국제적 묵인
내지 승인획득을 위한 공작에 착수하였다.

따라서 이 결정과 함께 일제는 같은 날 제2차 영일동맹의 체결을 위
한 교섭도 개시하였다. 특히 한국문제는 "이번 전쟁의 결과로서 한국
의 지위는 일변(보호국화)하였으므로 본 협약(영일동맹)도 또한 이에 응하
여 변경을 가하지 않을 수 없다. 즉 일본은 한국에 대하여 보호권의 확
립을 기할 것이므로 이를 실행하여도 협약과 저촉을 가져오지 않게 수
정을 가하고 또한 그 실행에 대하여 영국정부의 찬조를 얻도록 미리
상당의 조치를 하여둘 것을 요함"이라고 하여 영일동맹 개정 시 한국
보호국화의 방향 및 내용을 정리하였다.[14] 이 결정 후 일본은 이러한
준비공작을 영국뿐만 아니라 미국 등 각국을 상대로 함께 추진하였고
될 수 있는 한 그와 같은 조약의 체결이 우선은 각국의 이익에 직접
영향을 주는 범위를 주리고자 애썼다.

이러한 일본의 계획은 러일 강화회담을 전후로 그들 의도대로 진행

[14) 『日本外交文書』 38-1, 事項 1 「第二回英日同盟協約締結의 件」, 日英同盟契約
繼續에 대한 英國과 意見交換開始에 關한 閣議決定 件, 7~8쪽.

되었다. 1905년 7월에 「태프트-가쓰라 비밀각서」(The Taft Katsura Agreement) 교환에 의해 미국의 승인을 얻은 데 이어 8월에 제2차 영일동맹의 체결로 영국으로부터도 전폭적인 지지를 획득하였다. 그리고 9월의 러일강화조약 체결의 결과로 일본은 러시아에게서 억지로라도 인정을 받음으로써 한국을 '보호국'화 하려는 일본의 침략의도는 모든 주요 제국주의 열강의 지지 내지 묵인을 받기에 이른 것이다.

러·일의 강화는 일본 측에서 먼저 요청하였다. 일본은 1905년 5월에 동해상에서 러시아의 발틱함대를 궤멸시켜 전승의 기세를 올렸지만 내면에서 보면 일본의 군사력으로서는 전쟁을 장기화하는 것이 역부족이었다. 더구나 전역을 만주 이북으로 확대하여 러시아 영토를 일부라도 공격할 엄두는 감히 내지 못하였다. 이와 같은 처지에서 일본 스스로의 판단에, 러시아도 신흥 일본에게 쉽게 항복할 것 같지 않았으나 개전 이래 패전이 거듭되고 단선 장거리의 시베리아철도에 의한 전선 보급은 전세 만회의 기회를 얻지 못해 곤경에 빠진 것 같았다. 게다가 사회주의혁명의 확산 조짐 등 제반사정이 러시아로서도 내심 전쟁의 종결을 기대하고 있었다.

기회를 포착한 일본은 1905년 5월 31일 주미일본공사 다카야마 쇼고도(高山小五郞)에게 훈령하여 러일전쟁 발발 전부터 국제사회에서 일본을 지지해 오던 미국 대통령 루즈벨트에게 러·일 강화의 중재를 요청하도록 하였다.15) 러일전쟁에서 일본의 승리를 기대하고 군비 면에서 일본을 원조하고 있던 루즈벨트는 일본의 요청을 쾌히 승낙하고 곧 주미러시아공사를 불러 대일강화를 권고하는 등 중재에 나섰다. 러시아의 수락을 받아낸 루즈벨트는 1905년 6월 9일, 일본과 러시아에 대하

---

15) 『日本外交文書』 37·38 별책, 「日露戰爭」 2, 제5장 講和關係 참조.

여 정식으로 중재 알선을 통고하는 동시에 강화회의의 장소를 미국 군항 포츠머스로 정하였다.[16] 이곳에서 일본 측 전권위원 외무대신 고무라 주타로(小村壽太郎)와 주미일본공사 다카야마가 러시아 측 대표 윗테(Sergai J. Witte) 및 로젠(Roman R. Rosen)과 8월 9일부터 루즈벨트의 조정하에 강화회의가 열렸다.

이 회의에서 한국문제는 이미 '조정자' 루즈벨트가 양해·승낙한 「태프트—가쓰라 각서」의 방향과 이 회담 개최를 전후하여 체결된 제2차 영일동맹의 내용에 따른 '일본의 한국지배'를 러시아가 승인한다는 것으로 낙착되었다. 이 「태프트—가쓰라 각서」는 강화회담의 개최 직전인 7월 27일에 일본을 방문했던 미국 육군장관 태프트(William H. Taft)와 일본수상 가쓰라(桂太郎) 간에 이루어진 비밀협상으로서 7월 31일에 루즈벨트가 추인한 것이다.[17] 주요내용은 첫째 일본은 필리핀에 대하여 하등의 침략적 의도를 품지 않고 미국의 지배를 확인할 것, 둘째 동아시아 평화를 유지하기 위하여 미·영·일 3국은 실질적으로 동맹관계를 확보할 것, 셋째 러일전쟁의 원인이 된 한국은 일본이 이를 지배할 것을 승인한다는 것이었다. 이로써 일본은 미국으로부터도 실질적으로 한국에 대한 보호권 확립을 위한 조약체결과 나아가 그 이상의 주권침탈 행동도 취할 수 있다는 보장을 받게 된 셈이었다.

이보다 앞서 일본은 제2차 영일동맹의 체결을 위한 교섭에 착수하여 우여곡절 끝에 영국과 일본은 다음과 같이 합의함으로써 1905년 8월 12일 조약에 조인하였다.[18]

---

16) 박종효 편역, 『러시아국립문서보관소 소장 한국관련문서요약집』, 한국국제교류재단, 2002, 313~314쪽.
17) 『日本外交文書』 38-1, 事項 6 「桂 태프트 了解에 關한 件」, 448~451쪽.
18) 『日本外交文書』 38-1, 事項 1 「第二回日英同盟條約締結의 件」, 1~66쪽.

일본은 한국에서 정치상·군사상 및 경제상의 탁월한 이익을 갖기 때
문에 영국은 일본이 이 이익을 옹호 증진하기 위하여 정당하고 또한 필
요하다고 인정되는 지도(guidance)·감리(control) 및 보호(protection)의
조치를 한국에서 행할 권리를 승인하되 이 조치는 항상 열국의 상공업에
대한 기회균등주의에 위배되지 않아야 한다.

3) 포츠머스 강화조약

러시아는 포츠머스 강화회담에서 전황의 불리로 어려운 입장이었으
나 한국문제만큼은 종래의 남하정책의 유지를 위하여 '한국의 독립'을
확고하게 고수하려 한 것이었다.[19] 강화조건은 일본의 영·미에 대한
사전포석으로 사할린 분할이나 배상금 문제 등과 같이 큰 논란을 거치
지는 않았다. 그럼에도 불구하고 일본 측의 요구가 지나쳐 적지 않은
우여곡절을 겪기도 하였다. 일본은 러시아에 대하여 전승국임을 내세
우고 한국문제에 대해 "러시아는 일본이 한국에서 정치상·군사상 및
경제상의 탁월한 이익을 가졌음을 승인하고 일본이 한국에서 필요하
다고 인정하는 지도·보호·감리의 조치를 취함에 있어 이를 저해하고
또는 이에 간섭하지 않음을 약속해야 한다"고 요구함으로써 장차의 한
국 병탄을 합리화하고자 획책했다.

그러나 러시아는 일본 측의 요구를 원칙적으로 승인하면서도 별도
의 조항을 마련해 '일본이 한국에서 취할 소지는 대한제국의 수권을
침해할 수 없다'는 뜻을 명백히 하고자 하였다.[20] 러시아가 이와 같이

---

[19] 박종효 편역, 『러시아국립문서소장 한국관련문서요약집』, 318쪽.
[20] 위의 책, 751쪽. 대한제국 문제는 조약문 제2조에서 "러시아는 일본이 한국에
     서 정치·경제·군사상의 우월한 이해관계를 인정하고 이에 일본이 취하는
     지도 보호 감독을 방해하지 않으며 러시아국민은 한국에서 다른 외국과 같이

한국의 독립 유지를 주장했던 근본이유는 전세가 불리하여 강화는 하지만 그들의 극동정책상 한국의 독립유지가 절실했기 때문이다. 그리하여 러시아는 이와 같은 조항을 삽입하고자 했던 이유를 러시아가 관계국에 앞서 먼저 독단적으로 기명한다는 것은 국제관계상 할 일이 아닐 뿐 아니라 또한 한국의 운명에 이해관계를 갖는 열강이 이에 항의를 해 올 것이기 때문이라고 설명했다. 이러한 러시아의 설명에 대해 일본은 단호히 반대하였다. 그러나 협상 끝에 결국 한국의 주권문제는 조약 본문에 기입하지 않고 '일본 전권위원은 일본이 장래 한국에서 취할 필요가 있다고 인정되는 조치가 한국의 주권을 침해하게 될 경우에 한국정부와 합의한 후 이를 집행할 것을 자에 성명한다'는 일본 측의 결의를 회의록에 기록하여 일본 측 공식성명의 형식을 취하게 하는 선으로 마무리 지었다.[21] 이와 같이 포츠머스조약 중 가장 중요한 한국의 독립문제는 미국 루스벨트 대통령 중재하에 일본의 한국보호국화에 대한 실질상의 인정이라는 결과로 낙착되고 말았다.

4) 을사5조약

일본정부는 한국 보호국화 문제에 대해 미국과 영국으로부터 용인을 받아내고 이어 포츠머스 강화회의에서 러시아의 억지 동의까지 얻어낸 뒤 그해 10월 27일 각료회의에서 한국과의 보호권 확립을 위한

최혜국 대우를 받고, 러·일 쌍방은 오해의 소지를 피하기 위하여 한·러 국경상에서 안정을 위협하는 어떤 군사행동도 자제 한다"고 되어 있다. 그리고 부칙에서 "대한제국의 주권 침해는 한국정부와 합의하에 할 수 있다"라고 되어 있다.

21) 『日本外交文書』37·38 별책, 「日露戰爭」 2, 事項 6 「講和關係」, 全權委員에 對한 政府謝意表明의 件, 附記 1·2·3, 315~538쪽.

마무리 대책을 마련하였다. 특히 '보호조약을 한국과 체결하여 그 나라의 외교관계를 완전히 우리(일본) 수중에 넣을 것'이라고 명시하고 그 시기를 11월 초순으로 밝혀놓았다.[22] 주한일본공사 하야시는 일본군 사령관 하세가와 요시미치(長谷川好道)와 협력하며 현지에서 조약체결을 총지휘할 이토 히로부미(伊藤博文)의 도착 즉시 계획을 실행하기 위한 만반의 준비를 갖추었다. 그동안 길러온 일진회(一進會)로 하여금 조약을 찬성하는 취지의 선언서를 사전에 발표하게 하여 여론을 조작하는가 하면, 한국정부가 사전대책을 수립하지 못하도록 을사5적(乙巳五賊)으로 탈바꿈하던 친일각료를 중심으로 사전 공작도 폈다.

이런 준비에 맞추어 이토는 11월 9일 일왕의 친서를 가지고 내한하였다. 이토는 도착 다음날부터 행동을 개시했다. 이토는 11월 10일 광무황제를 알현하여 일왕의 "짐이 동양평화를 유지하기 위하여 일본 대사를 특파하오니 대사의 지휘를 一從하여 조치하소서"라는 내용의 친서를 전하면서 황제를 위압하려 하였다. 이어 11월 15일 이토는 광무황제를 다시 알현하여 좌우를 모두 물리치게 한 뒤 사전에 준비한 조약의 원안을 제시하며 이의 동의를 강박하였다.

11월 16일 아침에는 주한일본공사 하야시가 외부대신 박제순(朴齊純)을 그들 공사관으로 초치하여 정식 공문과 조약의 원안을 제시하고 종일토록 조약 체결의 동의를 강박하였다. 또한 그 다음날인 11월 17일에는 경운궁 수옥헌(漱玉軒)에서 어진회의가 그들 요청으로 나시 얼렸다. 이때 궁궐 내외에는 하세가와가 거느리는 완전무장 차림의 일본군이 몇 겹으로 둘러싸고 있었다. 일본군은 일본공사관 앞, 기타 서울시

---

22) 『日本外交文書』 제38권 제1책, 「한국보호권 확립실행에 관한 각의 결정의 건」, 526~527쪽.

내 전역을 철통같이 경계하였으며 특히 시내의 각 성문에는 야포·기관총까지 갖춘 부대를 배치해 놓고 있었다. 다른 별동부대도 검을 찬 채 시가지를 시위 행진하였다. 특히 본회의장인 궁내에는 황제의 침실인 수옥헌 내외까지 착검한 헌병 경찰들이 가득 포진해 있었다.

이와 같은 살벌한 분위기 속에서도 오후 3시부터 시작된 회의가 오후 8시가 되도록 누구하나 조약의 체결에 먼저 찬성하는 이가 없었다. 따라서 부결되어 일본 측의 요구를 거절하기로 합의까지 되었다. 그러나 이때 그들은 사전 계획한대로 하야시가 이토와 하세가와를 그 자리에 다시 오게 연락하여 폐회하고 돌아가는 각 대신들을 강제로 다시 모이게 하여 회의를 재개하도록 강박하면서 황제의 알현도 요구하였다. 그러나 황제는 알현을 거부하고 미리 공작하여 찬성하기로 한 을사5적도 쉽게 동의하지 않아 이토와 하야시는 다음 날 새벽 1시경까지 대신들에게 공포분위기를 가중시키면서 조약의 동의를 강박하였다. 이렇게 해서 마침내 '을사5적'만의 찬성을 받아낸 이토와 하야시는 황제의 윤허도 받지 못하고 그들 스스로 '외부대신지장(外部大臣之章)'을 탈취하여 조약문에 날인하기에 이르렀다.[23] 요컨대 을사5조약은 무력적 강제와 협박 국가 최고주권자의 승인·서명·국새의 날인을 받지 않고 일방적으로 불법 선언된 조약문이 되었다.

이 조약의 논의에서 참정대신 한규설과 탁지부대신 민영기, 법부대신 이하영은 끝까지 '불가'를 주장하였고, 나머지 학부대신 이완용을 비롯하여 군부대신 이근택·내부대신 이지용·외부대신 박제순·농상공부대신 권중현 등 소위 '5적(五賊)'은 책임을 광무황제에게 미루면서도 찬의를 표하였다. 광무황제는 이 조약문서의 인준을 그 후에도 끝

---

[23] 윤병석, 「을사오조약의 신고찰」.

까지 거부하였다.

4. 국권수호를 위한 밀사파견

광무황제의 국권수호를 위한 외교활동은 1904, 1905년 러일전쟁 전후 열강에 대한 특사파견을 시작으로 끈질기고 일관되게 전개되었다. 특히 열강 중에서도 미국과 러시아에 대하여 황제의 측신이나 신임할 외국공관원 및 친한 외국인을 계속 파견하여 친서를 전달하며 한국의 독립지원을 소청(疏請)하였다. 러일개전 초인 1904년 6월에는 마침 이임 인사차 광무황제를 알현하는 프랑스 한국주재공사 퐁트네(Vicomte Fontenay) 자작을 통해 러시아 니콜라이 2세에게 러일개전 이후 한국이 겪은 갖가지 불행을 열거하며 "짐이 어려운 처지에 놓여 있고 국가가 당하는 시련으로 비탄에 잠겨있다."라는 어려운 실정을 전하며 러시아 정부의 지원을 요청하고 있다.[24] 그 내용에는 다음과 같은 사항이 포함되었다고 퐁트네 자작은 전하고 있다.[25]

> 가) 대한제국 황제는 개인적으로 변함없이 러시아를 신뢰하며 러시아가 전쟁에서 승전할 것임을 확신하고 있다.
> 나) 광무황제는 한·러 조약 폐지에 관한 칙령이 공포되지 못하도록 최선을 다했다.
> 다) 칙령은 황제의 이름으로 발표했으나 황제는 동의하지 않았다.
> 라) 일본이 지금까지 북부철도(경의선) 관리국의 폐지를 주장하고 있으

24) 박종효, 「러일전쟁과 한국」, 『신동아』 2004년 2월호, 동아일보사.
25) 박종효 편역, 『러시아국립문서보관소 소장 한국관련문서 요약집』, 44~45쪽.

나 광무황제는 이를 승인하지 않고 있다.

마) 일본에 대한 한국인의 분노는 매일 격양되어 간다.

바) 광무황제는 비밀리에 전 국민적 항일봉기를 준비하고 있다.

사) 일본이 황무지개척권을 요구하고 있으나 광무황제는 그들이 무력으로 국가를 점령할 수는 있어도 자신은 유휴지 개간에 대한 동의는 하지 않는다.

아) 지난 4월 초에 궁정에서 방화로 추정되는 화재가 발생했으며 이는 황제가 화재로 인해 사망하기를 바라는 일본의 소행으로 판단된다.

이와 같은 친서를 받은 니콜라이 2세도 "일본이 전쟁 중에 대한제국에서 체결한 모든 조약은 무효임"을 선언하고 다음과 같은 회답친서를 보내 광무황제에게 지원을 약속하였다.[26]

"프랑스 한국주재 공사였던 풍트네를 통해 폐하가 곤경에 처해 있다는 친서를 받았다. 짐에게 대한제국의 장래(독립)는 전과같이 귀중하며 항상 짐은 진실한 우방국가로 대한제국을 잊지 않고 있음을 보증한다."

이와 같이 광무황제와 니콜라이 2세는 전쟁 중 서로 교신하면서 광무황제는 러시아의 승리를 기원하였고 러시아는 한국의 독립지원을 보증하는 우호관계를 지속하였다.

한편 광무황제는 1905년 6월 러일 강화회담이 곧 개최된다는 소식을 듣고 각별히 신임하는 탁지부대신 이용익을 직접 페테르부르크에 밀파하여 다음과 같은 친서를 전하며 각별한 한국의 독립지원을 간청하였다.[27]

---

26) 박효종, 「러일전쟁과 한국」.

27) 박종효 편역, 『러시아국립문서보관소 소장 한국관련문서 요약집』(이하 『한

　　"러시아가 항상 대한제국의 독립을 지지해 온 일은 세계가 다 알고 있
　다. 포츠머스 러일평화조약의 체결을 앞두고, 짐은 귀국의 도움으로 대
　한제국의 독립이 보장되리라는 확신을 갖고, 이 난국에 짐은 폐하께 대
　한제국의 독립을 보존시켜 줄 것을 간곡히 호소한다."

　러시아의 입장은 포츠머스 평화회담에 임할 때까지도 한국의 독립
지원을 인정하려던 것이었다. 그러나 친일적인 미국의 루스벨트 대통
령이 중재하는 회담에서 상술한 바와 같이 그대로 지키지 못하고 결국
단서조항을 설치하여 "만약 대한제국의 주권을 침해하는 조치는 일본
이 대한제국 정부와 합의하에 할 수 있다"는 내용으로 둔갑하고 말았
다. 따라서 포츠머스조약 체결 시 간사를 맡았던 러시아의 풀란손(Geoge
de Planson) 주한 총영사는 그들 황제에게 상주한 문서에서

　　"러시아의 대한정책은 지난 20년간 외무성이 서울 공사관에 보낸 많
　은 훈령에서 대한제국의 독립을 지지하는 원칙을 고수해 왔다. 왜냐하면
　이 약소 국가의 독립이 다른 외국의 지배하에 있는 것보다 모든 면에서
　유리하기 때문이다. 그러나 포츠머스조약은 이 같은 러시아의 대한정책
　의 기조를 변화시키고 말았다. 이와 같은 조약은 대한제국의 독립을 말
　살한 것은 아니라 할지라도 일본의 우위를 인정해 준 사항임으로 대한제
　국은 독립에 대한 기대는 망상에 불과하게 되었다."28)

라고 그 같은 현실 상황을 인정하고 있다. 결국 러시아는 강화회담에
서 힘에 밀려 대한제국의 독립지원을 확실하게 못하고만 경위를 실토
하고 있는 것이다.

　국관련문서요약집』으로 표시), 752쪽.
28) 박종효, 『한국관련문서요약집』, 766쪽.

한편 광무황제는 미국에 대하여도 한일의정서 늑결 시부터 미국의 지원을 요청하는 친서를 여러 차례 보냈다. 1904년 말에는 미국공사관 고문이며 콜롬비아대학 총장인 니담(Charles W. Needham)을 통해 미국 국무장관에게 밀서를 전달하며 미국정부가 현존 조약과 저촉되지 않는 범위 내에서라도 한국의 독립유지에 진력해 줄 것을 요청하였다. 니담은 국무장관으로부터 처음에는 '동정한다'는 반응까지 얻었다.[29]

또한 1905년 7월에는 러일 강화회담을 루스벨트 대통령의 중재로 포츠머스에서 열린다는 것을 알고 한국대표를 파견하여 한국의 독립유지의 지원을 받고자 이승만을 밀사로 지명하였다. 이승만은 독립협회 때부터 급진적 개화혁신의 활동을 벌려 정부의 미움을 사 투옥되었으나 미국 선교사들의 도움으로 1904년 8월 특별사면으로 풀려나 그해 11월에 미국으로 출국한 상태였다.

세도대신인 민영환과 한규설은 이승만에게 미국정부 요로에 한국독립의 지원을 요청하는 서신을 전달하게 하였고, 이승만은 그에 쫓아서 주한미국공사를 역임한 딘스모어(H. A. Dinsmore)의 알선으로 1905년 초 국무장관 헤이(John Hay)를 면담한바 있다. 그런 이승만을 다시 밀사로 선정한 것은 러일 간에 협상 시 미국의 조정을 유도하며 한국에 유리하게 결정되도록 교섭하라는 지시를 수행하라는 것이었다.

이승만은 그해 8월 4일 하와이 8000여 한국교민의 대표로 워싱턴에 온 윤병구 목사와 함께 루스벨트 대통령을 면담하고 한국의 주권유지와 독립보전에 대한 청원을 전달하였다. 그러나 이완용계의 친일외교관이었던 주미한국공사 김윤정이 본국 정부로부터 공식훈령이 없었다는 이유를 들어 한국공사관 중계절차를 거절하였기 때문에 별다른 성

---

[29] 김정명, 『日韓外交史料集成』5, 암남당서점, 1967, 406쪽.

과를 거두지 못하였다.

이와 같은 이승만과 윤병구의 미국 루스벨트 대통령 면담청원에도 불구하고 또한 러시아 정부의 한국독립 유지 주장에도 불구하고 러일강화조약이 한국문제를 일본의 보호국 승인 쪽으로 결정되자 광무황제는 다시 친한 인사 헐버트를 통해 그해 10월 루스벨트 대통령에게 친서를 전달했다. 그 속에서 1882년 체결된 조(한)미수호조약 중에 환난지시(患難之時)의 거중조정(居中調整)의 조항을 들어 미국이 나서 국권을 침식해 가는 한일의정서를 파기하고 열강의 '공동보호'를 통해 일본의 침략을 견제하여 달라는 요청을 제기하였다. 나아가 을사5조약이 강제된 직후인 11월 26일에는 다시 헐버트에게 그 조약은 무효라는 긴급 전문을 보냈고 주프랑스공사 민영찬에게도 밀령을 내려 12월 11일 미국 국무장관 루트(Elihu Root)를 만나 조정을 부탁하기도 하였다. 그러나 루트는 "한국은 1904년 2월의 한일의정서와 그해 8월의 외국인고문 용빙협정의 체결로 사실상 일본의 보호국 상태가 되었으므로 미국은 어떤 협조도 할 수 없다"고 응답하였다.[30]

이밖에도 전 주한미국공사 알렌(Horance N. Allen)에게도 운동자금 1만 달러와 광무황제의 어새가 찍힌 친서 등을 전달하여 미국정부와 교섭하게 하였다. 그러나 미국정부는 이와 같은 일련의 요구를 모두 묵살하였다.[31] 루스벨트 대통령이 이끄는 미국정부의 대한정책은 적어도 가쓰라-태프트밀약 이래 일관되게 친일적이기 때문이다. 가쓰라 테프트밀약과 제2차 영일동맹 이래 미국은 한국문제에 관하여 미영일의

---

30) 『고종황제의 주권수호 외교』, 한국교육사고 자료총서 I, 서울대학교 사범대학 교육연구소, 1994, 19쪽.
31) 김기석, 「광무제의 주권수호 외교(1905~1907)」, 『일본의 대한제국 강점』, 까치, 1995.

3국동맹 체제를 견지하며 가쓰라-태프트밀약과 제2차 영일동맹에 나타난 일본의 한국보호국화노선을 추진하는데 일관하였다. 때문에 헐버트 박사는 제2회 헤이그평화회의에 사행중인 1907년 7월 23일자『뉴욕헤럴드(New York Herald)』지에 한국특사의 참가를 거부하게 한 미국정부에 대하여 다음과 같이 혹평하고 있다.[32]

> "(후일) 역사책은 일본이 한국을 강점하는 과정에서 미국이 수행한 역할에 대하여 설명해 줄 것이다. 그 말은 미국인들에게 반가운 것이 못된다. 포츠머스에서 루스벨트 대통령은 러시아가 지불해야 하는 일본의 전쟁보상금 요구를 일본 측이 철회하는 대가로 한국을 일본에게 넘길 것을 제안하였다. 이것은 한국과 우리(미국)의 관계를 포괄하는 조약을 위배한 것이다. 뻔뻔스럽게도 우리(미국)는 약속을 저버렸다. 그래서 그 결과는 한국의 몰락과 불행을 가져왔다는 것이다."

광무황제는 이와 같은 미국의 냉담한 반응을 보고 다음 단계는 세계 열강을 상대로 을사5조약의 불법성을 알리며 열강의 공동 한국문제 개입을 호소하는 비밀외교를 전개하였다. 『런던 트리븐』지 기자인 스토리(Douglus Story)에게 의뢰하여 북경주재 영국공사에게 전송한 1906년 1월 19일자 광무황제 친서에서 광무황제는 다음과 같이 앞으로 5년 동안 열강의 공동보호를 요청하기도 하였다.

> "황제 폐하께서는 각국이 연합하여 5년을 한정하고 한국외교를 담임하여 보호하여 주기를 허락하심."[33]

---

32) 앞의 H. M. Mensonides의 논문에서 재인용.
33) 『Tribune』, December 1, 1906 ;『대한매일신보』, 광무10년 1월 29일자,「대황제 폐하변명서」.

또한 헐버트에게도 1906년 6월 22일자로 영국, 프랑스, 독일, 러시아, 오스트리아, 헝가리, 이태리, 중국, 벨기에 등 9개국 국가원수에게 협조를 요청하며 헤이그 국제사법재판소에 한국문제를 제소할 뜻을 전달하도록 '특별위임(特別委員)'을 위임하는 위임장과 각국 원수에게 보내는 친서(親書)를 내렸다.[34] 이와 같은 밀지를 받은 헐버트의 비밀사행은 곧이어 이상설과 이준·이위종의 3특사의 제2회 헤이그평화회의의 사행과 긴밀히 연관되어 추진되었다.

5. 제2회 헤이그평화회의에 밀파된 한국특사

1) 평화회의에 참가 준비

한국정부의 제2회 평화회의에 대한 관심과 참가준비는 이미 1902년 초에 표면화되었다. 그해 2월 6일자로 외무대신 박제순 명의로 광무황제의 칙명을 받들어 네덜란드 외무장관이며 제1회 헤이그평화회의의 명예의장이었던 보포드(W. H. Beaufort)에게 앞으로 개최될 평화회의에 참석하기를 원한다는 다음과 같은 공문을 보냈다.

> "본 공문은 대한제국이 세계적십자회의와 만국평화회의에 참가를 희망하는 뜻을 알리기 위한 것입니다. 귀하가 우리 뜻이 이루어질 수 있도록 도와주시면 대한제국 국민들에게 무한한 기쁨이 되겠습니다."[35]

---

[34] 김기석, 「광무제의 주권수호 외교(1905~1907)」.
[35] 대한적십자사 자료실 소장.

또한 그 다음 해 3월에는 한국이 제1차 평화회의에는 참석치 못하였으나 그 회의에서 가결된 2개의 협약에 주블란서공사 민영찬을 통하여 서명하였다.[36]

그 후 1905년 10월 10일 러시아 정부는 제1회 헤이그평화회의와 마찬가지로 제2회 평화회의도 포츠머스조약으로 러일전쟁이 종전된 직후 미국 루스벨트 대통령과 협의를 거쳐 헤이그에서 개최하기로 협의하였다. 이와 전후하여 러시아 정부는 그해 10월 31일 러시아 의무대신 람스도로프(vladmir Lamsdoroff)는 상해에 머물러 있던 파블로프(A. I. Pavlov) 주한공사를 통해 "한국의 주권 불가침권은 전적으로 인정하며 국제관계 분야에서 주권불가침에 대한 견해를 밝히도록 이미 초청하였다. 그 초청은 1905년 10월 3일자로 외교 각서로 러시아주재 한국공사 이범진에게 전했다."라고 하였다.[37] 특히 이 이래적인 러시아 외무대신의 공한은 그 직전 광무황제가 신임하던 불어학교 교사 마르텔을 북경에 머물고 있던 파블로프 공사에게 파견하여 제2회 헤이그평화회의에 한국 대표를 보내 주권을 회복하려는 뜻을 전한 직후에 나온 러시아 정부의 대응이었다는 데 의미가 있다.

한국정부는 평화회의가 준비되던 1904년 10월경부터 그 회의에 대표를 파견하려는 각별한 노력을 기울였던 것이다. 러시아 측으로서도 일본이 러일전쟁을 도발하고 나아가 전쟁 중 한국의 주권을 명백히 유린하고 있어 포츠머스조약에서 한국의 독립을 유지시키려 기도하였다. 그러나 전승을 배경으로 일본의 강력한 주장과 미국 대통령의 중재로 명확히 관철시키지 못하고만 문제였다. 따라서 새로 추진하는 제

36) 송창주, 「1907, 헤이그에서의 한국독립운동」, 『이준열사 순국100주년 국제학술회의』, 이준아카데미, 2007, 18~21쪽.
37) 박종효, 『한국관련문서요약집』, 753쪽.

2회 헤이그평화회의에서 포츠머스조약에서 미진한 러일 간의 현안문제도 해결하는 한편 오랫동안 지켜오고 앞으로도 그들의 극동에서의 대외정책상 필요하다고 판단되는 한국의 독립지지의 명분도 세우고자한 의도에서 한국을 초청하려한 것이라고 해석된다. 광무황제는 이에 호응하여 곧 바로 러시아공사 이범진을 제2회 평화회의의 수석대표로 지명하였다. 한국의 입장에서는 그 후 일본의 강제 보호조약을 인정치 않았음으로 새 대표를 지명할 때까지 이범진에게 준 신임장은 그대로 유효하다고도 할 수 있다.[38]

그 후 러시아는 제2회 헤이그회의 개최준비를 서둘러 1906년 4월 12일에는 그동안 제2회 평화회의 개최의 선도를 추진하던 미국에게 47개국의 초청국 명단까지 만들어 통지 협의하였다.[39] 그 속에는 물론 한국도 포함되었고 그 사실을 개최국인 네덜란드 정부에게도 통지하여 회의초청을 준비하게 하였다. 한편 한국정부에게도 알려와 곧 특사의 임명까지 추진한 것 같다.

한국정부는 처음 주러공사 이범진으로 평화회의 대표로 지명하였으나 소집일자가 여러 참가국들의 사정으로 순연되는 과정에서 그 무렵 불라디보스톡에 망명중인 총신 이용익을 대표로 선정하였다는 정보까지 나돌았다. 그러나 그는 그해 2월 그곳에서 급사했다는 소식이 전해져 새로운 인선과 준비가 추진되어 결국 1907년 4월 이상설과 이준ㆍ이위종의 3특사 진용이 구성되었다.

한편 광무황제는 이보다 앞선 그 해 6월 22일에 영국과 미국ㆍ프랑스ㆍ독일 등 9개 수교국에 파견하는 '특별위원'으로 임명한 헐버트에게

---

38) H. M. Mensonides, "A Korea Drama in The Hague".
39) 이기항ㆍ송창주, 『아 이준열사』, 공옥출판사, 2007, 87쪽.

제2회 헤이그평화회의에 파견할 3특사를 측면에서 협조하여 그 회의에서 일제의 광폭한 국권침탈의 실상을 폭로하며 국제재판소에 한국 독립 문제를 제소하여 외교권 회복을 관철시키려한 것이다.

일제는 혹시 이와 같은 한국의 헤이그평화회의에서 활동을 예방하여 간교한 방해공작과 열강의 동조를 차단하는 외교활동을 폈다. 그중 한국의 참가 방해는 이미 평화회의 1년 전인 1906년 6월 13일 주러일본 대사를 통하여 러시아 외무대신 이즐빌스키(Alexander Isworsky)에게 다음과 같이 통고하여 공식초청을 좌절시켰다.[40]

> "그 회의 직무에 한국이 참가하는 것이 심각한 오해를 야기할지도 모른다고 생각하여 일본 제국정부는 제안된 제2차 헤이그회의 참가초청을 한국을 대신하여 거부해야 될 것이라고 일본은 말하고 있다. 한국이 차지하고 있는 국제적 입장 때문에 한국이 이번에는 어떤 권리를 주장하거나 제안된 회의에서 대표들에 의해 수반되는 의무를 이행할 수 없다."

이보다 러시아 측에서도 포츠머스조약 전후 주일공사를 역임한 친일적인 이즐빌스키를 1906년 초 외무대신으로 기용하였다. 그는 외무대신 취임 후 러시아 정부의 대일외교정책을 친일유화책으로 큰 변화를 일으키는 제반조치를 추진하였다. 무엇보다 전후문제로 제기된 만주와 몽고에서의 러시아의 우월권을 그대로 확보하기 위하여 끝내 1907년 7월 10일 체결된 제1차 러일비밀협상을 추진하고 있었다.[41] 또

---

40) 일본외무성문서, 『第一回萬國平和會議文件』 一 (독립기념관 소장).

41) 앞의 박종효의 『한국관련문서요약집』, 「만주와 몽고문제에 관한 러일비밀조약」, 776쪽. 헤이그회의 전후 러일 간에 맺어진 이 비밀협상은 첫째, 러일은 경쟁하는 남북만주에서 분계선을 확정한다. 둘째, 러시아는 일본과 한국 간에 체결된 조약과 협정체결로 성립된 정치적 결속을 승인하고, 앞으로 한일

한 한국의 보호권 문제를 일본에 양보하더라도 일본 및 한국과 접경한 그들 국경의 군사적 안정문제도 해결하여야 될 입장이었다. 더욱이 러시아는 전후 러시아의 안전을 위하여 러블의 연대뿐 아니라 그동안 잠재적 주적으로 대항하던 영국과의 대립관계를 해소하고, 새로운 동맹관계를 수립하는 큰 틀을 외교 전략을 추진 중이었다. 그것은 영블일의 3국 동맹체제에 대립하지 않고 그들과 함께 우호선진관계를 수립하려는 러시아의 외교혁명이라고도 할 수 있다.

이와 같은 전후 러일 간의 문제해결을 위하여 한국의 독립유지 문제는 슬그머니 묵인하는 입장을 보이는 친일유화책으로 급선회하고 있었던 것이다. 이런 배경에서 일본은 평화회의 개최하는 네덜란드 정부에게도 한국정부의 불참을 한국정부도 모르는 사이 통지하여 한국특사의 회의 참가를 처음부터 막아놓았다. 그러므로 1907년 4월 8일자로 초청한 제2회 헤이그평화회의에 네덜란드의 공식초청장은 한국이 처음부터 제외되었고 45개국에만 전달되었다.[42] 한편 열강에 각국 정부에게도 이와 같은 관계로 한국정부의 참가 기회를 사전에 막아 놓는 공작을 폈던 것이라고 여겨진다.

2) 평화회의에 밀파된 한국특사

제2회 헤이그평화회의에 참가하려는 한국특사들의 한국 출발은 평화회의 개최곡절과 회의개최시일의 연장 등으로 각기 달렸다. 정사인

관계 발전에 방해하지 않으며 일본은 대한제국에서 러시아를 최우선국으로 우대한다. 셋째, 일본을 몽골에서 러시아의 특수권익을 승인하며 어떤 개입도 자제한다.

42) 「The Independence Movement of Korea in the Hague, 1907」, 『이준열사 순국 100주년 국제학술회의』, 이준아카데미, 2007, 17쪽.

이상설은 정식 회의 개최 1년 전인 1906년 4월에 이미 서울을 출발하고 상해를 거쳐 이용익이 머물고 있던 블라디보스토크로 갔다. 상해에서는 파블로프 러시아공사와 접촉하였다는 설도 나돌았다.[43] 처음 제2차 헤이그회의는 1906년 7월경 개최하기로 예정되었던 까닭이라 생각된다. 그러나 회의가 1년 연장되는 바람에 그는 연해주와 인접한 중국 북간도 용정에 가서 서전서숙을 개숙, 민족주의 교육을 펴면서 대기하고 있었다. 부사 이준은 1907년 4월 21일에 서울을 출발하여 블라디보스토크에서 용정에서 온 이상설과 합류하였다.

이 두 특사는 그해 5월 21일에 러시아 귀화 2세인 차(車) 리콜라이의 안내를 받아 시베리아 철도편으로 러시아의 페테르부르크로 향했다.[44] 6월 4일 그곳에 도착한 그들은 전 러시아 주재 공사 이범진과 그의 아들 이위종을 만나 세 특사의 진용을 갖추었다. 아관파천 이래 친밀한 외교관계를 유지하여 온 러시아 정부의 전폭적인 지원을 기대하고 15일 동안이나 그곳에 체류하면서 외무성의 동정을 살폈다. 더구나 러시아는 평화회의의 주최국이며 의장국이므로 한국의 독립지원을 간곡히 소청하는 니콜라이 2세에게 전달하는 다음과 같은 친서를 갖고 온 처지였다.

> "朕은 날로 더 심한 어려움을 겪고 있다. 호소할 곳이 없으나 다행히 현재 헤이그평화회의가 개최되어 짐은 이 회의에 짐의 국가가 일본에 당하고 있는 곤욕스런 처지를 밝힐 수 있으리라고 생각한다. 대한제국은 러일전쟁이 발생하기 전에 중립을 선언해 중립국임을 전 세계가 다 알고

---

43) 『日本外交文書』 제40권, 135, 명치40년 9월 16일 통감부파출소장 齋藤季治郞 보고 제5호.
44) 『日本公使館記錄』, 「1907~1909 在露韓人」 기말 제6호.

있다. 현 대한제국의 실정을 보면 분개하지 않을 수 없다.

陛下는 대한제국이 아무 이유 없이 당하고 있는 억울한 상황을 잘 알고 계시니 짐이 파견하는 사절을 평화회의에 보내 짐의 나라 사정을 밝히게 하여 주시기를 소청한다. 만일 성공한다면 짐은 나라의 주권을 회복할 수 있을 것이다."[45]

그러나 러시아 정부의 대응은 냉담하였다. 이미 러시아 정부는 전술한 바와 같이 친일유화책으로 선회하여 니콜라이 2세의 알현은 좌절되고 외상 이즈빌스키의 면담조차 거절되었다. 즉, 외무성 입장이 바뀌어 조금도 후원을 약속받을 수 없이 소외되었다. 따라서 광무황제의 친서도 전달되지 못한 채 외무성에 접수만 시켜 지금도 러시아 정부보관소에 보존되고 있을 뿐이다.[46] 한국특사 일행은 '막연무망(漠然無望)' 한 형편이나 6월 19일 그곳을 출발, 독일의 수도 베를린에 들러 평화회의에 제출할 공고서(控告書)를 인쇄하고 만국평화회의에 개최지인 헤이그로 향하여 출발하였다.[47]

세 특사가 품고 간 황제의 신임장과 각국 황제 및 헤이그평화회의에 보내는 황제의 친서는 경운궁(慶運宮)에서 광무 11년(1907년) 4월 20일자로 대한제국황제의 어새(御璽)와 광무황제의 수결(手決)이 찍힌 위임장이다.

세 특사는 일제의 감시를 감쪽같이 속이고 6월 25일 헤이그에 도착하는데 성공하였다.[48] 6월 15일에 회의가 개최되었으므로 그 10일 뒤

---

45) 박종효, 『한국관련문서요약집』, 171쪽.
46) 박종효, 『한국관련문서요약집』, 171쪽.
47) 한국특사 일행의 활동은 「李相卨日記抄」에 중요한 행로와 일시가 함께 기술되었다. 단국대학교 동양학연구소편, 『張志淵全書』7, 「李相卨日記抄 李瑋鍾莊」, 984~989쪽.

의 일이다. 헐버트 박사도 이들과 비슷한 시기에 시베리아 철도편으로 프랑스 파리를 거쳐 7월 10일게 전후하여 헤이그에 도착하였다. 일본의 현지 대표들은 학정을 못 잡았지만 한국특사일행과 헐버트 박사는 연해주 블라디보스토크에서 만나 시베리아 철도로 동행하여 페테르부르크에서 활동하다 특사들은 헤이그로 직접가고 헐버트는 파리로 가서 활동중인 것으로 파악하고 있다. 또한 헐버트는 관련 자료를 갖고 자금도 정부로부터 받아왔으며 떠나기 전 광무황제를 알현하고 또한 신임장도 받은 것이라고 파악하고 있다.[49] 일제의 감시는 세 특사의 사행은 전연짐작도 못했고 단지 주한불란서영사의 귀띔으로 헐버트의 평화회의에 비밀사행을 짐작하고 계속 동정을 살폈다.

이들은 헤이그 시내 바겐슈트라트가 124번지에 있는 드용이라는 사람이 경영하는 드용호텔(Hotel De Jong)에 숙소를 정했다. 이들은 호텔 문전에 당당히 태극기를 걸었고 곧 활동을 시작했다. 여기서부터 특사들은 한국의 사절로서 비밀활동을 지양하고 공개적으로 떳떳하게 행동하였다. 일본 대표들이 한국 사절이 그곳에 나타난 것을 안 것은 6월 27일 때였다.[50] 그들은 이 사실을 알고 놀라지 않을 수 없었다. 그가 나타나리라는 것은 예상하지 못했다. 그들은 본국에 이 사실을 급동안 본국정부로부터 헐버트의 사행기미는 연락받았으나 한국인 대표전으로 알리는 한편, 특사들의 활동을 방해하기 시작했다. 일본은 헤이

---

48) 이상설의 일기초에는 6월 25일 헤이그 도착이라 하였으나 헐버트전기 등에는 6월 24일 도착한 것으로 기술되기도 하였다. 한편 한국특사는 24일 도착하여 다음날인 25일에 평화회의 제1분과 위원회에 출석 한국의 소청을 전한 것으로 기술되었다.

49) 일본외무성문서, 『제1회 만국평화회의 문건』 一, 제2704호, 1907. 7. 3. 및 제 1292호, 1997. 5. 22.

50) 『大阪每日新聞』, 1930년 1월 22일자, 高石眞五郎의 「李王密使事件」.

그의 스즈키 게이로쿠(都筑馨六) 대표와 그들 본국의 외무대신 하야시 타마스(林薰) 및 총리대신 사이온지 긴모치(西園寺公望), 그리고 서울의 통감 이토(伊藤)와의 삼각 통신망을 늘여 놓고, 한국 특사의 회의 참석과 그 밖의 행동을 갖은 수단으로 방해하였다.

6. 대한제국 최후의 구국외교

1) 평화회의와 「한국의 호소」

이상설을 비롯한 세 특사의 헤이그에서의 당면 활동은 강제된 '을사5조약'의 무효 파기와 일본의 침략상을 낱낱이 드러내어 국권회복에 열국의 후원을 얻는데 있었다. 광무황제는 이들 사절에게 준 위임장과 친서 등에서 다음과 같이 주장하여 열강의 뒷받침을 호소하였다.

> "朕은 다음과 같은 이유를 들어 소위 1905년 11월 18일의 조약이 합법적이 아니라는 것을 선언한다.[51]
> 1. 몇몇 각료들의 서명은 위협과 강압 아래 이루어진 것이다.
> 2. 짐은 각료들에게 이 문서에 서명할 권한을 부여하지 않았다.
> 3. 조약이 조인된 각료회의는 불법이다. 이 회의는 짐이나 총리대신의 요청에 의한 것이 아니고, 일본인들이 소집한 것이다.
> 짐은 따라서 이 조약이 법률적으로 무효라는 것을 선언한다. 아울러 어떠한 조건 아래에서도 짐은 大韓帝國의 장애가 될 어떤 문서의 비준에

[51] 을사5조약은 체결일로 알려진 11월 17일에는 논란만 벌이다가 매듭을 짓지 못하고 다음날인 18일 새벽에야 을사5적의 참동을 얻어내고 외부대신의 직인을 탈취해와 날인한 것을 이토가 일방적으로 체결되었다고 선언한 것이다.

도 자발적으로 동의하지 않을 것을 선언한다. (중략) 대한제국이 현재
분명히 독립된 정권이며 독립된 국가라는 사실을 생각할 때, 우리의 독
립에 필요한 합법적이고 또한 정당한 요구가 합법적으로 인정될 수 있기
를 바란다. 이를 위해 귀국이 서울에 공사관을 설치할 수 있는 귀국의
권리를 재주장하거나, 최소한 헤이그에서 우리 정부가 한국문제를 제안
하는 것을 도와줌으로써 공사관의 설치를 준비해 주기를 요청하고자 한
다."[52]

이와 같은 구국외교의 사명을 다하기 위하여 이상설을 비롯한 사절
단 일행은 헤이그에서 헌신적으로 최선의 활동을 벌였다. 우선 그들은
평화회의에 한국대표로서 공식으로 참석하기 위한 활동을 전개했다.
그들은 6월 29일 평화회의 의장으로 선임된 러시아 대표 넬리토프(N.
De Nelidov) 백작을 방문하여 각별한 후원을 청하였다.[53] 그러나 그는 각
국대표의 초청은 주최국인 네덜란드 정부이므로 그 정부의 외무대신
소관이라고 회피하며 면회마저 거절하였다. 실익을 따져 친일 우호책
으로 정책을 바꾼 본국정부의 훈령에 따른 것이다. 이미 넬리토프는
한국특사가 헤이그에 도착하기 전인 6월 11일 본국의 외무대신 이즈빌
스키로부터 "그들이 공식적인 대표가 아닌 점을 사전에 통보하니 헤이
그에서의 회의 참석을 요청할지 모르니 접촉을 삼가하라"는 훈령을 받
고 있었다.[54]

또한 평화회의의 부의장이며 네덜란드의 수석대표인 보폴드(W. H. De

---

52) 윤병석, 『증보 이상설전』, 일조각, 1998, 65~66쪽.
53) 『Clipping Haagsche Courant』, Saterday 29 June 1907, Korean Protest to the
   Chairman of Confecence ; 일본외무성문서, 『제2회 만국평화회의 문건』一,
   제2631호, 1907. 6. 29.
54) 일본외무성문서, 『제2회 만국평화회의 문건』一, 제2648호, 1907. 6. 30.

Beaufort)를 찾았다.[55] 그도 "나 개인으로는 동정합니다. 그러나 을사조약으로 한국의 외교권이 일본에 이양되었고, 각국이 이를 인정하여 2년간 단교한 사실이 있습니다. 본 회의의 한국대표 참석을 나로서는 어떻게 할 수 없습니다."라고 완곡한 외교적 사절을 표현하였다.[56] 특사들은 곧 바로 고드리안(Van Tets Van Goudrian) 네덜란드 외무대신을 찾았다. 그러나 그 역시 필요한 반응을 보이지 않고 넬리토프 의장과 일본 대표의 거부의견을 쫓아 한국특사를 소외시켰다.[57]

이밖에도 특사들은 미국대표를 비롯하여 프랑스·영국·독일 등 각국 위원에게도 회의 참석을 요구하는 협조를 빌었으나 모두 실패하였다. 특히 한미수호조약 이래 전통적인 우호관계가 깊었던 미국조차도 초에이드(Joseph H. Choate) 수석대표가 '미국은 한국에 대하여 (이제까지) 항상 우호관계이었다. 그러나 이 이상은 (이제부터는) 어떻게 할 수 없다.'라고 명백히 거절하여 실망시켰다.[58] 특사들은 결국 회의에 공식적으로 참석하지 못했다.

그러나 그들은 비공식 경로를 통해 일본의 침략과 한국의 요구를 정확히 각국 대표들에게 알림으로써 한국 문제를 국제정치 문제로 제기시키려는 활동을 폈다. 6월 27일자로 그 같은 사실을 담은 공고사(控告

---

[55] 특사일행이 보폴드 네덜란드 수석대표를 방문한 경위와 관련 일기 등은 송창주 이준기념관 관장이 네덜란드 문서보관소에서 수집, 앞의 『The Independence Movement of Korea in the hague』, 1907, 18~23쪽에 소개하고 있다. 그러나 그는 한국대표에게 정중하고 친절하게 접했으나 일본대표와 상의한 후 결국 한국대표를 소외시켰다.

[56] 『日本外交文書』 권 40, 431쪽.

[57] 일본외무성문서, 『제2회 만국평화회의의 문건』 一, 제2686호, 1907. 7. 2 및 제269호, 1907. 7. 3.

[58] 『The Telegrant』, 1907년 7월 17일 기사 및 『The Haagsche Courant』, 1907년 7월 17일자 기사.

詞)를 이상설·이준·이위종 등 세 특사의 연명(連名)으로 일본과 영국을 제외한 각국 위원에게 두루 전달하였다. 또한『평화회의보』를 비롯한 여러 언론에 공표하였다. 다음과 같은 공고사는 훌륭히 짜여진 문장일 뿐 아니라, 한국의 입장과 요구가 명백한 대한제국의 중요 외교문서인 것이다.

"헤이그, 1907년 6월 27일

헤이그 만국평화회의 대표자격으로 대한제국 황제폐하에 의해 특파된 전 의정부 참찬 李相卨, 전 평리원검사 李儁, 성 페테르부르크 주재 대한제국공사관의 전 참사관 李瑋鍾은 우리나라 독립이 여러 나라에 의해 1884년에 보장되고 또한 承認되었음을 각국대표 여러분에게 알려 드림을 영광으로 생각합니다. 그뿐만 아니라, 우리나라의 독립은 여러분의 나라에서 지금까지 인정하여 왔습니다.

1905년 11월 17일까지 이상설은 당시 의정부참찬으로 재임했던 까닭에 일본이 국제법을 무시하고 무력으로 우리나라에 들어와 귀국과 오늘날까지 유지되고 있는 우호적인 외교관계를 강제로 斷絕하고자 하였던 일본의 음모를 목도하였습니다. 그러므로 일본인이 사용한 방법과 내용을 각국대표 여러분에게 알려드리고자 합니다. 일본인은 그들 목적을 달성하기 위하여 무력으로 위협하고 대한제국의 권리와 법률을 침해하는데 주저하지 않았습니다. 우리는 일본인이 어떠한 방법을 사용하였나 하는 것을 여러분에게 알려드림을 惠諒하시고 보다 명확한 설명을 드리기 위하여 우리의 규탄 이유를 아래 세 가지로 요약합니다.

1. 일본인은 황제폐하의 재가 없이 乙巳五條約을 체결하였습니다.
2. 일본인은 자기들의 목적을 달성하기 위하여 대한제국정부에 대하여 무력행사를 감행하였습니다.
3. 일본인들은 대한제국의 법률이나 전통을 무시하고 행동했습니다.

이상 열거한 세 가지 사실이 국제법을 침해하였는지의 여부를 대표 여러분들의 공정한 판단에 맡기겠습니다.

일본의 이러한 奸巧가 우리나라와 우방국가의 사이에 지금까지 유지되고 있는 우호적인 외교관계를 단절하게 하고, 항구적인 東洋平和를 위협하게 되는 것을 우리들이 독립국가로서 어떻게 용납할 수 있겠습니까?

우리는 헤이그 만국평화회의 참석을 목적으로 한 황제폐하의 使節임에도 불구하고, 일본이 바로 우리나라의 권리를 침해했기 때문에 이 회의에 참석할 가능성을 박탈당한 데 대하여 심히 유감으로 생각합니다.

우리는 본국을 떠나던 날까지 일본인이 자행한 모든 방법과 범죄행위의 槪要文書를 별첨합니다. 우리나라에 대하여 지극히 중대한 문제에 여러분의 우호적 배려를 바랍니다. 보충자료가 필요하시거나 또한 우리가 대한제국 황제폐하로부터 全權을 위임받았다는 사실을 확인하고자 하신다면 알려 주시기 바랍니다. 우리는 대표 여러분에게 제반편의를 제공하는 영광을 갖겠습니다.

대한제국과 우방국과의 외교관계 단절은 결단코 대한제국의 자의에 의한 것이 아니라 일본에게 侵害 당한 과라는 점에 비추어 우리가 만국평화회의에 참석하여 일본의 음모를 천하에 밝힘으로써 우리나라의 권리를 수호할 수 있도록 대표 여러분의 호의적인 仲裁를 간청하면서 여러분에게 控告하는 바입니다.

각국대표 여러분에게 우리는 미리 감사드리며 높은 경의를 표합니다.

이상설 이준 이위종"

더구나 이 공고사는 침략의 개요를 수록한 「일인불법행위(日人不法行爲)」라고도 하는 부록(附錄)에 일본의 한국 침략상을 조리 있고 생생하게 증명하는 장문의 기록을 덧붙였다.[59] 이 공고사는 일본의 일반적인 한국문제 선전이 허위임을 밝히는 중요한 구실을 하였다. 특히 을사5

---

[59] 윤병석, 『증보 이상설전』, 71~77쪽.

조약 강제의 경위에 관한 부분은 이상설이 경험한 실담(實談)으로서 현존하는 을사조약 관계 문헌 중 정확하고 소상한 기록의 하나이라 할 수도 있다. 그러나 회의에서는 표면적으로 각국이 외교적 이해득실에 사로잡혀 있었으므로 반응을 보일 수 없었다. 하지만 내면적으로는 한국문제가 국제적 평화문제 중에 포함될 수 있는 것이며, 한국민(韓國民)의 요구와 항쟁(抗爭)이 '이유 있는 것'이라는 국제적인 이해를 촉진시켰다고 할 것이다. 또한 그 후 한국독립운동에 대한 국제정치적 의미를 부여한 계기를 마련하였다고 볼 수 있는 것이다.

2) 국제여론과 국제협회의 연설

이상설과 이준, 이위종 그리고 헐버트 박사는 이와 같은 회의 참석을 위한 활동을 이어 이름난 언론인과 신문·잡지를 이용하여 한국의 주장을 국제여론에 호소하는 활동을 효과적으로 폈다. 그 가운데 두드러진 것은 평화회의의 대변지라 할『평화회의보(Courrier de la Conference)』에 위에 든「공고사」전문을 싣고 그 밖의 특사들의 활동과 주장을 두루 보도하게 한 것이다. 그중 "무슨 이유로 한국을 제외하였는가?"라는 제목의 논설은 특사들의 피어린 활동을 정당하게 알린 특종보도가 되었다.[60] 이『평화회의보』는 영국 언론인 스테드(William T. Stead)[61]가 편집하는 것으로서 그는 제1회 평화회의 때부터 알려진 이름난 언론인이었다.

---

[60] 『평화회의보』, Sunday 30th, June, 1907.
[61] 스테드(1849~1912)에 대하여는 앞의 송찬주의 『1907, 헤이그에서의 한국독립운동』, 36쪽에 요약·소개되었다. 그러나 스테드는 '한국독립운동의 은인'으로 평가되기 어려운 면이 있다.

스테드가 한국의 주장을 찬성하고 일본의 행위를 직접적으로 반대
하는 입장에 섰다는 것은 특사들의 활동 가운데 중요한 성공이라 할
것이다. 씩씩하면서도 독특한 문체로 쓰여진 그의 글은 곧 『런던 타임
즈』와 『뉴욕 헤럴드』 등 구미 각국의 신문에 전재되었다. 그 후 한국
특사의 활동과 주장은 각국 기자들의 중요 취재대상이 되었다. 일본이
위장한 한국문제를 세계 여론에 벗겨 버림으로써 일본 대표나 그들 본
국의 사이온즈와 하야시 및 서울의 이토오 등을 국제여론상 난처한 입
장으로 몰아넣었던 것이다. 특사들이 비록 일본의 방해, 러시아와 미
국을 비롯한 열강의 외면으로 회의에 참석은 거부되었으나, 구미 여론
에서 한국 문제를 정당하게 다루게 한 것은 그들의 활동 가운데서 큰
보람이 된다 하겠다.

특사들의 이 같은 활동은 첫째, 평화회의 기간 중 풀레스 센터의 역
할을 수행하던 각국 신문 기자단의 국제협회(Circle International)에서 더욱
빛이 났다. 이 모임서에는 첫째, 7월 9일 이상설과 이준, 이위종이 귀
빈으로 초청되었고, 이 자리에서 이위종이 유창한 프랑스어로 절규한
'한국의 호소(A Plea for Korea)'[62]는 청중으로 하여금 감명과 찬사를 금치
못하게 했으며, 즉석에서 한국의 입장을 동정하는 논의가 활발하게 전
개되었다. 이 회합은 평화회의 공식석상에서는 들을 수 없는 각국 외교
문제까지도 취급했기 때문에 이름난 언론인과 각국의 평화운동가, 정
치인, 평화회의의 각국위원의 수행원 및 기자들이 두루 참석하여 성황
을 이루었다. 게다가 마침 국제협회의 회장이며 평화회 의보의 편집자
이기도 한 스테드가 한국대표를 지지하는 입장에서 사회를 보고 이위

---

62) 이위종의 「한국의 호소(A Plea for Korea)」는 뒤에 영문으로 요약 번역되어
    『The Independent』 LXIII (1907년 8월호)에 특사들의 위임장 사진과 함께 전재
    되었다.

종의 열정적인 호소가 참석한 각국의 이름난 언론인은 물론 여러 정치인 및 그들 수행원까지 감명과 찬사를 금치 못하게 하였다. 이와 같은 감격적인 정황을 헤이그에서 발행하던 7월 10일자『Haagsche Courant』지는 다음과 같이 보도하고 있다.

이준과 이상설, 이위종으로 이루어진 한국 대표단은 지난 밤(7월 9일) Prinsessegracht 6A에서 국제협회의 귀빈이 되었다. 저명한 인사들을 포함한 관심 있는 많은 사람들이 비넨호프(Binnenhof)의 평화회의석상에서 들을 수 없는 것, 즉 한국독립의 폭력적 파괴에 대한 한국인의 호소를 들으려고 기다리고 있었다. 스테드(William T. Stead)의 한국 최근 역사에 관한 간략한 언급이 있었다. 그는 네덜란드가 한국이 초청되지 않은 것에 책임은 없으나, 이것은 단지 자행되어진 강자들의 폭력의 논리적 결과라고 지적했다. 새까만 머리와 황색 피부를 지니고 매우 연민적으로 보이는 젊은 사람인 이위종은 자바(Java)인과 매우 유사하게 보였으며, 유럽 사람들에게 그들이 잘 교육받은 일본인들로 알고 있는 것과는 달리 실제 일본인의 잔학성(殘虐性)과 무신의성(無信義性)을 알리고자 하였다.

러일전쟁 후에 일본의 이토(伊藤) 후작은 한국 황제에게 보호조약의 체결을 요구하였다. 그 내용은 일본정부는 그동안 한국정부가 타국과 체결된 조약의 이행에 대한 감독관과 해외에서의 대표권, 한국 모든 지역에 수비대와 공무원을 배치하는 권한 한국에 관한 외교권 등을 장악하고자 한 것이다.

한국 황제는 그렇게 중요한 조약에 관한 것은 대신회의에서 먼저 토의되어야 한다고 말하였다. 대신들과 고위관리들은 분개하면서 거절하였고 차라리 자결(自決)하겠다고 말했다. 그때 일본군이 겹겹이 궁궐 주변을 포위하였으며 몇 명의 고위대신들이 불충하게도 일본인에게 대신의 도장을 주었다. 일본인들은 조약서에 그 도장을 눌렀고 그러한 방법으로 조약을 합법화시켰다.

조약에는 한국 황실의 독립과 존엄성을 보장하고 있음에도 불구하고 황제는 궁궐에 죄인같이 감금되었다. 대신들은 학대받고 죽인다는 위협을 받았으며, 신문은 탄압 당하였고 시위는 해산되거나 진압되었다. 서울에서 외국 대사들에게의 호소도 효과가 없었으며 황족의 한 사람(閔泳煥)이 자결을 하고 피로써 항의서를 썼다.

이위종은 독립을 상실한 굴욕적인 국민이 어떻게 느끼며 얼마나 고통을 받아야 하는가를 증명하기 위해 한국에서 벌어진 1300만 원의 일본 국채상환운동에서 한국인은 각자가 그들이 갖고 있는 값어치 있는 물건을 팔며, 심지어 여자들은 머리카락을 잘라 팔고, 어린이들조차 과자나 장난감을 사기 위해 주어진 푼돈마저 내놓고 있음을 설명하였다. 이위종은 이 회합이 한국의 독립유지에 어떤 도움을 주지 못함을 인정하면서 한국독립의 중요성을 국제적으로 알리고 계속해서 한국의 독립을 지지해 줄 것을 호소하였다.

의장인 스테드는 뉴욕의 일본신문 편집자인 일본인을 대신하여 1905년의 조약(乙巳五條約)은 왕조의 존재에 막을 내리는 것이며 합법적 문서라는 것을 알려주었다. 그러나 한국특사는 대표권이 없다는 이토(伊藤)의 성명과는 상반되게 대표권은 신뢰할만한 것이라고 말했다.

Van Suttner 여사는 감동적인 어조로 법정(국제재판소)이 그러한 한국의 호소로 받아들이고 또한 세계군대(World Army)를 조직하여 그러한 폭력을 방지하기를 제안한다고 하였다.

『The Locomotive』의 편집장인 Brooshooft는 한국에의 동정과 일본에 대한 규탄하는 행동을 취할 것을 제안하였다. 왜냐하면 스테드 의장이 강도와 같은 일본과 똑같은 행위를 하는 영제국의 신하로서 다른 국가에 대한 규탄을 할 수 없었기 때문이었다. 그러나 이때 Mr. Fried는 제제에는 어떤 민족과 국가의 이름도 사용되어서는 안 된다고 하며 그것이 국제적인 증오의 원인이 됨을 주장하여 제동을 걸었다. 사실 모든 유럽인들은 폭력에 대한 죄책감을 가지고 있으며 특히 미국에 대해 신경을 쓰고 있다. 이와 같은 정황으로 규탄하자는 행동적인 제안은 크게 수정되어 받아들여졌다. 폴란드 언론인이 제안한 수정안은 '한국을 동정한다'라는 내용의 것이었다. 그리하여 그러한 수정안은 거의 만장일치로 받아들여졌으며 특사는 감사의 뜻을 표하였다.[63]

이와 같이 의장 스테드의 사회하에 진행된 이위종의 국제협회에서의 '한국의 호소'는 국제여론에 큰 반응을 일으켰다. 그중에도 평화운동가로 저명한 슈트너(Suttner) 여사의 발언은 '한국의 호소'를 법원(국제재판소)에서 받아들이고 세계군(Wold army)을 평성하여 일제의 폭력을 견제하여야 된다는 제안으로 괄목할 것이었다. 이 슈트너 여사의 제안을 7월 9일자 『Land an Volk』지에서는 "약자(한국)에게는 안되었지만 자신을 무장(투쟁)하라고 말할 수는 없지만 강자(일본)에게는 무기를 버리라고 말해야 한다. 한국의 경우와 같은 호소를 받아들일 국제법정과 그와 같은 만행(일본)을 저지할 수 있는 국제군대가 있어야 한다."라고 보도하고 있다. 오스트리아 출신의 슈트너 여사는 이미 1905년 여자론 최초로 노벨평화상을 수상한 국제적으로 명망 높은 평화 운동가였다.

또한 한국에 대한 동정과 일본에 대한 규탄을 담은 Brooshoot 편집장의 제안은 의장이 (영국)제국주의 국가의 신하이기 때문에 그대로 집행할 수는 없었다고 하였다. 최종적인 제안은 많은 부분이 삭제되고 단지 '한국을 동정한다'라는 결의가 이루어졌다. 그리고 그것은 거의 만장일치로 받아들여졌다. 특사 측으로서는 아쉽지만 큰 성과라 아니할 수 없다는 내용이다.[64]

---

[63] 『The Haagsche Courant』, 1907년 7월 17일자 기사.
[64] 일본대표가 본국정부에 보낸 전보에는 일본에 대한 규탄안이 결의되지 않고 '한국에 대하여 동정한다'는 변경된 결의만 나온 것을 다행으로 알고 있다. 결국 이 연설회에서 강력한 '한국의 호소'에 대한 결의안이 채택되지 못한 것은 의장인 스테드가 사전에 일본의 청을 받아들여 반대하는 입장에서 발언한 것이라고도 해석된다. 그는 현실적으로는 한국이 '일본의 지배'를 받아야 된다

둘째, 한국대표의 국제협회에서의 두 번째 연설회는 그 다음날인 7월 10일 헐버트 박사가 파리로부터 헤이그 현지에 나타나 역시 스테드 의장의 사회로 개최되었다. 이날 헐버트의 연설 내용은 아직 자료가 발견되지 않아 구체적인 것은 알 수 없지만 일본대표 스즈키가 그들 본국에 보낸 긴급전문에 의하면 "전날 한국대표(이위종)의 주장을 사실상 보증한 것이다."라고 하였다.[65] 이 연설회에서는 이위종 등 한국특사도 참석, 토론을 벌였다. 그러므로 그 주지는 헐버트 박사의 말과 논리로 한국특사의 호소를 부연 주장한 것이라고 해석된다. 스즈키 일본대표의 보고에는 헐버트의 말을 인용하여 그가 헤이그에 현신한 것은 한국대표를 뒤에서 조종하는 것이 결코 아니고 한국대표는 자기와 상관없이 활동하고 있다고 주장한다고 하며 헐버트 연설 후에 일본 규탄안이 나오지 않은 것은 그들이 스테드에게 사전에 부탁한 결과라고 부연하고 있다.

셋째, 이상설을 비롯한 한국특사 일행은 헤이그에서 이와 같은 눈부신 활동을 펴던 중 7월 14일에 갑작스런 이준의 순국을 당하였다. 생존한 특사들은 그를 고국에 반장할 길이 트일까 하여 헤이그 공동묘지에 우선 가매장하는 슬픔을 겪었다.[66] 그리고 생존한 사절단 일행은 이미 예정된 구미 열강에 대한 순방외교를 급히 먼저 수행하였다. 그후 다시 윤병구 목사를 대동하고 헤이그에 돌아와 9월 3일 또 다시 기자협회에서 '한국의 미래정치제도'라는 주제로 연설회를 가졌다. 이날의 연설은 지난 1905년 8월 이승만과 같이 포츠머스에서 러일강회회담 때 하와이 한국교민대표로 활동한 바도 있던 윤병구 목사가 주제연설

는 입장은 취했기 때문이라 할 수 있다.
[65] 일본 외무성문서, 『제1회 만국평화회의 문건』 I, (No. 2848) 1907년 7월 11일자.
[66] 윤병석, 『증보 이상설전』, 177~182쪽 참조.

을 하였다. 사회자인 스테드 의장이 한국대표를 소개하면서 일단은 한국의 입장을 동정하는 연설을 하여 성황을 이루었다.[67] 그는 국권회복을 하려는 한국민 투쟁은 정당한 것이고 훌륭한 것이라고 논찬을 하면서도 그 한계를 뚜렷이 하였다. 그는 "지금으로서는 한국민이 전적으로 일본에 권한 하에 있다는 것이다. 눈을 뜨십시오. 그리고 지금 이 순간에 무장봉기는 아무런 승산이 없다는 것을 인정하시오. 진정 독립을 되찾고자 한다면 더 이상 피를 흘려야 한다고 말하지 마시오. 오히려 한국민이 국력으로 자유를 찾게 되는 그날을 위해 준비할 수 있도록 밤낮으로 열심히 일할 것을 결심해야 합니다. … 이것이 한국인이 평화주의자가 되어야 한다는 것을 의미합니다. 한국인이 훗날 투쟁하기를 원한다는 것은, 지금 현재 투쟁하지 말아야 한다는 것을 의미합니다. 평화가 한국인들의 신조이길 바랍니다."라고 말하며 현재의 투쟁을 중지하고 후일을 위한 준비론을 제시하고 있다.

　이를 이어 윤병구의 연설은 먼저 러일전쟁이래의 일본의 침략과 한국민에 대한 심한 탄압과 착취를 설명하였다. 그는 일본이 러일전쟁을 도발하면서 한국의 독립과 개혁을 보장한다고 주장하여 한국민의 협력을 얻어 전쟁에서 승세하였다. 그러나 그들은 그들 주장은 지키지 않고 실제로는 "대한제국에서 값이 나가는 모든 것을 강탈하였다. 최하층의 일본인 수천 명이 군사적 필요를 가장하고 한국민을 몰아내고 토지를 강탈하였다. 때문에 수천 명의 한국민은 굶어죽게 하면서 대한제국으로 그들이 몰려들었다. 이 일본인들에게 항거하여 한국민에게 무기를 들도록 한 것은 빈곤과 낙망이었다."라고 설명하였다.

　또한 일본인들은 몇 가지 조치를 취하며 개혁이라고 하였다. "그들

---

67) 『평화외의보』, 1907년 9월 4일자.

은 학교를 세웠다. 그러나 단지 한국민에게 일본어를 배우게 할 목적
에서 한 것뿐이다. 그들은 한국민에게 강제노동을 부과하면서 몰수한
땅에 철도를 부설하였다. 그러나 한국민들은 이 같은 대가를 치르고
철도를 설치하느니 보다는 걷는 것을 선호했다."라고 비판했다. 이어
윤병구는 한국민에게 이런 "어려움은 鍊鍛을 가르쳐 줄 것이고 미래의
승리를 위하여 교육과 기독교를 믿고 있다. 교육은 그들의 지식을 개
발시켜 줄 것이며 기독교는 죽음에 대한 공포에서 벗어나게 할 것이
다. 특히 기독교의 신앙은 유교와 불교 그리고 신도가 주지 못하는 세
가지를 한국민에게 주는 것이다. 그것은 한국민에게 일체감과 사랑을
가르쳐 주는 것이며 또한 그들을 죽음의 공포로부터 해방시켜 주는 것
이다. 이 일체감과 사랑 그리고 용기는 한국민의 자유를 찾아줄 것이
다."라고 주장하였다.

이와 같은 연설을 이어 스테드를 중심으로 활발한 토론이 전개되었
다. 이위종은 스테드의 발언 중 후일을 위하여 한국민이 일본에 대한
투쟁을 중지하고 일본에게 먼저 복종하라는 것은 "결코 있을 수 없다"
고 강력히 반박하면서 "한국민의 도움을 얻기 위하여 독립을 확약한
연후에, 배신함으로써 한국민을 농락한 일본인들을 한국인은 절대로
신뢰할 수 없다."라고 강조하였다. 윤병구는 일본의 개혁에 대하여 "그
런 경우는 생각할 수조차 없지만 혹시라도 한국애국자들에게 다시 어
떤 교섭을 한다고 가정하더라도 자기는 그것을 거절할 것이다"라고 토
론하였다.[68]

일본대표의 이날의 연설과 토론에 대한 비밀보고에는 "한국인(특사
일행)은 연설회를 가졌지만 스테드가 석상에서 '완곡하게 운동중지를

---

[68] 『평화회의보』, 1907년 9월 6일자 기사.

충고'하여 결국 불성공으로 끝났다"라고 자위하고 있다.[69] 결국 그들은 사전에 스테드에게 한국대표의 활동을 방지하도록 공작했기 때문에 이런 정도로 마무리 되었다는 뜻이다.

이와 같은 국제협회의 연설 전후 각국 신문에서는 매일같이 한국의 사정을 논하게 되어 '억일부한(抑日扶韓)'의 여론이 크게 일어났다. 그럼에도 불구하고 각국 대표위원은 여전히 공례(公例)를 빙자, '막연무응(漠然無應)'하여 사행목적은 달성하지 못했다고 근년 알려진 「이상설일기초(李相卨日記抄)」에서 다음과 같이 밝혔다.[70]

> "또한 국제협회에서 연설할 수 있게 되었다. 이위종으로 하여금 불어로 연설하게 하여 방청자가 대단히 많았다. 각국 신문이 매일같이 한국의 사정을 논하는 한편 '억일부한지정(抑日扶韓之情)'을 발표하였다. 그러나 각국 대표위원들은 공례를 빙자하여 '막연무응'하였다."

7. 맺음말 – 열강순방외교

이준을 잃은 이상설 특사 일행은 헤이그에서의 활동에 이어 그 길로 영국·미국·프랑스·독일·러시아 등을 순방하면서 한국의 독립지원을 호소하였다. 그들의 이 길은 만국평화회의에서의 활동의 연장이라 할 수 있다. 또한 이에 못지않게 중요한 의미를 갖는 것은 국권 회복을 위한 열강에 대한 순방 외교이었다.[71] 이미 헤이그회의 참석 전에 이

---

[69] 일본외무성문서, 『만국평화회의 문건』二, 1907년 9월 3일자, 제3742호.
[70] 단국대학교 동양학연구소편, 『張志淵全書』7, 984~989쪽.
[71] 윤병석, 「구미각국에의 순방외교」, 『증보 이상설전기』, 99~108쪽 참조.

같은 활동을 위해 광무황제의 위임장뿐 아니라, 각국 원수에게 보내는 친서까지 준비했던 것이다.[72] 을사5조약 전후에 한국독립수호를 위한 각국 외교는 전술한 바와 같이 헐버트 박사 등 친한 외국인을 통해 간접적으로 접촉한 바 있으나, 그 효과는 별로 없었다. 그러므로 이상설 특사들의 이 순방 외교는 외교권을 빼앗긴 뒤 최초이자 최후로 한국관료가 국가를 대표하여 공식적인 순방외교 활동 벌인 것이라 할 수 있다. 그러니만큼 광무황제의 기대도 컸던 것으로 믿어진다.[73]

특사 일행은 매우 바쁜 일정으로 구미 여러 나라를 돌았다. 그들은 1907년 7월 25일경 헤이그를 떠나 영국을 방문하였다. 그리고 8월 1일에는 미국 뉴욕에 도착했으며, 테오도어 루즈벨트 미국 대통령을 만나고저 워싱턴에 들렀다. 그러나 성사되지 못하고 유해의 고국 반장이 어려워 이준의 장례를 현지에서 치르기 위해 네덜란드를 다시 찾아 9월 5일 그곳 뉴에이크다우는 묘지에 묻었다. 그 후 헤이그를 떠나 프랑스 파리와 독일 베를린을 방문하고, 이탈리아·로마 등을 거쳐 북쪽으로 러시아 수도 페테르부르크를 다시 찾았다. 그 뒤 다시 영국 런던을 거쳐 미국에 가서 활동했다.[74]

생존한 이상설 특사 일행은 각국에서 정계 지도자와 평화운동가 또는 이름난 언론인을 만나 일제의 한국 침략의 잔혹성과 을사5조약 강제의 폭력성을 설파하며 한국의 독립수호를 위한 국제지원을 호소했

---

72) 헐버트 박사가 갖고 간 친서 등은 근래 김기석 교수가 컬럼비아대학 소장 『金龍中書帖』에서 발견, 학계에 소개하였다. 『한국교육사고자료총서』 1, 서울대학교, 1994. 또한 러시아 황제를 비롯하여 각국 지도자에게 보내는 친서도 러시아국립문서보관소(박종효 편역, 『한국관련문서요약집』, 191쪽) 등에서 계속 발견되고 있다.

73) Clarence N. Weems, 『헐버트박사 전기 초고』, 국역필사본.

74) 김원용, 『在美韓人五十年史』, Reedley Calif., USA, 1959, 313~314쪽.

다. 특히 극동의 영구 평화를 위한 '한국의 영세중립'을 주장했다.[75] 그
것은 한국이 네덜란드나 스위스와 같이 중립국이 되어 일본의 압제와
같은 고통 및 착취를 받지 않는 것이다. 그 일은 이제 시작되었고, 영
광스럽게 생각한다는 것이며 죽기까지 한국의 독립을 위해 하는 일이
라고 한 것이다.

한국특사 일행의 대변자 역할을 한 이위종은 헤이그 현지에서 1907
년 9월 5일 이준의 장례를 마친 후 다시 각국 순방길에 오르면서 각국
기자들에게

> "한국이 네덜란드나 스위스 같이 중립국이 되어 일본의 압제와 같은
> 억울한 고통 및 착취를 받지 않는 것이다. 그의 일은 이제 시작되었다.
> 그것은 영광스럽게 생각하는 일이며 죽기까지 한국의 독립을 위해 일할
> 것이다. 한국의 독립은 유럽인이 생각하듯이 꿈이 아니다."

라고 역설하고 있다.[76] 또한 한국특사의 대표인 이상설은 일본의 팽창
정책이 대륙에 대한 끝없는 침략에만 그치는 것이 아니고 그 목표는
태평양에서 필리핀까지도 넘겨다볼 뿐 아니라, 인도마저 해칠 것이라
고 경고하였다. 이와 같은 특사들의 주장과 한국독립의 정당성의 논리
는 앞에 든 이위종의 「한국의 호소」와 그밖에 구미 가국 기자 회견기
사에 잘 표현되어 있다. 또한 헐버트 박사의 『뉴욕헤럴드』지 동년 7월
22일자 회견기사에도 반영되었다. 헤이그에서 이준을 잃은 뒤에도 이
상설 특사는 이와 같이 이위종 · 윤병구 · 송헌주, 때로는 헐버트 박사

---

75) 『대한매일신보』, 1907년 7월 27일자, 「밀사발언」; 동년 8월 3일자, 「밀사도미」
및 이위종, 「한국의 호소(A Plea for Korea)」 참조.
76) 『Het Vader Land』, 1907년 9월 5일자.

와 함께 각국에서 한국의 독립 지원을 호소하였으나 각국 정부는 그를 외면하였다.

그러므로 이상설 특사들이 당면 목적으로 했던 국권회복을 위한 국제적 지지는 아무 것도 얻은 것이 없었다. 그것은 크게 기대했던 미국과 러시아를 비롯하여 그밖에 관계국인 영국·독일·프랑스 등 국제 열강은 물론 개최국인 네덜란드마저도 그들의 극동정책의 이해를 위한 일본의 한국 지배를 인정할 뿐 아니라, 일본의 그 같은 침략을 방조하고 있던 상황에서 연유된 것이다.

그러나 그들의 헤이그사행과 순방외교는 최선을 다한 것이었고 아무 의미가 없는 것으로 끝나지는 않았다. 때문에 헤이그특사 사행전후 러시아 정부를 대표하던 주한 총영사 풀란손(Geege Planson)은 그들 정부에 한국이 헤이그에 특사를 파견한 광무황제의 구국외교를 다음과 같이 높이 평가하는 보고서를 보내고 있다.[77]

"호전적이고 잔인하며 또한 파렴치한 적(일본)에 대하여 나라의 독립을 지켜내는 힘에 겨운 과제가 헌(광무)황제의 몫으로 떨어졌다. 게다가 이 적은 이전에 모든 친구(수교 열강)들이 한국 황제와의 관계를 끊어놓아 지금은 홀로 투쟁을 계속해 나가고 있음에도 불고하고 아직 전 세계의 여론의 공감을 얻고 있다. 그러나 이 투쟁은 언제 어떻게 끝난다 해도 뛰어난 황제의 인물됨은 역사의 공정한 평가를 받게 될 것이다. 그는 드물게 보는 확고부동한 견인불발의 용기를 지닌 모범이며 무잇으로노 국민에 대한 그의 의무와 책임의식을 부술 수 없는 분이다."

또한 크로렌스 위임스(Clarance Weems)는 『헐버트전기(Hubert's History of

---

77) 독립기념관 소장, 『러시아총영사 풀란손 관계 자료』, 12쪽.

Korea)』에서

> "당시 광무황제와 헐버트박사 이상설 이준 이위종은 멸망하는 국가를
> 위하여 모두 최선의 노력을 바쳤고 더 말할 여지도 없이 훌륭한 솜씨로
> 수행하였다."

라는 찬사를 기술하였다.[78] 공식적으로는 비록 그들이 자국의 이해와
외교적 실리를 고려하여 특사들의 호소를 외면하였을망정, 각국 조야
는 이들 특사의 활동을 통해 일본의 난폭한 한국 침략을 보다 정확하
게 이해하게 되었다. 그 보다도 극동평화를 위한 한국 독립문제가 국
제정치의 한 면임을 이해하게 하는 계기를 만들었다고 할 수 있다. 따
라서 그들의 헤이그 사행과 각국 방문에는 비공식적으로는 동정과 후
대도 뒤따랐던 것이다. 이 같은 이상설 특사들의 순방외교는 헤이그
사행과 함께 그 뒤 해외민족운동자들이 국제적으로 한국독립 문제를
제기하는 기반을 구축한 것이 되었다.

한국특사 일행이 헤이그 활동과 그를 이어 구미에서 동분서주하면
서 활동하는 사이에 한국에서는 큰 변란이 일어났다. 일제가 헤이그
특사의 사행을 꼬투리로 하여 광무황제를 강제로 퇴위시키고 국가의
내정까지 그들 통감부에서 맡는 정미7조약이 체결되었으며, 국가수호
의 최후 보루인 전국의 군대가 강제 해산되는 참상을 겪었다. 뿐만 아
니라 이상설에게는 궐석재판에서 사형, 순국한 부사 이준과 이위종에
게는 무기형의 선고를 내리기까지 하여 충신이 역적으로 불리는 세상
이 되어버렸다.

불행하게도 이런 변란에 일제의 앞잡이도 한몫을 저질렀다. '토왜(土

---

78) 윤병석,『증보 이상설전』, 106쪽.

倭)' 혹은 '오칠일(五七一)'이라고도 비칭되던 을사5적을 비롯하여 정미7
적(丁未七賊)과 일진회 무리들의 부일반역 행위인 것이다. 그들의 명분
은 언필칭 외세의존을 배척하고 보수를 혁신하여 나라의 진보를 이루
려는 것이라고 하였다.

그러나 대한제국의 국민은 그런 변란을 분개하고 용납하지 않았다.
의열사들은 앞장 서 제국주의 침략을 규탄하고 그 하수인을 찾아 포살
응징하는 의열투쟁을 격화시켰다. 이준과 이한응 열사의 사행 현지에
서의 순국과 안중근 의사의 하얼빈의거 및 장인환·전명운 의사의 상
항의거는 그러한 의열투쟁의 두드러진 사례라 할 것이다. 또한 강제
해산된 군인은 의병진의 선봉에서 종래의 의병항쟁을 '의병전쟁'으로
발전시켜 전선 없는 전국산야에 붉은 피를 뿌렸다. 한편 무기를 들지
는 않았으나 개화혁신에 무게를 두고 활동하던 민족운동자들은 애국
계몽운동을 거족적 '구국운동'으로 발전시켜 민족정기를 지켜갔다. 헤
이그특사들이 '한국의 호소(A Plea of Korea)'에서 "한국민은 독립을 위해
투쟁할 것이며 그것은 이제 시작이다"라고 한 절규의 현상화인 것이
다. 그들의 투쟁이 비록 목전에 대한 제국의 멸망을 막는 데는 미치지
못하였다 하더라도 그 뒤 오랜 일제 식민지하 조국의 광복을 위한 독
립전쟁을 개시한 것이다.

※ 본「만국평화회의와 한국특사의 역사적 의미」는 필자가 2007년
　헤이그특사 100주년기념 국제학술심포지움 개최 때 주제논문으
　로 한국과 헤이그에서 발표한 것으로 독립기념관의『헤이그특사
　와 한국독립운동』의 권수논문으로 된 것이다.
　본 논문과 유관 참고저술은『이상설전─헤이특사와 이상설의 독
　립운동』, 일조각, 1984가 있다.

'간도협약' 100주년을 돌아본다

간도의 역사와 간도협약

'간도협약' 100주년을 돌아본다

간도의 역사와 간도협약

1. 머리말

2009년 9월 4일로 청일 간에 '야합(野合)'한 '간도협약' 100주년을 맞이했다. 또한 곧 이어 안중근 의사의 하얼빈의거 100주년을 맞이하고 북간도의 대표적 한인촌인 명동촌건설 110주년도 맞는다. 100년 전의 이와 같은 일련의 역사적 사실은 서로 밀접한 연관성을 가지며 격동과 시련의 한국근대사에서 간과할 수 없는 위상을 갖고 있다.

그 보다도 선린수호를 기약하는 한중관계사에서도 의미 있는 역사의 한 면을 이루고 있다. 특히 한국에서는 국외 한인사회 중에서도 가장 오랜 역사와 전통을 가진 중국 동북지방 간도 한인의 역사와 민족운동 내지 조국독립운동이 한국독립운동사의 중요면을 차지하고 있는 것이다.

그럼에도 불구하고 간도지역은 해방 후까지도 이념의 대립과 남북분단 그리고 6·25 전쟁 등으로 서로 왕래는 고사하고 학술자료의 교환마저 어려운 철죽으로 가려진 곳이었다. 하지만 1980년대에 접어들면서 동서 냉전체제의 변화와 국력의 신장으로 말미암아 서로 국교가 트이고 인적교류는 물론이고 학술교류가 가능하게 된 것이다. 아울러 북한과도 극히 제한적이긴 하지만 교류의 물꼬가 트이고 있는 것 같다. 따라서 그동안 서로 유리되어 탐구되고 이해되던 간도 한인의 역사와 문화가 상호교류하면서 연구하게 되어 쌍방간 적지 않은 연구 성과도 쌓였다. 그러나 아직도 지난 100년간의 간도 한인의 역사와 문화 연구에는 많은 과제와 문제점을 안고 있다. 그중에서도 '간도협약'과 간도한인 그리고 명동학교 등의 연구과제는 필수적인 것이다.

이런 가운데 근년 중국에서 동북공정과 백두산 프로젝트 등을 추진하여 혹시 간도역사의 진실이해와 그 올바른 의미를 찾는데 나쁜 영향을 미치지 않을까 하는 의구심도 없지 않다. 그럼에도 불구하고 현재 우리의 임무는 지난 100년간의 간도역사의 진실이해와 그 의미를 보다 올바르게 연구를 심화시키고 그 은감(殷鑑)으로 현재와 미래를 위하여 밝게 빚어져야 될 것이라고 생각된다.

2. 북간도의 위상

한국근대사에서 지칭하는 간도(間島), 즉 북간도(北間島)는 백두산 동북쪽, 두만강 너머의 연길(延吉)·화룡(和龍)·왕청(汪淸)의 3현과 흔히 혼춘현(琿春縣)을 아울러 가리키나, 넓게는 액목(額穆)·돈화(敦化)·동녕(東寧)·영안(寧安) 등의 현을 합칭하기도 한다. 현재 중국 속에 한인(韓人; 朝鮮族) 집단거주지역인 '연변조선족자치주(延邊朝鮮族自治州)'는 위의 연길·화룡·왕청·혼춘의 4현에다 백두산 북쪽의 안도(安圖)와 돈화(敦化)의 두 현을 합하여 이루어진 것이다.

여기에 간도(間島)의 연장개념으로서 거간도(西間島)란 호칭은 백두산 서남, 압록강 대안의 남만주지방 한인의 이주·정착지역을 지칭하게 된 것이고, 이 서간도와 대칭으로 원 간도에 대한 호칭을 서간도와 구별하기 위하여 '北' 혹은 '東'자를 첨가하여 북간도(北間島)·북간도(北墾島) 혹은 동간도(東間島)·동간도(東墾島)라 호칭한 것이다. 서간도 중에서 현재 한인 집단거주지역은 백두산록의 '장백현(長白縣)'만이 조선족 자치현으로 남아 있고 그밖에는 각 현 산하의 한인(조선족)의 자치향(自治鄉)이 여러 곳에 산재한다.

3. 백두산 정계비와 청의 봉금정책

역사적으로 한민족은 고대로부터 간도를 비롯한 만주지방과 불가분의 긴밀한 관계를 맺어 왔다. 단군조선 이래로 고구려와 발해에 이르는 10세기 초까지 서북간도를 비롯한 만주와 러시아 연해주 일대는 한민족의 활동영역에 들어 있던 민족의 옛 땅(故土)으로, 민족문화 발전의 중요한 터전이 되었던 곳이다. 그 뒤 고려조에 들어와 예종이 도원수 윤관(尹瓘)을 파견하여 이 지역에 웅거하고 있던 여진족을 정벌하고 북방 척경을 단행하였다. 이때 윤관은 두만강 이북 700여 리를 개척하고 9성을 쌓았다. 9개의 성 가운데 하나인 공검영성(公嶮嶺城)은 선춘령(先春嶺) 동남, 백두산 동북의 소하(蘇河; 分界江) 강변에 위치하였고, 선춘령에다 '고려지경(高麗之境)'이라 새긴 척경비를 세웠다고 전한다. 또한 여말 이성계(李成桂)가 용흥전 동북지방에서 활동할 때 두만강 건너 알동(斡東)과 해란(奚蘭)을 중심으로 그 지역 일대의 여진족을 정벌 복속시켰다는 사실을 용비어천가(龍飛御天歌) 등이 전하고 있다. 게다가 조선조 성종 때는 남이(南怡) 장군이 일시 두만강을 건너 영고탑(寧古塔: 현재 寧安)까지 복속시킨 고사를 전한다. 그 이래로 명조(明朝) 말엽까지 국경문제로 중국과 분쟁을 일으킨 일은 거의 없었다.

하지만 명이 망한 뒤 중원을 차지한 여진족(女眞族) 청(淸)은 1658년 간도를 봉금지대(封禁地帶)로 선포하여 중국인과 조선인의 이주를 엄금하는 조치를 내렸다. 그러나 봉금지대는 조선의 변경 주민들이 인삼 등을 채취하고 수렵과 벌목에 종사하던 생활영역이었다. 그러므로 이들은 생계를 영위하기 위해 위험을 무릅쓰고 도강을 계속할 수밖에 없었다. 결국 봉금지대 설정 이후 발생하게 된 월경죄인(越境罪人) 처벌문제가 조선과 청국간의 외교문제에 큰 비중을 차지하게 되었던 것이다.[1]

청의 강희제는 1712년 오라총관(烏喇吉林總管) 목극등(穆克登)으로 하여금 백두산 일대를 탐사하고 양국 간의 국경선에 대하여 조선과 약정하게 하였다. 강희제는 백두산에서 발원하는 토문강(土門江) 동남은 조선 땅, 서북은 청국령이라고 국경을 자의적으로 획정하고는 목극등에게 토문강과 압록강 사이의 영역을 사정토록 한 것이다. 이때 목극등은 백두산 정상에서 동남으로 10여 리 떨어진 압록강과 토문강의 발원지점에 "서쪽으로는 압록강이고 동쪽으로는 토문강(土門江)이다. 그러므로 강이 나뉘는 고개 위에다 돌을 새겨 기록한다(西爲鴨綠 東爲土門 故於分水嶺 上 勒石爲記)"라고 새긴 정계비를 세웠던 것이다. 이른 바 '백두산정계비'라는 것이다.

그 뒤 1860년의 북경조약을 빌미로 연해주를 차지한 러시아의 더욱

---

[1] 高承濟, 『韓國移民史硏究』, 章文閣, 1973, 16~17쪽.

거세진 남침 위협에 대항하기 위해 봉금정책을 폐지한 청은 1880년대
에 들어와 적극적인 간도 개간정책을 실시하였다. 한편 이 무렵 관북
변경 주민들은 목극등이 백두산정계비에 기록한 토문강은 분수령 정계
비가 있는 곳에서 발원하여 송화강으로 흘러 들어가고, 두만강은 정계
비에서 건곡(乾谷)과 구릉(丘陵)을 넘은 원거리 지점에서 발원하여 동해
로 유입된다는 사실을 확인하였다. 곧 비문대로라면 현재의 북간도 일
대가 청국령이 아니라 조선의 영토임을 확인하게 된 것이다. 이로써 한
청 양국 간에 간도 일대의 국경 감계(勘界)문제가 부상되기에 이르렀다.

4. 한인(조선인)의 북간도 이주와 개척

러시아 연해주와 더불어 한민족의 고대 활동무대였던 간도(間島)는
조선조 말기에는 새로운 삶을 개척하기 위한 영세민들의 '신천지(新天
地)'였다. 나아가 대한 제국기 일제 침략과 그를 이은 식민지 지배시기
에는 국권 회복과 조국광복을 위한 민족해방투쟁의 주요무대가 된 곳
이다. 특히 독립운동사에서 큰 줄기를 이루는 서북 간도를 중심한 남
북 만주에서의 한민족해방투쟁사는 이 일대에 형성된 대규모 조선인
사회를 바탕으로 전개될 수 있었다.[2] 오늘날 중국 안의 한민족인 '조
선족(朝鮮族)'의 원형이 바로 19세기 말~20세기 초에 이주하여 그곳에
영주한 이들 조선인들 중심을 이루고 있다. 간도와 한민족 역사의 상

---

2) 학계에서는 우리나라 국호를 딴 '한인(韓人)' 또는 '한인사회(韓人社會)'라고
   일반적으로 통용하고 있으나, 이 글에서는 '조선인(朝鮮人)' 또는 '조선인사회
   (朝鮮人社會)'라고도 혼용하였다. 그것은 동음인 '韓人'과 '漢人'을 구별하는
   데도 도움을 준다.

관성은 바로 이와 같은 점에 불가분의 관계를 설정하고 있는 것이다.

19세기 중엽에 들어와 조선인들이 압록강, 두만강을 건너 간도와 연해주 등지로 본격적으로 이주하게 된 직접적인 동기는 왕조 말에 조성된 기아와 빈곤 등 열악한 경제상황을 타개하는 데 있었다. 그 이전에도 변경지대의 조선인들은 봄에 두만강과 압록강을 건너 간도 땅에 농사를 짓고 가을이면 타작한 곡식을 가지고 돌아오는 '계절출가이민(季節出家移民)'이 있기는 하였으나 그 수는 많지 않았다.

조선후기 정치기강의 해이와 탐관오리의 발호, 그리고 빈발하는 민란 등도 도강 이주를 촉발시킨 중요 원인으로 작용하였다. 게다가 지리적으로 서북 간도는 한국과 연접해 있어서 함경도, 평안도 일대의 변경지대에서 압록강과 두만강만 건너면 바로 서북간도로 들어갈 수가 있었기 때문에 이주 여정이 용이하고 또한 산천지형이 낯설지 않아 서북지방의 빈민이 쉽게 간도로 이주할 수 있는 조건이 되었던 것이다.

조선인의 간도 대규모 이주를 급격히 촉발시킨 계기는 서북지방을 휩쓸었던 소위 기사(己巳)년(1869년) 대재해(大災害)부터였다. 1869~1871년 간에 함경도와 평안도지방을 비롯한 서북지역에 사상 유례가 없는 대흉년이 연달아 들었다. 이 기간에 겨우 초근목피로 연명하였던 서북지방의 주민들은 영양부족으로 얼굴이 누렇게 되었고 몸은 퉁퉁 부었거나 풀독에 죽기도 하였다. 그러나 조정에서는 제대로 구휼책도 강구하지 못하는 형편이었다. 이에 빈민들은 정치적, 사회적 처지와 입장을 고려할 여지도 없이 다만 연명을 위한 방책으로 국금(國禁)을 무릅쓰고 도강 이주를 단행하지 않을 수 없었던 것이다.[3]

이 무렵 병경지방에서는 현지지방관이 간도 이주를 솔선 추진하는

---

3) 『조선족백년사화』 1, 요녕인민출판사, 1981, 2~3쪽.

사례도 생겼다. 회령부사(會寧府使) 홍남주(洪南周)는 기아에 허덕이는 주민들을 구제하기 위해 두만강 대안 간도 개간의 필요성을 절감하고 인수개간(引水開墾)을 월강 명목으로 설정토록 하고 두만강 대안을 사잇섬 곧 간도(間島)로 명기하도록 지시하였던 것이다. 간도라는 지명은 여기에서 유래한 것이라는 설도 유력하다.

그 동안 국법으로 도강을 금지하던 간도지역에 대한 개간 허가 소식이 전해지자 빈민들은 주저없이 월강 이주하게 되었다. 그 후 인근 군현(郡縣)에서도 향응(響應)하여 월경 이민이 급증해졌다. 이주민의 수가 격증하게 됨에 따라 황무지 개간도 매우 활발하게 진행되어 갔다. 그리하여 불과 수삭 만에 100여 정보의 황무지가 개간되었을 정도로 급격하게 농경지가 늘어났다. 이 사례를 일러 1880년의 경진개척(庚辰開拓)이라 불렀다.

홍남주의 간도 개간 승인 이후 중앙정부 차원에서도 조선인의 간도 이주를 행정상 강력하게 뒷받침 해준 인물이 1883년 서북경략사(西北經略使)에 임명된 어윤중(魚允中)이었다. 그는 회령 등지의 변경지대를 순회하면서 간도 개간문제를 직시하고 조정에 올린 보고서에 '월강죄인을 죽여서는 안 된다(越江罪人不可殺)'고 하며 종래의 변방정책을 수정해 줄 것을 공식으로 요청하기에 이르렀다. 그리고 그는 간도의 개간지에 대하여 토지 소유권을 정부 차원에서 인정해 주는 문서인 '지권(地券)'을 교부하여 조선인의 간도 이주를 실질적으로 승인해 주었던 것이다.

한편, 1880년대에 들어와서는 청 정부 측에서도 밖으로 러시아의 거세진 남하정책에 대비하기 위해서도 간도 개척이 절실하였다. 따라서 조선인 이주도 적극적으로 초치하는 정책을 취하게 되었다. 1883년 조선과 길림성 당국간에 체결된 '조길통상장정(朝吉通商章程)'에 근거하여 청 정부에서는 1885년 화룡욕(和龍峪, 현 용정시 智新鄉)에다 통상국(通商局)

을 설립하고 광제욕(光霽峪, 현 용정시 光開鄉 光昭村)과 서보강(西步江, 현 훈춘
시 三家子鄉 古城村)에 통상분소를 설립하였다. 통상국을 설립한 목적은
경제적인 수익보다도 이주 조선인을 정치적으로 통제하는 데 있었다.
그 당시 간도에는 성(省)·현(縣)의 지방 관리가 없었기 때문에 통상국
이 이 곳에 거주하는 주민까지 행정적으로 통제하는 역할을 맡고 있었
다. 이어 세 곳의 통상국(분소)을 월간국(越墾局)으로 고치고 두만강 이북
으로 길이 700리, 너비 50리 되는 광범위한 지역을 조선인 이주민을 위
한 특별개간구로 확정하였다. 이 결과 조선인 이주민의 수는 더욱 급
증하게 되었던 것이다.[4]

　이와 같은 배경으로 서북간도 도처에 평야와 분지, 그리고 구릉지를
따라 조선인 마을이 형성되어 있었으며, 개간농경지에는 다양한 농작
물이 재배되고 있었다. 조·옥수수·고량·기장·콩 등의 밭농사도 크
게 성행했지만, 이주 조선인사회에서 가장 큰 비중을 차지하던 농업은
역시 하천 유역의 저지와 습지에서 일으킨 벼농사였다. 이주 조선인이
시작한 벼농사는 만주 농업경제에서 수위를 차지하는 주곡으로 등장
하였을 정도였으며, 그 전토의 대부분은 조선인의 피땀 어린 노력으로
개간되었던 것이다.

　북간도 이주 초기 단계에서는 조선인들이 두만강변의 무산·종성·
회령 등지에서 도강한 뒤 강기슭의 산골짜기를 따라 해란강 이남 일
대, 곧 두만강변에서 멀지 않은 분지와 산기슭에 조선인촌락을 형성하
였다. 그 대표적 한 사례가 육도하 기슭 장재촌(長財村) 일대에 건설한
명동촌(明東村)이다. 특히 이 명동촌의 개척은 회령 종성등지의 선비가

---

4) 천수산, 「길림성에로의 조선족의 이주」, 『길림조선족』, 연변인민출판사, 1995,
　15쪽.

문 5가구 142명이 1899년 집단이주하여 공동으로 이룩한 것이다. 그 뒤 이주민의 수가 급증하면서 조선인들은 더욱 멀리 북상하여 해란강을 건너 부르하통하와 가야하 이북과 이서 지방으로 깊숙이 이주 정착하게 되었고, 이에 따라 북간도 도처에 조선인 마을이 자리 잡게 되었던 것이다.[5]

이와같이 조선인에 의하여 개척이 시작된 간도는 1890년대 들어서면 조선인의 이주 개척이 내강(內江) 혹은 마도강(馬刀江) 영안(嶺內)라고도 부르는 간도 오지에까지 미처 황전(荒田)을 개척하는 추세가 급증하였다. 따라서 간도 전역에 걸쳐 조선인 촌락이 도처에 형성되고 그 지역은 마치 의관문물(衣冠文物)의 풍속이 국내와 흡사한 양상을 띠게 변하였다는 것이다.[6] 한편 간도개척은 두만강 너머의 간도뿐만 아니라 압록강 너머의 남만주지방의 간도까지 확대되어 간도는 북간도(北間島 혹은 北墾島, 東間島)와 서간도(西間島 혹은 西墾島)로 분리되며 양강대안으로 크게 넓혀졌던 것이다.

조선인들이 북간도에 이주 정착하게 되자 각지에서 벼농사가 활기를 띠웠다. 북간도 조선인들이 처음으로 수전농(水田農)을 실시하였던 것은 1900년 전후로 알려져 있다. 두만강 대안의 용정시 개산둔진(開山屯鎭) 천평 일대와 용정 부근 해란강변의 서전대야(瑞甸大野) 일대가 조선인들이 최초로 벼농사를 시작한 큰 들이다.[7]

5) 『중국조선족교육사』, 동북조선민족교육출판사, 1991, 2~3쪽.
6) 내강 혹은 마도강, 영안이라 부르는 간도 오지에까지 조선 영세농민이 진출하여 조선인 촌락을 형성시킨 주요 계기는 청인(淸人)이 먼저 이와 같은 오지까지 광대한 토지를 점거·소유함으로 부득이 그들의 소작인이 되어 황전(荒田)을 개간하나 대신 청인으로의 귀화(歸化)나 치발(薙髮)을 강요하지 않고 받아들이기 때문이라고 기술되었다.
7) 『연변조선족자치주개황』, 연변인민출판사, 1984, 54쪽.

1860년대 이후부터 일제의 대한침략이 심화되는 1905년 을사5조약 이전까지는 조선인들이 대체로 이와 같은 이유와 배경하에서 서북간 도 이주를 단행하였던 것이다. 이 시기 이주민 가운데서는 북간도의 경우에는 함경북도, 서간도의 경우에는 평안북도 출신이 특히 절대다 수를 차지하고 있었다. 1894년에 실시한 재만 조선인동포의 한 출신지 조사에서도 조사대상 인원 65,000명 가운데 함북 출신이 32,000명, 평 북 출신이 14,400명이었고, 1904년에는 78,000명 가운데 함북 출신이 32,000명, 평북 출신이 23,500명이었다. 통계숫자로 보더라도 간도에 이주한 조선인 가운데 압록강과 두만강 대안의 함북과 평북 출신이 70% 이상에 달하였음을 알 수 있는 것이다.[8]

5. 민족운동자의 북간도 망명

1905년 을사조약 강제전후부터는 조선인의 간도 이주가 경제적인 면에서뿐만 아니라 정치, 사회적인 면에서도 큰 변화를 가져왔다. 일 제에 의한 국권침탈과 경제수탈이 가중되는 상황에서 국권회복을 도 모하고 일제의 탄압을 피하기 위한 정치적 망명자, 곧 항일독립운동자 의 이주가 급격히 늘어났기 때문이다. 즉 일제의 한국 식민지화 정책 이 가시화되는 1905년 을사조약 이후로 1910년 국치에 이르기까지 국 내에서 활동하던 항일운동자들은 일제의 탄압을 피해 간도와 연해주 등지로 망명하여 새로운 활동 방향과 근거지를 모색하지 않을 수 없었 다. 이와 같은 정치적 동기에서 망명 이주한 조선인들은 민족의식이

---

[8] 『한민족독립운동사 2』, 국사편찬위원회, 589쪽.

투철하고 국내에서 정치·경제·사회적으로도 비중 있는 지위를 가지고 있던 인물 상당수가 포함되어 있었다.

그중에서도 국내에서 애국계몽운동을 벌이던 민족운동자들이 을사5조약 이후 대거 망명 활동하게 되었다. 국외 독립운동기지 건설구상은 이들의 활동과 밀접한 연관을 가지고 있었다. 북간도의 경우, 국망을 예견한 이상설(李相卨)을 비롯하여 이동녕(李東寧)·정순만(鄭淳萬)·여준(呂準) 등은 이미 1906년부터 용정촌(龍井村)을 독립운동기지로 건설하기 시작하였다. 이들이 연해주의 블라디보스토크를 경유한 뒤 1906년 8월경 용정촌에 정착하여 민족주의교육의 요람인 서전서숙(瑞甸書塾)을 열었다. 게다가 이 사업은 을사5조약 전후부터 국내에서 상동청년회(尙洞靑年會)를 중심으로 국권회복을 위하여 구국계몽운동을 벌이던 애국계몽운동자들이 선도한 것이다.[9]

한편, 국내에서 항일전을 수행하던 항일의병의 북상 망명은 항일무장투쟁의 국외확대인 동시에 무장투쟁의 새로운 국면 전환이었다. 의병의 북상 망명은 일제의 무단탄압이 가중되던 1908년 하반기 이후 더욱 증가하는 추세를 보였다. 국내에서 활동하던 의병은 일제군경의 탄압을 피하고 새로운 항전 근거지를 구축하기 위해 북상하지 않을 수 없었으며, 결국 압록강과 두만강 너머 서북간도로 건너가 장기 지속적인 투쟁 방략을 모색하게 되었던 것이다. 이와 같이 북상 망명한 항일의병은 이미 1910년 전후부터 서북간도와 러시아 연해주 일대에서 활발한 항일 활동을 전개하였다.

1907~8년간에 활동한 관북지역 의병의 경우, 그와 같은 북상 망명

---

[9] 朝鮮總督府,「朝鮮獨立運動의 根源, 尙洞靑年會」,『齋藤實文書』9, 1920 ;「全德基牧師와 尙洞靑年學院」,『民族運動의 선구자 전덕기목사』, 상동교회, 1979.

추세를 뚜렷이 보여 주는 대표적 사례로 파악된다. 함북 경성(鏡城)의병의 핵심인물들인 이남기(李南基)와 최경희(崔瓊凞)를 비롯해 김정규(金鼎奎)·지장회(池章會) 등이 1908~1909년 무렵 북간도와 연해주 등지로 집단 망명하게 되었다. 또 함남의 북청·삼수·갑산 일대에서 탁월한 항일전을 수행하던 홍범도(洪範圖)와 차도선(車道善) 등이 서북간도와 연해주 일대로 넘어와 각지를 전전하며 항일활동을 지속하며 재기항전의 기회를 노리고 있었다. 그리고 훈춘 일대에서는 조상갑(趙尙甲)이 거느리는 다수의 의병이 항일전을 벌여 나갔다. 또한 박만흥(朴萬興)·김창규(金昌奎)·노우선(盧禹善) 등은 백초구(百草溝)에서 항일단체인 포수영(砲手營)을 조직하고, 러시아제 연발총 240여 정으로 무장한 채 북간도 의병의 중심인 조상갑 의병과 연락을 취하고 있었다. 이 밖에도 연해주 의병의 일원으로 이범윤(李範允)의 휘하에 있던 방병기(方炳起)를 비롯하여 황모(黃某)와 장선달(張先達) 등의 의병이 각지에 분산되어 국내의 일제 침략기관 공격을 준비하고 있었다.[10]

이 무렵 대종교 계열의 민족지사들도 대거 북간도로 망명하여 무장항일전의 기반을 구축하는 데 전력을 기울였다. 대종교의 창시자인 나철(羅喆)을 비롯하여 그 중요 임원인 서일(徐一)·계화(桂和)·박찬익(朴贊翊)·백순(白純)·박상환(朴尙煥)·김원시(金元時)·남세극(南世極)·현천묵(玄天黙) 등도 북간도 연길·화룡·왕청 일대로 망명하여 도처에다 조선인 학교를 세우고 청소년의 민족주의교육에 진력하였던 것이다. 또한 이들이 화룡현 삼도구 청파호(靑波湖)에 대종교 북도본사(北道本司)와 하동(河洞)에 남도본사(南道本司)를 세워 선교하면서 왕청 덕원리(德源里)를 비롯해 풍락동(風樂洞)·청파호(靑波湖) 등지에도 학교를 설립하여 민족주의

---

10) 朴敏泳, 『大韓帝國期 義兵研究』, 한울, 1998, 277~282쪽.

교육에 심혈을 쏟았던 것이다.

이와 같이 독립운동기지 건설을 위한 이상설 등의 선발대가 북간도로 망명한 이후 1910년을 전후한 시기에 용정촌은 물론 북간도 각처로 민족운동자들의 망명 이주가 계속 이어졌을 뿐만 아니라, 빈민들의 이주도 더욱 증가하는 추세를 보였다. 조선총독부의 한 통계에 의하면 1910년 9월부터 1911년 12월까지 1년 3개월 동안 북간도로 이주한 조선인수는 17,753명으로 집계되었다.

이와 같이 북간도에서는 1860년대 이래 영세 궁민들의 이주로 형성된 대규모 조선인사회를 바탕으로 1905년 을사조약 이후 다양한 계열의 민족운동자들의 망명 추세가 증가하고 있었다. 결국 민족운동자들의 망명은 이 지역의 대규모 조선인사회를 규합, 항일민족운동상 전력의 극대화를 구상한 결과였다. 곧 이 시기 망명 지사들은 일제와 독립전쟁(獨立戰爭)을 결행하여 민족해방과 조국광복을 달성하는 것을 최고의 이념으로 삼고 있었다. 이를 위해 민족운동자들은 항일민족운동의 기반이 되는 교육·종교·실업 등 각 방면에 걸쳐 심혈을 경주하고 있었다. 이러한 현상은 더욱 조직적이고도 효과적인 항일민족운동을 추진하기 위한 자치단체의 설립을 필요로 하였고, 그 결과 1908년 간민교육회(墾民敎育會)의 결성과 활동을 계기로 1913년 1월 북간도지역의 조선인자치를 도모하기 위한 결사인 간민회(墾民會)의 결성을 보게 된 것이다.

6. 조청감계회담과 간도관리사

1880년대에 들어서 조선정부와 청정부 간에는 간도의 감계문제를 해결하고자 1885년 안변부사 이중하(李重夏)를 감계사로 임명하고 청측의 훈춘부통(琿春副統) 덕옥(德玉)과 회령(會寧)에서 감계회담(勘界會談)을 개최하였다.[11] 을유감계회담(乙酉勘界會談)이라 지칭되는 이 회담에서 조선 측은 백두산정계비(白頭山定界碑)와 토문강(土門江)을 먼저 답사하고 감계답판을 진행하자고 주장하였다. 청측에서는 토문강과 도문강(圖們江)은 같은 것이고 도문강은 곧, 두만강(豆滿江)이니 이로써 국경선을 감계하고 단지 도문강 상류의 기원하는 여러 지류중에 어느 곳을 본류로 하여 정할 것인가 만을 사정(查定)하자고 주장하였다. 청측의 주장은 봉금지대였던 완충지대는 청의 영토임을 전재로 한 것이고 조선 측은 정계비의 명문대로 토문강을 사정하고 그 이남의 영유권을 주장한 것이다. 따라서 어렵게 진행된 회담은 결국 강원을 조사하기로 합의하고 백두산정계비와 토문·두만 양 강의 상류 강원지대를 엄동을 무릅쓰고 답사하고 무산(茂山)에서 다시 회담을 개최 양측의 조정을 시도하였다. 그러나 청측은 정계비의 토문강이 송화강(松花江) 상류의 토문강임을 답사하고도 양국의 경계는 도문강이고, 또한 본국정부로부터 도문강의 감계만을 사정하라고 수명받았다는 등의 억지 주장을 일관되게 되풀이하여 회담은 결렬되고 말았다.

그 뒤 1887년에 다시 회령에서 제2차 감계회담(丁亥勘界會談)을 개최하였다. 그러나 청측은 도문강(圖們江)이 양국 경계라고 다시 전제하고 단지 도문강 즉 두만강 사류 기원의 본류만을 어디로 점할 것인가만을 사정하자고 하면서 그들은 가장 남쪽의 한 분류인 서두수(西豆水)로 상류 경계를 삼자고 하며 위압적 태도를 견지하였다. 조선 측은 도문강으로 하더라도 가장 북쪽에 위치한 홍단수(紅丹水)로 하는 것이라고 하

---

11) 국회도서관편, 『間島領有權拔翠文書』, 1975, 274~278쪽.

면서 반대입장을 취하였다. 청측은 그러면 서두수와 홍단수 중간의 석을수(石乙水, 乭水)로 하자는 제안도 하였다. 그러나 한국의 감계사인 이중하는 "내 머리는 잘라갈 수 있으나 조선의 국토는 잘라갈 수 없다"는 반대 결의도 표시하였다.

청측이 이와 같이 일방적으로 도문강 상류로 감계하고자 강제함으로 조선정부에서는 그 다음해인 1888년에도 조선의 입장을 원세개(袁世凱)를 통하여 홍토수로 사정하는 청측주장을 반대한다고 통고하며 성사되지는 않았지만 다시 감계회담을 개최하자고 제안하였다.

그 다음해 조선정부는 대한제국(大韓帝國)을 선포하고 간도이주개척의 한인(조선인)에 대한 적극적 보호정책을 강화시켜갔다. 특히 1902년 이범윤(李範允)을 간도시찰사로 파견한 뒤 이듬해에는 다시 간도관리사(間島管理使)에 임명하여 간도 거주 조선인의 호구와 인구를 조사하여 조세제도와 지방행정제도를 갖추도록 조처하였다. 간도관리사로 부임한 이범윤은 이주 조선인을 압박하는 청의 관리와 군인을 구축하고자 무장단체인 충의대(忠義隊)라고도 부르는 사포대(射砲隊)를 조직 운영하기까지 하였다.

7. 청일 간의 '간도에 관한 협약'

한편, 러일전쟁에서 승세를 굳히고 을사5조약을 강제한 일제는 1907년 8월 용정에다 한국통감부 간도파출소를 세우고 간도 전문가인 사이토 스애기로(齋藤季治郎)를 소장에 임명함으로써 간도 침략정책을 추진해 나갔다. 일제는 우선 대륙침략정책의 일환으로 명분상 간도지역이 한국의 영토임을 주장하고 나왔던 것이다.

그러나 청·일 간에는 이와 같은 배경 하에서 1909년 9월 4일 소위 '간도협약'이 체결됨으로써 한민족의 의지와는 무관하게 간도 영유권을 일방적으로 상실하고 말았다.

일본대표 이슈잉 히꼬기치(伊集院彦吉)와 청사 양돈언(梁敦彦) 전권이 북경에서 소위 「간도에 관한 협약」을 비밀리에 체결하였던 것이다. 그 내용은 우선 전문에 "도문강(圖們江)이 청한 양국의 국경임을 상호확인"하고 본문에서 첫째 도문강(즉 두만강)을 양국의 국경으로 하고, 그 상류는 정계비를 지점으로 하여 석을수(石乙水)로 국경을 삼는다. 둘째, 용정촌·국자가(局子街)·두도구(頭道溝)·면초구(面草溝) 등 네 곳에 일제 영사관이나 영사관분관을 설치한다. 셋째, 청나라는 간도지방에 한민족의 거주를 승준(承准)한다. 넷째, 간도지방에 거주하는 한민족(조선인)은 청나라의 법권(法權) 관할하에 두며, 납세와 행정상 처분도 청국인과 같이 취급한다. 다섯째, 간도거주 한국인의 재산은 청국인과 같이 보호되며, 선정된 장소를 통하여 두만강을 출입할 수 있다. 여섯째, 일본은 길회선(吉會線: 延吉에서 會寧間 철도)의 부설권을 가진다. 일곱째, 가급적 속히 통감부 간도파출소와 관계관원을 철수하고 일제 영사관을 설치한다는 협약이다.

일본은 이미 동년 4월 7일 외무대신명의로 청국주재 하야시 공사에게 비밀히 「간도문제해결안」이라는 내훈(內訓)을 보내어 대륙정책추진상 청과 필요한 협상안을 지시하였다.[12] 그 요지는 '조사한 바, 한국측 주장이 그 근거가 박약하며 결국 두만강으로 국경을 정하는 수밖에 없다'고 생각되어 이토 히로부미(伊藤博文) 한국통감과 협의하여 이의가 없는 것이다. 또한 간도에서의 실상과 청국정부로부터의 공문 중 일본

---

12) 『일본외교문서』 제41권 제1책, 438쪽.

이 반박을 가한 것은 청국과의 교섭흥정상 필요한 것이므로 절대비밀로 해안한다는 것이다. 한편 간도의 한국영토를 주장해온 사이토 간도파출소장과도 협의하였다는 것이다. 이와 같은 일본의 협상안은 청측에 간도문제를 미끼로 그들의 만주침략의 현안과 교활한 야심을 실증하는 것이다.

일본의 현안이란 무순(撫順)과 연대(煙台)의 탄철개발권과 영구선(營口線)철도, 법고문(法庫門)철도 안봉선(安奉線)철도 부설권 문제 등을 일괄해 결하려는 것이다. 따라서 일청의 이슈잉 히꼬기치(伊集院彦吉)와 양돈언(梁敦彦) 양국전권은 같은 날 같은 장소에서 「간도에 관한 협약」과 함께 「만주오안건(滿洲五案件)에 관한 협약」을 교환하였다. 이로써 일본은 간도영유권을 청에 양도하는 대가(代價)로 만주에서의 현안의 철도부설의 이권과 탄철(炭鐵)의 채굴권을 회득하는 성과를 거두었다.

그러나 당사국인 한국은 이주 조선인에 의하여 개척된 신천지이고 대규모의 조선인사회가 형성되어 있던 두만강 이북 약 18만 2,000여 리의 땅을 소위 일제 보호국시기에 이와 같이 허무하게 중국 땅으로 인정하게 된 것이다. 서쪽으로는 백두산을 기점으로 하여 서북으로 노야령산맥(老爺嶺山脈)을 거쳐 태평령(太平嶺)·석두령(石頭嶺)·황구령(黃口嶺)에 연결되는 훈춘지방을 포함하는 광활한 지역이다. 일제에게 국권을 침탈당한 한국은 토문강(土門江)과 도문강(圖們江)이 두만강을 지칭하는 같은 강이라는 청의 억지 주장이 문헌자료와 객관적인 방법에 의하여 확실하게 입증되지도 못한 상황에서 이주 조선인이 피와 땀으로 개간한 옥토를 일본제국주의의 대륙팽창과 중국의 중화중의 정책에 희생물이 되고 말았던 셈이다.[13]

---

13) 『한민족독립운동사 2』, 국사편찬위원회, 573~582쪽 참조.

8. 『간도개척사』의 검토

앞에서 인용한 윤정희(尹政熙)의 『간도개척사(間島開拓史)』는 조선인의 간도 이주와 개척을 기술한 역사물이다.[14] 그것도 간도(間島) 이주·개척과 이를 이어 항일독립운동의 '기지(基地)'가 형성되고 이를 토대로 항일무장독립운동이 전개되는 과정과, 1931년 일제의 만주사변과 그를 이은 1932년 '만주국(滿洲國)'의 성립에 이르기까지의 시기를 포함하는 민족운동을 다루고 있다. 논급 범위도 광범위하여 조선인 이주 배경과 궁민의 월강 이주에 이어 그들의 개척·정착, 교육 그리고 경제적 토대를 마련하기 위한 활동상을 당사자였던 처지에서 생생하게 기록하고 있다. 특히 다음과 같은 몇 가지 점에서 보다 주목할 내용을 기술하고 있어 앞으로 조선인의 간도 개척과 그들의 민족운동 연구에 귀중한 자료를 제시하고 있다.

첫째, 간도 명칭의 유래를 구체적으로 회령(會寧) 서쪽 25리 어간의 두만강 북쪽 마라동(馬羅洞)의 인수(引水) 개간(開墾)과 그 명명에서부터라고 사실성이 높은 기술을 하고 있다. 1870년(庚午) 전후로부터 함경도 지방에 한재와 기근이 막심하여 범월률(犯越律)을 무릅쓰고 월강개간(越江開墾)하는 사례가 급증할 무렵 회령부사로 부임한 홍남주(洪南周)는 구

---

[14] 서전서숙(瑞甸書塾) 갑반(甲班)에서 수학한 경낙(庚洛) 윤정희(尹政熙)는 1954년에 친필로 정리한 『間島開拓史』를 남겼다. 이 윤정희의 미간행 『간도개척사』의 친필 원본의 존재가 학계에 알려진 것은 玄圭煥의 『韓國流移民史』 上, 1976(137, 466쪽)에 본문 내용 일부가 인용되면서부터이다. 그 후 필자는 어렵게 등사본을 얻어 간략한 해제와 함께 전문을 『한국학연구』 별집 3(인하대학교 한국학연구소, 1991)에 교주, 수록하였다. 다행히 최근 윤정희의 친필 원본을 간도 명동촌 개척과 명동학교 설립운영의 선도자 규암(圭巖) 김약연(金躍淵)의 후손 김재홍이 소장하고 있음이 밝혀져 1991년 『한국학연구』 소개시의 필사본의 오류와 누락분을 바로잡을 수 있게 되었다.

재책으로 월강 봉금지(封禁地)인 공허지(空虛地)에 그들의 이주 개척을 허
가하여 이미 개척에 착수한 청인(淸人)에 뒤떨어지지 않게 병진점령(并
進占領)하게 하면 기민 구제는 물론, 국토확장까지도 될 수 있을 것이라
고 판단하여 '간도(間島)' 개척책을 마련한 것이다. 그리하여 우선 회령
부서(府西) 25리 어간의 지점인 마라동을 인수기간(引水起墾)이란 명목으
로 부민을 선동하여 개간하고 '간도'라고 명명하였다. 윤정희는 이 사
실을 『간도개척사』에서 다음과 같이 기술하고 있다.

> "부사 홍남주는 국토곽척(國土廓拓)의 대공(大功)을 수립할 자부심이
> 유연(油然)히 생하였다. 즉시 본군 토호(土豪)인 이인회(李寅會)를 초청
> 하여 왈 차지(此地)는 연첨년(年添年) 기근으로 인하여 민생의 곤(困)이
> 지극하였으나 차의 구제책은 피(彼) 월편(越便) 토지를 개간하게 하고
> 일방으로 이주를 허가하는 것이 가이 일거양득의 사(事)인즉 군은 다민
> (多民)을 권유하야 월간원서(越墾願書)를 정하되 명목은 인수기간원(引
> 水起墾願)이라 하고 두만강을 월편으로 관입(灌入)하야 '간도(間島)'라
> 칭하게 하라는 지시라. (중략)
> 작일까지 월범률(越犯律)을 적용하던 지역을 허간(許墾)하라난 제사
> (題詞)에 민중은 당목악연(瞠目愕然)하야 면면상시(面面相視)한다. 다수
> 한 민중은 일방으로 선척(船隻)을 준략(準略)하며 일방으로 농구를 휴대
> 하고 부서 25리 지점인 마라동구(馬羅洞口) 평야 100여저보에 착수할 새
> 인수(引水)한다는 문자는 명목뿐이고 개간에만 주력을 용(用)하니 불과
> 기일(不過幾日)에 필간파종(畢墾播種)하니 치기 즉 경진개척(庚辰開拓)
> 이라 운(云)한다."[15]

경진(1880년) 개척이라고도 칭하던 이 개척을 가난에 쪼들린 농민들

---

15) 윤정희, 『간도개척사』, 친필본, 6~7쪽.

은 '생명(生命)의 원(源)'을 얻었다고 환호하였으나 오랫동안 지켜오던 한 청 양국 간의 봉금률(封禁律)을 어긴 것이라고 반대하던 일부 지식인데 대하여 홍남주 부사는 월강 개간한 곳을 '간도(間島)'라 명명하여 후일 혹시 시비과실(是非過失)을 회피할 수 있는 것이라고 설득 시행하였다.

이와 같은 마라동(馬羅洞) 개간 이듬해인 1881년(辛巳) 이후에는 인근 군현에서도 향응하여 수만의 영세 농민이 월강 개간에 종사하여 마침 내 두만강 북편에는 길이 500리 넓이 40~50리의 강변지대가 파죽지세 로 개간되어 조선인의 '신천지(新天地)'로 변하였다. 이에 맞추어 관계 부군에서는 양전원(量田員)을 파견하여 측량하고 토지대장(土地臺帳)과 야 초(野草, 地稅名寄帳)를 작성하여 이주 개척민의 전정(田政)을 관리하며 그 이름을 다음과 같이 「간도토지대장(間島土地臺帳)」과 간도야초(間島野草)라 하고 '간도(間島)'란 뜻을 수애(水涯)로 둘러싸인 만주(滿洲) 대륙의 일부로 섬(島)이라고 풀이하였다.

> "차시(此時) 관부(官府)로서난 양전원을 파견케 하여 전정(田政)을 역 (役)할새 토지대장과 야초(野草; 地稅名寄帳)을 작성하니 간도토지대장 (間島土地臺帳)이라 간도야초(間島野草)라 제명(題名)하니 차가 '간도(間 島)' 명명의 원인이라. 세금의 수납과 잡역(雜役)의 수응(酬應)이 내외지 (內外地)의 차이가 무하다. '도(島)'라 함은 사면의 해양(海洋) 우(又)는 수애(水涯)를 점한 지(地)를 운(云)함이어늘 차는 만주대륙(滿洲大陸)의 일부의 지(地)로다."[16]

이와 같이 조선인에 의하여 개척이 시작된 간도는 1990년대 들어서 면 조선인의 이주 개척이 내강(內江) 혹은 마도강(馬刀江) 영안(嶺內)이라

---

16) 윤정희, 『간도개척사』, 친필본, 9쪽.

고도 부르는 간도 오지에까지 미처 황전(荒田)을 개척하는 추세가 급증하였다. 따라서 간도전역에 걸쳐 조선인 촌락이 도처에 형성되고 그 지역은 마치 의관문물(衣冠文物)의 풍속이 국내와 흡사한 양상을 띠게 변하였다는 것이다.[17] 한편 간도개척은 두만강 너머의 간도뿐만 아니라 압록강 너머의 남만주지방의 간도까지 확대되어 간도는 북간도(北間島 혹은 北墾島, 東間島)와 서간도(西間島 혹은 西墾島)로 분리되며 양강대안으로 크게 넓혀졌던 것이다.

둘째, 간도(間島) 감계(勘界)의 제 문제를 요점을 들어 간도가 한국의 영토임을 주장하고 있다.[18] 그 근거로 현재 천지(天池)라고 통칭하는 백두산 대택(大澤)[19]에서 발원하는 송화강(松花江)의 한 원류(源流)인 토문강(土門江)이 바로 백두산정계비의 '동위토문(東爲土門)'에 부합되고, 그 토문은 중국 측에서 주장하는 두만(豆滿)이 곧 토문(土門)의 음사(音寫)가 아니라 송화강(松花江) 상류로 잠류하는 길목에 마치 문과 같이 솟아 있는 토문(土門)에서 유래하였다고 하였다. 특히 간도 감계시 이중하(李重夏)를 비롯한 감계사 일행은 겨울에는 도저히 입산할 수 없는 백두산정계비지점까지 모한형설(冒寒衡雪)임에도 불구하고 수렵군의 복장을 하고 백두산 등정에 올라 7일만에 정계비에 당도하여 목극등(穆克登)의

---

17) 앞의 주 6)과 같음.

18) 1992년 필자가 「間島開拓」이란 논제로 연변대학 제2차 국제학술토론회에서 발표할 때 간도 감계(勘界)와 관련된 白頭山과 間島의 역사적 영유권문제는 토론회의 진행남낭인 김동화 교수의 권유에 따라 '間島'란 역사적 용어를 언급하지 않았다. 김 교수의 권유가 그의 개인 專斷이지 혹은 국제학술토론회 당국자의 견해인지는 알 수 없으나 현재 그곳 학풍의 일단으로 판단, 언급을 유보하고 이곳에서 보완하는 것이다.

19) 현재 백두산의 '天池'라고 통칭되는 호수를 방불케 하는 백두산 천지는 한국의 『여지도서(輿地圖書)』등 역사적 여러 문헌에는 '大澤' 또는 '용왕담(龍王潭)'이라 지칭되어 왔다. 그러므로 현재 천지라고 널리 통칭되는 어원은 고찰할 과제라고 생각된다.

'동위토문(東爲土門) 서위압록(西爲鴨綠)'의 일편단갈(一片短碣)을 직접 심사하여 양국경계는 토문강(土門江) 원류임을 입증 주장하기도 하였다는 것이다.[20]

셋째, 간도(間島) 감계문제와 관련, 그 전제인 한·중 국경선 문제를 논급하였다. 특히 『북여요선(北興要選)』을 찬술, 적어도 역사적인 한·중 국경이 두만강 넘어 700리에 있다는 윤관(尹瓘)의 선춘령상(先春嶺上)에 입비(立碑)한 이래 백두산과 그 백두산의 한 줄기가 동으로 뻗어나가 송화강(松花江) 북빈(北濱)에 미치는 산록(山麓)으로 감계(勘界)의 표주(標柱)를 삼았다고 주장하는 경원(慶源) 출신 학음(鶴陰) 김로규(金魯奎)의 주장까지 소개하여 간도가 우리의 영역임을 강조하고 있다.[21]

넷째, 조선인의 간도 이주·개척의 고난사를 중요한 역사적 사실을 들어 개관, 그 참담한 사실의 이해를 높여주고 있다. 특히 함북 대흉년인 1870년의 경오흉작(庚午凶作)에서부터 매 10년 도리로 일어난 경진개척(庚辰開拓) 그리고 한·중 간에 간도감계시비(間島勘界是非) 파동으로 야기된 뒤 1890년의 경인체발(庚寅薙髮)의 수난과 그 뒤 10년 만인 1900년의 의화단(義和團)의 난을 계기로 일어난 경자란(庚子亂), 1910년의 경술합병(庚戌合倂), 그리고 1920년의 경신참변(庚申慘變) 등을 열거하고 있다. 윤정희는 경자(庚子)년에 줄이어 일어난, 변란을 '육경대변(六庚大變)'이라

---

[20] 『간도개척사』, 친필본, 9쪽.
[21] 함북 경원 출신의 학음(鶴陰) 김로규(金魯奎)는 간도관리사 李範允의 권유로 두만강 너머의 북간도를 비롯한 북쪽 강역을 역사적으로 고찰한 『대한북여요선(大韓北興要選)』을 찬술, 백두산과 그 연맥의 하나로 솟은 先春嶺으로 朝·淸간의 국경을 비정하여 그 회복을 주장하였다. 그 귀중한 『북여요선(北興要選)』은 1904년 그 편술을 도왔던 제자 吳在英 등에 의하여 100부 한정판으로 한성에서 간행되어 현재 희귀본이 되었다. 김노규는 이 『북여요선』 외에도 풍수지리설과 깊은 관련을 가졌다고 생각되는 「念聖表」, 「念土表」, 「龍堂表」 등을 포함한 『학음유고(鶴陰遺稿)』를 저술, 주목된다.

지목하고 그 참혹상을 차례로 설명하고 있다. 그중에도 체발의 난의 경우 간도에 이주, 개척의 터전을 잡기 시작하는 조선인 개척민을 청군(淸軍)이 무자비하게 축출하는 바람에 결사 저항하다가 부득이 청의 법속(法俗)을 따르는 체발변복을 하고 귀화 입적한 기막힌 사실을 증언하고 있다. 또한 경자난은 의화단의 난을 구실로 훈춘(琿春)을 거쳐 만주로 침입한 러시아군과 패잔 청군이 얽혀 간도 조선인을 유린하는 참상을 기술하고 있다.

다섯째, 1902년 이래 간도관리사 이범윤(李範允)이 이끄는 일명 '사포대(射砲隊)'라고도 칭하는 충의대(忠義隊)의 내력을 색다르게 논급하고 있다. 즉 정부에서 간도 조선인의 보호와 나아가 간도 영유를 주장하기 위하여 창설한 충의대가 광무황제도 묵계된 친로일파(親露一派)의 고구려, 발해의 구강(舊疆) 회복을 도모하는 국토 확장을 위한 북천지계(北遷之計)의 일환이라고까지 다음과 같이 설명하고 있다.

북으로 로서아를 배경으로 하야 청국(淸國)을 견제하야 고구려 구강인 만주(滿洲)를 회척(恢拓)하고 차에 천도(遷都)하면 고구려 발해와 흡사한 국운을 만회할 수 유하다난 계획이 배태(胚胎)한 시라. 고종(高宗)은 차에 대하여 반신반의 하던 차 사방에 영(令)하야 현량방정(賢良方正)의 사(士)를 구하니 회령인 오상규(吳相奎)가 경원(慶源) 수정(水汀)에 거주하는 학음(鶴陰) 김로규(金魯奎)를 천하니 선생은 40년 독서(讀書)한 북벽(北僻) 망사(望士)라. (중략) 고종은 천도(遷都) 계료(計料)와 부합이라. 즉시 친로파를 조종할새 친로 거두 이범진(李範晋)으로 아국공사를 명하야 노국의 후원을 요청하게 하고 이범윤(李範允)으로 간도관리사를 명하야 아주민(我住民)을 감독하야 사상을 선도케 하며 일방 충의대(忠義隊)를 모집하야 무산군 작대동(作隊洞)에서 훈련케 하니 차가 불원(不遠)한 시일에 성사될 기세(氣勢)였다.[22]

어찌 보면 황당한 내용 같기도 하나 당시의 국내외 정세와 조선인의 간도개척과 그 영유의식의 일단을 설명한 자료라고 할 것이다. 이 충의대는 결국 간도감계(間島勘界)와 관련된 한청 간의 분쟁의 한 불씨가 되어 1903년 봄에 양병(兩兵)간에 5, 6일간에 걸친 전투로 번져 충의대가 중과부적으로 국내로 패퇴하는 비운을 겪었다고 하였다. 그러나 이 충의대는 러일개전과 함께 연해주로 넘어가 러시아군과 합세하여 활동하다가 해도간(海島間)을 근거로 하는 국외의병(國外義兵)으로 발전, 그 후 1910년 국망(國亡) 전후까지 두만강을 넘나들며 항일항쟁을 지속하였다.[23]

여섯째, 간도(間島) 한인사회의 종교수용의 내력과 그들의 민족운동을 증언하고 있다. 간도 한인의 종교 수용의 효시는 1894년 동학농민혁명운동 시 북쪽으로 패퇴한 동학군(東學軍) 수천 명을 백신부(白神父)라 호칭되던 불란서 신부 다마귀(M. Bret)가 중심이 되어 용정촌(龍井村) 남쪽의 대불동(大佛洞)에 본부를 두고 천주교를 설교하여 입교(入敎)시킨 것이라고 하며 그 후 용정촌(龍井村) 토지 400일경(日畊)을 매수, 그를 바탕으로 용정촌을 천주교의 성교촌(聖敎村)으로 발전시킨 것이라 하였다.

또한 개신교도 경술국치 전후 국내에서 교도가 무수히 망명하여 도처에 예배당과 서전서숙을 계승한 영신(永新), 명동(明東), 창동(昌東), 은진학교(恩眞學校)와 같은 민족주의 교육기관을 건립, 그를 바탕으로 항일민족운동을 전개하였다고 논술하고 있다. 간도한인의 자치와 항일민족운동기관으로 저명한 간민자치회(墾民自治會)와 그를 발전시킨 간민교육회(墾民敎育會)는 바로 이와 같은 민족운동의 중추기관이 되었던 것

22) 윤정희, 『間島開拓史』, 수필본, 16~18쪽.
23) 「한인 李範允에 관하여」, 『倭政文書 甲九 在露韓人關係』 (일본공사관기록).

이다.

　부록과 같이 첨부한 「영신학교 연혁(永新學校 沿革)」은 『간도개척사(間島開拓史)』의 저자인 윤정희(尹政熙)의 아버지 회령인(會寧人) 윤상철(尹相哲)이 1909년 용정촌 신촌에 세운 광성서숙(廣成書塾)이 발전하여 기독교에서 운영하는 대표적 민족주의 교육기관인 영신학교로 발전하는 내력을 기술한 것이다. 그러나 이 영신학교는 1925년에 일제의 간도 침략정책에 휘말리어 총독부의 앞잡이인 광명회(光明會)를 주도하던 닛고(日高丙子郎)의 경영으로 교묘한 과정을 거쳐 넘어가 교명도 광명학교(光明學校)로 바꾸어지며 일제의 친일 교육기관으로 변모되었다. 작자 윤정희 등은 설립자의 자질(子姪)이라는 인연으로 여기에 말려들어 민족운동 계열의 기독교 계열에 의한 경영에서 일제의 교육기관으로 넘기는데 한몫을 담임하고 말았다. 그 후 광명학교는 간도 내에서 일제 총독부의 식민지 교육을 담당하는 모범기관으로 전락하는 도정을 겪고 있다. 윤정희는 이 같은 사연의 불가피성을 논증하고 있지만 어느 면으로 솔직하게 그 불행한 전말을 밝혀 1920년대 간도 한인의 교육기관의 수난사를 실증하고 있는 것이라 하겠다.

　이밖에도 『간도개척사』는 3·1운동 이후에 무장독립군의 편성과 그들의 봉오동승첩(鳳梧洞勝捷)과 청산리대첩(靑山里大捷)에 이르는 독립군의 항전(抗戰), 그 후에 밀어닥친 1920년 경신참변(庚申慘變)의 참혹성도 논급하고 있다. 또한 1930년대에 들어 일제침략군의 만주 전란의 도발과 이은 위성국 만주국 성립을 논급하면서 그동안 배일(排日)과 친일(親日)로 얼룩지며 활동하던 망국민(亡國民)의 불행을 상징하는 '협화회(協和會)'의 모습을 기술하면서 "전혐(前嫌)을 망각하고 소위 협화회라는 명목하에 협세추종(挾勢趨從)이 가관(可觀)이였다"라고 통념(痛念)의 한을 되새기고 있다.

이와 같이 이『간도간척사』는 간도 한인의 이주 개척과 그들의 민족운동을 저자가 체험, 견문한대로 개관하고, 그보다도 여타 문헌에서는 쉽게 볼 수 없는 중요 사실들을 담백하게 입증하고 있으므로 비록 그 양이 많지 않아 중요 논제의 설명이 미흡하고 또한 서술이 고체(古體)를 크게 벗어나지 못하였다는 평을 잡힐 수 있을지 모르나 그런 점과는 관계없이 앞으로 간도지방 이주 개척사와 그들의 항일민족운동사 연구의 진전에 따라 보다 바르게 평가되고 이용될 것이라고 생각된다.

9. 맺음말

러시아 연해주와 더불어 한민족의 고대 활동무대였던 간도(間島)는 조선조 말기에는 새로운 삶을 개척하기 위한 영세민들의 '신천지(新天地)'였다. 나아가 대한제국기 일제 침략과 그를 이은 식민지 지배시기에는 국권 회복과 조국광복을 위한 민족해방투쟁의 주요무대가 된 곳이다. 특히 독립운동사에서 큰 줄기를 이루는 서북 간도를 중심한 남북 만주에서의 독립군투쟁사는 이 일대에 형성된 대규모 조선인사회를 바탕으로 전개될 수 있었다. 오늘날 중국 안의 한민족인 '조선족(朝鮮族)'의 원형도 바로 19세기 말~20세기 초에 이주하여 그곳에 영주한 이들 조선인들이다. 그중 대표적인 한 조선인의 이주 개척촌이 1899년부터 건설된 명동촌이다. 간도와 한 민족 역사의 상관성은 바로 이와 같은 점에 불가분의 관계를 설정하고 있는 것이다.

특히 두만ㆍ압록강 너머의 조선족은 그들의 신천지가 역사적 관점에서 보면 그 지방이 고조선 이래 고구려, 발해로 내려오면서 고대국가를 세우고 고대 문화를 꽃피워 한민족 번영의 토대가 되었던 민족의 옛땅(民族故土)에 다시 찾아왔다는 민족고지(民族故地) 개념이 충만하였다. 더욱이 그 지역은 압록·두만강의 일의대수만 다시 건너면 언제든지 고국에 진입할 수 있는 지리적 요충지이므로 그들은 보다 지혜를 모으고 땀과 피를 다 바쳐 그 '신천지'를 개척하여 그들의 생존과 자치를 신장시키는 한편 민족운동 내지 조국독립운동에 헌신하였던 것이다.

한편, 일제에게 국권을 침탈당한 한국이 백두산정계비에도 명기된 '토문강(土門江)'이 '두만강(豆滿江)'을 지칭하는 같은 강이라 주장하던 청의 억지주장을 역사적 문헌자료와 객관적이고도 과학적인 방법에 의하여 명확하게 입증되지도 못한 상황에서 고대 이래 민족의 옛땅이며 더욱이 근대에 들어와 이주동포 즉 조선족이 땀과 피 그리고 지혜를 쏟아 개간한 광막한 옥토를 중일 간에 자의로 맺어진 「간도협약」이란 명칭으로 일본제국주의의 대륙팽창정책에 희생되고 말았던 것이다.

금년은 일청 간에 야합한 「간도협약」 100주년이다. 또한 간도한인의 대표적 사례인 명동촌 건설 110주년이고 더욱이 「안중근의사의 하얼빈의거」 100주년도 맞이한다. 역사적 진실의 성찰(省察)이 절실하다.

> ※『일제하 간도지역의 한인사회와 종교』, 한국학중앙연구원, 2009. 11. 게재의 주제 논문이다. 이 주제와 관련 깊은 저술은『간도역사의 연구』, 국학자료원, 2006이 있다.

❈ 부첨

일제와 청은 1909년 9월 4일 북경(北京)에서 일본의 이슈잉 히꼬기치 (伊集院彦吉)와 청의 양돈언(梁敦彦)의 양국전권이 「만주오안건(滿洲五案件) 에 관한 협약」과 「간도(間島)에 관한 협약」을 동시에 체결하였다. 전자 는 대륙정책을 추진하던 일제가 만주에서의 철도부설권과 탄광개발권 등의 현안 이권을 얻는 협약이고 후자는 청이 한국보호를 명분으로 내 세운 일제로부터 한국의 간도를 대가(代價)로 받은 협약이다. 잔인한 일 제의 대륙침략주의와 중국의 중화주의의 야합(野合)한 협약이라 아니할 수 없다. 그러나 현재는 제국주의 일본의 패망으로 일제와 침략피해국 간에 체결된 조약과 협약이 모두 무효화 되었는데 오직 「간도에 관한 협약」만이 실효조약인양 '한국의 간도'를 중국이 실효적 영유를 하고 있다.

1.은 백두산부근 약도이고 2.는 「간도에 관한 협약」에 부속 지도로 당년의 영역을 표시하고 있는 것이다.

1. 백두산정계비 부근 약도

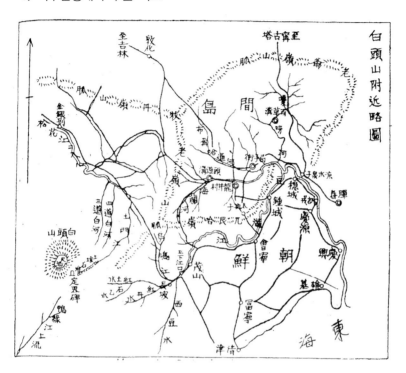

2. 「간도협약에 관한 협약」의 부속지도

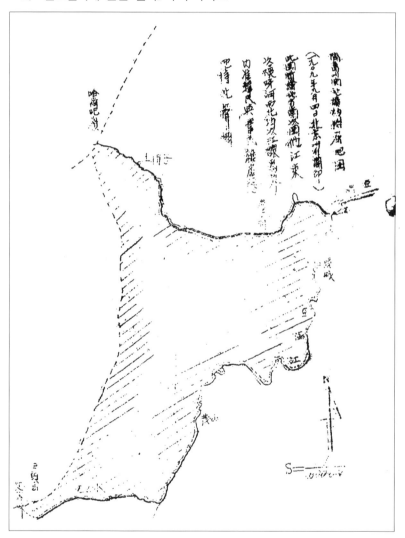

3. 1950년 한국외무부 주일대본부의 「간도에 관한 협약」무효화를 위한 지침서

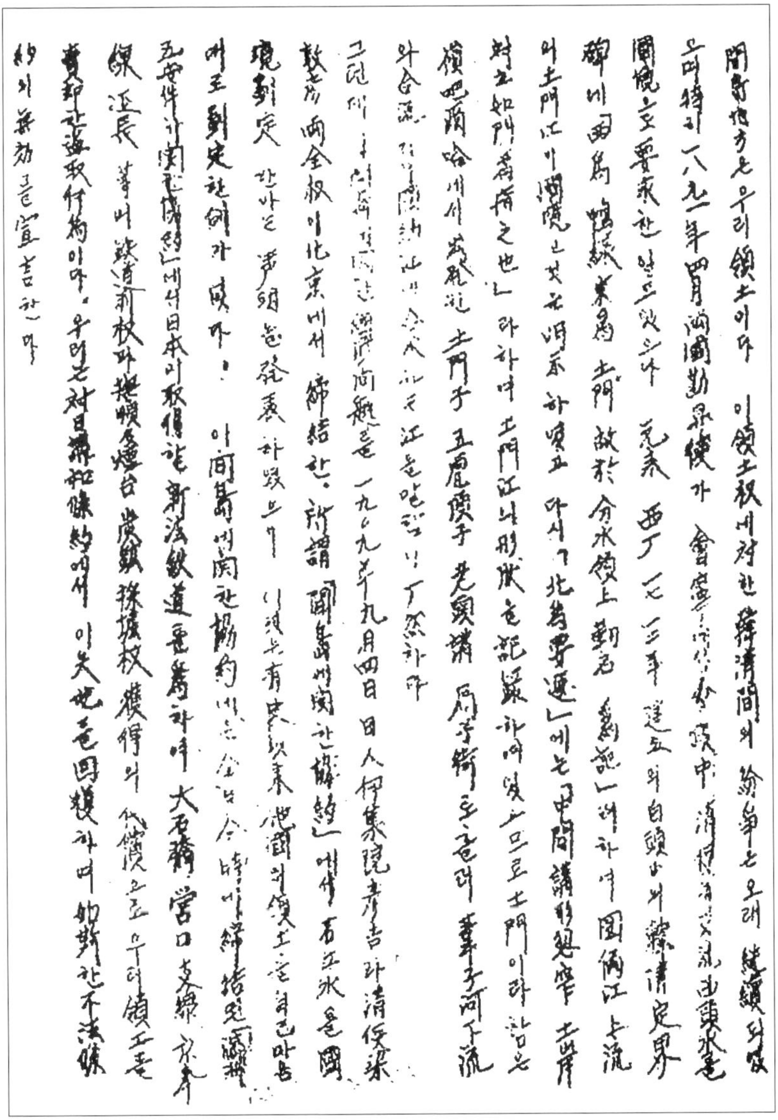

間島地方은 우리 領土이다 이領土權에대한 韓淸間의 紛爭은 오래 繼續되얐
으며 特히 一八九一年 兩國勘界使가 會寧에서 會中 淸境有吏 混出頭水를
間境으로 要求한 일도 있다 두만 西下 二三年 進至 와 自頭水의 蔡講定界
碑에 西爲鴨錄 東爲 土門 故於 分水領上 勒名 勒貼 라하여 國倜江 上流
이土門江이 間境으로 됨은 明系하엿고 「北爲要遷」에는 中間講形處를
對土如門 爲爾之世는 라하며 工門江의 形狀을 記錄하며있으므로 土門이라함은
와今에 哈爾賓江에서 我飛起 土門子 五層領子 老領講 同李街로부터 葦子河下流
와슈...

(이하 생략 — 본문 손글씨 판독 불가 부분)

을사5조약의 신고찰

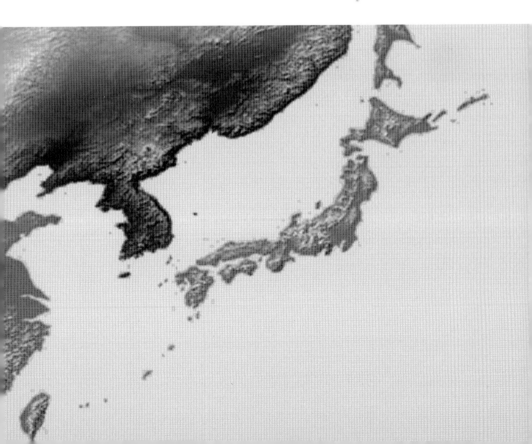

을사5조약의 신고찰

1. 머리말

일제는 19세기 세계적으로 제국주의 열강의 영토분할과 식민지지배가 휩쓸던 정세에 편승, 한국을 국제적으로 고립시켜 가면서 한국에서의 독점적 지배권을 확대시켜 갔다. 즉 제국주의 열강의 세력권 분할 등의 세계 정책을 교묘히 이용, 중국에서 영국의 우월권을 인정하는 대가로 제2차 영일동맹에서 영국으로부터 한국에서 일본의 우월한 지위를 인정받음과 동시에, 필리핀에서의 미국의 우월권을 승인하는 대가로 '가쓰라(桂)—태프트(Taft)밀약'에서 미국으로부터도 한국에서의 일본의 우월한 지위를 보장받았다. 이리하여 제국주의 열강의 세계 분할이라는 횡포 가운데 한국의 주권이 일제의 수중에 넘어가는 국제적 '양해'가 성립된 것이다. 이와 같이 일제는 한국을 제국주의 열강의 간섭권 밖으로 끌어내는 데 성공하면서 한국 침략에 대한 국제적 보장을 획득한 것이다.

특히 일제의 한국침략은 1904~1905년의 러일전쟁을 계기로 본격화되어 일본은 한국을 자국의 식민지로 만들기 위한 '병합'에 착수하였다. 일제는 러일전쟁을 도발하고 전세가 자기들에게 유리한 형세로 전개되어 가자 한국에 대한 정치적 침략을 더욱 강화해 나갔다. 그리하여 1904년에는 한국보호권 확립의 구체적 방침을 확정짓고, 우월한 군사력을 배경으로 내정간섭의 구실을 만들기 위하여 재정·외교고문 등의 채용을 강제화하는 내용의 한일의정서를 성립시켰다. 나아가 1905년 9월에는 러일전쟁의 종식을 전후하여 한국에서의 우월한 지위와 이익, 그리고 필요한 경우 한국을 지도·보호·감리의 조치를 제국주의 열강이 인정하도록 하는 포츠머스 러일 강화조약을 체결하여 오랜 기간 한국침략의 경쟁자였던 러시아를 따돌리는 데 성공하였다.

약육강식이라는 제국주의 침략의 논리 앞에서 자력으로 민족독립의 보전과 근대화의 수행에 낙후한 한국은 마침내 1905년 11월 일본의 무력적 위협 속에서 '을사5조약'의 체결로 명실상부하게 외교권을 상실당함과 동시에 일제의 '보호국'이 되어 식민지 직전 상태로 전락하고 말았다. 이 을사5조약은 일제의 한국침략과 그로 인한 한국의 식민지화 과정 속에서 국내외에 미친 영향이 매우 크다. 따라서 그동안 학계뿐만 아니라 일반에서도 가장 많이 논급되어 온 조약이라고 볼 수 있다. 그러나 이 조약의 체결배경과 늑약경위, 조약의 내용·성격·영향 등을 포함하는 을사5조약을 주제로 한 연구업적은 국내외를 막론하고 영성한 실정이다. 그러므로 본고는 군국적 일제 침략 하에서 을사5조약이 갖는 사실성과 허구성을 올바로 파악하고 조약의 의미와 영향을 제시하여 일제침략의 성격과 이에 대한 한국민의 항일민족운동의 이해를 심화시키고자 하는 것이다. 특히 일제의 한국침략 과정에서 러일전쟁 전후의 군사적 침략과 그를 위장하기 위한 외교적 조약체결의 실체를 살펴보고자 하였다. 또한 을사5조약 체결의 국제적 배경(영일동맹, 포츠머스조약, 가쓰라－태프트밀약)과의 관련성을 검토하여 조약의 국제적 의미를 규명, '보호국'의 실체를 고찰하고자 하는 것이다.

2. 일제의 한국침략과 한일의정서

1) 러일전쟁과 일본군의 침입

러·일 양국은 1894년의 청일전쟁과 뒤 이은 삼국간섭(三國干涉) 이래 10년을 두고 한국을 경략하고자 대결하였다. 식민지 대상의 독점을 위한 이러한 대결은 마침내 1903년 4월 러시아의 용암포병참기지화(龍岩浦兵站基地化) 착수가[1] 계기가 되어 1903년 8월부터 1904년 초까지 외교적 담판이 전개 되었다. 이 회담에서 러시아와 일본은 각기 한국과 만주(滿洲)의 식민지화 대상을 놓고 분할·점유 하자는 외교적 흥정을 시도하였다.[2] 하지만 양국이 모두 군사력에 의한 자국 식민지의 확장 이라는 제국주의적 야심을 포장한 까닭에 서로의 양보가 있을 수 없었다. 따라서 1903년 말 에는 39도선 분할 운운하던 이 회담은 교착상태에 빠지게 되었다. 이에 일본은 영일동맹의 체결과 미국의 지지를 배경삼아 무력을 통한 해결을 결정하는 한편 한국에 대한 독자적인 식민

---

[1] 龍岩浦사건에 대한 일본 측 기록으로는 다음과 같은 것이 있다.
  『日本外交文書』 제36권 제1책, 452~582쪽, 事項 4 「鴨綠江左岸ニ於ケル露國經營雜件」.

[2] 이 회담의 비교적 상세한 경위와 내용에 대한 일본 측의 기록이 『日本外交文書』 제36권 제1책, 1~49쪽, 事項 1 「滿韓ニ關スル日露交涉ノ件」 및 같은 자료 제37권 제1책, 1~101쪽, 事項 1 「滿韓ニ關スル日露交涉ノ件」에 실려 있다.

지화 방침을 굳혀 1903년 12월 30일 일본 각의(閣議)는 다음과 같은 무단적인 「대한방침(對韓方針)」을

결의하고 착수시기만을 노리게 되었다.[3]

한국에 관하여서는 여하한 경우에 임하더라도 실력(무력)으로써 이(한국)를 我(일본)의 권세하에 두지 않을 수 없는 바는 물론이나, 가능한 한은 名儀가 바른 것을 고르는 것이 득책이기 때문에 혹은 왕년의 일·청전쟁의 경우에 있어서와 같이 공수동맹[4] 혹은 다른 보호적 협약을 체결하면 편의할 것이다.

그러므로 시기가 도래하면 우와 같은 협약을 할 수 있는 소지를 만들기 위하여 過般來 이미 필요의 훈령을 주한공사에 내리고 기타 종종의 수단을 취하고 있다. 금후에 있어서도 일층 유효한 수단을 취하여 我목적을 관철하도록 노력할 것이다.

그러나 그 필연의 성효는 처음부터 예기할 수 없다. 또한 설령 이것이 奏効하더라도 한국 황제에게는 시종일관 이 체결을 준수한다는 것은 도저히 기하기 어려운 것이므로 그 성효는 실력의 여하에 歸한다는 것은 말할 것도 없다.

요컨대 한국에 대한 정책은 직접·간접으로 군사와 관계를 有하는 것이 크기 때문에 군사상과 併考 하여 제국(일본)의 취할 방책을 결정하지 않을 수 없다.[5] (국문 및 괄호 내 표기 – 필자)

문장表現의 기만성으로 인해 쉽게 일제의 진의가 파악되지는 않지

---

3) 『日本外交文書』제36권 제1책, 41~45쪽, 문서번호 50 「對韓交涉決裂際日本ノ 採ルハキ對韓方針」 및 『日本公使館記錄』, 「1905년 日韓密約附韓國中立」, 15~23쪽, 「日露間ノ關係ヨリ生 スル我對淸及對韓政策內示ノ件」 참조.

4) 1894년 8월 26일에 韓國外部大臣金允植과 日本特命全權公使大鳥圭介 간에 체결된 全文 3조의 「兩國盟約」을 말한다.

5) 주 3)과 같음. 이 문서에는 이 밖에 일본이 러시아와 개전할 때 취할 「對淸方針」도 수록되어 있다.

만, 환언하면 일본은 어떠한 경우에서라도 한국을 식민지화하겠다는 결의이다. 다만 그 방책은 군사적인 실력으로써 목적을 달성하되 가능한 한 외형상이나마 명분이 서는 방책을 구사하겠다는 것이다.

이 같은 방침 하에서 수행된 일본의 첫 단계 실천이 러일전쟁의 도발과 한국주둔군의 파견, 그리고 이 같은 무력적 위협을 발판삼아 한일의정서(韓日議定書)를 체결하는 것이었다.

일본은 1904년 2월 6일 러시아에 대하여 주러일본공사 구리노(栗野)를 통해 국교단절을 통보하고 일본군대의 출동령을 내려 정로군(征露軍)과 함께 미리 편성한 한국파견군대(韓國派遣軍隊)의 출동을 명령하였다.[6] 한국파견군은 그들 제12사단 예하의 보병 제14연대 제1대대와 동(同) 제47연대 제2대대, 동 제24연대 제1대대, 동 제46연대 제2대대를 기간으로 하고, 부족한 병력은 동 연대 내의 대대의 병력으로 보충하여 편성하였다. 일제는 이 한국파견군을 '한국임시파견대(韓國臨時派遣隊)'라 칭하고 보병 제23여단장 육군소장 기코시 야스츠나(木越安綱)를 사령관으로 임명하였다.[7]

한국파견군은 해군중장 도고 헤이하치로(東鄕平八郞)가 지휘하는 60여 척의 연합함대에 정로군과 함께 탑승하여 2월 6일 오후 2시 30분경 비밀리에 사세호군항(佐世保軍港)을 출발하였다. 이 함대는 부산 앞바다에서 러시아군을 가득 태운 러시아 기선 1척을 공격하여 러시아에 대해 전쟁을 도발하고, 목포 앞바다를 통과하면서 또한 러시아 기선 1척을

---

6) 『日本外交文書』 제36·37권 別册, 『日露戰爭』, 83~88쪽, 제1장 「國交斷絶」 참조.
7) 일본군의 군사행동에 대해서는 『京城府史』 제1권 제3장 「日淸役後より日露役後迄の京城」의 기사가 있는데, 이는 日本參謀本部編, 『日露戰役史』에 의거하여 기술한 것이므로 비교적 정확한 것으로 판단된다. 윤병석, 「舊韓末駐韓日本軍에 대하여」, 『鄕土서울』 27, 서울特別市史編纂委員會, 1966 참조.

노획하였다. 이 목포 인근 해역에서 정로군을 태운 함정은 여순(旅順)으로 향하고 한국파견군은 인천(仁川)으로 향하여 8일 오후에는 인천항에 도착, 당일 5시 30분경부터 9일 오전 사이에 인천상륙을 완료하였다. 상륙군은 두 패로 갈리어 보병 제46연대 제2대대와 동(同) 제47연대 제2대대는 인천을 점령하여 그곳에 일시 주둔하고 나머지 제14연대 제1대대와 제24연대 제2대대는 9일 오전에 기코시(木越) 사령관 인솔하에 서울로 향하여 그날 오전 11시 30분경 선발대가 서울역에 도착, 병위(兵威)를 떨치기 시작하였다.[8] 일본의 이 같은 군사행동은 종래 2개 중대의 일본군이 주둔하여 자국 거류민 보호를 담당하던 서울의 형세를[9] 일거에 변화시켰다. 일본은 한국의 수도를 일시에 그들의 장악하에 둠으로써 한국의 중립선언을 휴지화시켰던 것이다.[10] 일본군의 서울입성이 완료되자, 일본공사 하야시 곤스케(林權助)는 당일 오후 3시 30분경 광무황제를 알현하여 "今次俄日의 개전과 日軍의 서울입성은 한국 황실과 국토를 보호하여 한국의 독립을 영구하게 하기 위한 의거"라는 상투적인 거짓말로 광무황제를 기만하면서 배일행동을 견제

---

8) 위와 같음.

9) 木越부대가 입성하기 전에 서울의 일본군은 1896년 러·일 간「小村·웨바협상」에 의하여 한국 전역에 1개 대대밖에 둘 수 없었다. 서울은 그 1개 대대 중 2개 중대가 주둔하여 공사관원을 비롯한 자국 거류민보호를 담당하고 있었다. 이 부대도 木越부대의 진주와 동시에 그 예하로 편입되었다. 윤병석, 「舊韓末駐韓日本軍에 대하여」, 91~92쪽 참조.

10) 한국은 러·일의 개전이 임박해지자 후술하듯이 그해 1월 20일 각국에 향하여 국외중립을 성명, 양국 중 어느 쪽에도 가담하지 않으려고 하였다. 이 중립선언 문제는 당시 양국의 틈바구니에서 자구책 강구에 고심하던 한국정부의 처지를 나타내주는 한 과제이나 여기서는 논제 밖의 일이므로 생략한다. 이에 대해서는,『日本公使館記錄』「1903년 日韓密約附韓國中立」·「1903년·1904년 韓日議定書」및『日本外交文書』제36권 제1책, 事項 7「韓國中立保障要請ノ件」및 같은 자료 제37권, 事項 4「韓國中立聲明關係ノ件」참조.

하기 시작하였다.[11]

일본군은 기코시(木越) 한국파견대의 서울진주(9일) 후에도 이 부대의 전력보강과 정로북군(征露北軍)의 증파를 구실로 서울뿐 아니라 연일 전국 도처에 들어 왔다. 특히 인천·서울 간은 일본군과 그들의 군수물자로 가득하였으며, 서울의 주요 건물들은 일본 침략군의 병영지가 되다시피 하였다.[12]

이처럼 서울을 비롯한 전국 각지에는 일본군이 대규모로 진주하였기 때문에 특히 서울에서는 2월 19일 이후에 진주한 병력에 대해서는 일본인 소유 건물로만은 수용을 할 수 없어 궁궐, 한국군 병영, 학교, 관청 및 한인대가(韓人大家) 등이 차례로 징발되어 사용되었다.[13] 한일

---

[11] 광무황제는 러·일의 개전이 임박함을 느껴 일단 개전이 되면 외국공사관으로 피신하려 하여 李容翊·吉永洙 등의 진언에 따라 프랑스 공사관을 선택하였다는 설이 유포되었고 주한일본공사도 이를 듣고 있었다. 일본공사는 이런 일이 발생하면 '俄館播遷'時의 경험에 비추어 장차의 對韓經營에 큰 차질이 생길까 염려하여 이를 경계하고 있었으므로 이 進言도 이 때문에 한 것으로 보인다(『日本公使館記錄』, 「1904년 電本省往」, 145쪽 참조).

[12] 이 같은 상황을 黃玹의 『梅泉野錄』(권4)에서는 다음과 같이 기록하고 있다. "倭軍이 仁川에서 속속 入京한 것은 병사가 5만여 명이고 말이 1만여 필로서 昌德宮·文禧廟·圜丘壇·儲慶宮·廣濟院·管理署 등을 빌려 무릇 18곳에 연이어 軍營을 삼아 주둔하였으며, 西門 밖의 민가 수백 채를 사들여 헐어서 마굿간으로 삼았다. 또한 五江(한강) 연안에 천막을 치고 잠자리를 만들었으며, 밥짓는 연기가 수백 리에 뻗쳤다. 남방으로부터는 倭軍이 東萊를 거쳐 大邱로 나아가고, 南海를 거쳐 南原으로 나아갔으며, 群山을 거쳐 수州로 나아갔다. 그리고 西路에는 半壤·三和, 北路에는 元山·城津에서 서로의 거리를 수백 리로 하여 차차 遼東으로 향해 나아갔다"(倭自仁川陸續入京者兵五萬餘馬萬餘匹借昌德宮·文禧廟·圜丘壇·儲慶宮·廣濟院·管理署·凡十八處連營屯駐買西門外民家數百區拆爲馬厩又於五江沿岸結幕寢處烟火亘數百里其自南方者由東萊趨大丘由南海趨南原由群山趨全州西路則平壤·三和北路則元山·城津 相距數百里).

[13] 『京城府史』 제1권 제3장 (5)「京城を中心とする日軍の狙徠」 및 윤병석, 「舊韓末日本軍에 대하여」, 92~93쪽 참조.

의정서(韓日議定書)의 체결은 이 같은 일본군의 주둔하에서 강제되었던 것이다. 의정서 체결 직후 일제는 한국의 군사적 경영을 본격화시키기 위하여 3월 11일자로 한국임시파견대를 '한국주차군(韓國駐箚軍)'이라 개칭하고 그 사령부를 서울에 두고 제12사단 병참부에 후비병(後備兵)을 보충하여 한국에 영구 주둔토록 결정하고 육군소장 하라구치 켄사이(原口兼濟)를 초대 주차군사령관에 임명하였다. 이어 원산(元山) 주둔의 보병 제37연대 제3대대와 제12사단 병참부 및 제47연대 제1대대를 이에 예속시키는 한편 제45연대의 일부를 부산에 파견하여 한국 전역을 일단 저들 점령하에 두는 조치를 완료하였다. 특히 이 주차군사령부의 설치는 이후 일제의 대한(對韓)군사침략의 중추기관 역할을 수행한다는 점에서 주목을 요한다.

그 후 동년 10월에는 후일 제2대 조선총독으로 악명(惡名)을 떨친 하세가와 요시미치(長谷川好道)가 사령관에 임명되었으며 병력은 사령관 예하에 2개 사단이 서울을 비롯한 전국 주요지역에 빠짐없이 분산 배치되어갔다.[14] 후술하듯이 주한 일본군은 연간 약 400만 원의 경비를 소비하면서 '대한군사경영(對韓軍事經營)'을 통해 한국의 주권을 침탈해 갔던 것이다.

2) 한일의정서와 부수협정의 체결

일본의 한일의정서(韓日議定書) 체결을 위한 시도는 러일전쟁 이전 러·일교섭의 회담이 진행 중이던 1903년 10월부터 비밀리에 주한일본공사 하야시 곤스케(林權助)가 매수공작금을 투입하면서 친일파 이지용

---

[14] 윤병석, 「舊韓末日本軍에 대하여」, 93쪽.

(李址鎔)・민영철(閔泳喆)・이근택(李根澤)을 조종하면서 추진시켜 1904년 1월 24일에는 거의 다음과 같은 내용의 밀약이 조인 직전에까지 이르렀다.[15]

韓日議定書(案)

대한국외부대신임시서리 육군참장 李址鎔과 대일본 황제폐하의 특명 전권공사 林權助는 각 상당한 위임을 받아 좌개조관을 협정함.

　一. 한 일양국은 국제상에 장애를 엄중히 조처하야 정의를 완전케 소통할 일.
　一. 동아대국평화에 관하야 만일 時變이 際當하여난 한일양국이 성실한 우의로 상호 제휴하야 안녕질서를 영구이 유지할 일.
　一. 미비세목은 외부대신과 일본대표자 간에 隨機妥完할 일.

(국문표기 – 필자)

이 같은 일본의 강압에 대하여 한국정부는 국외중립선언을 통해 위기를 모면하고자 노력하였다. 국외중립은 전부터 논의된 적이 있었으나 일본정부가 자국의 주한공사 하야시 곤스케(林權助)에게 의정서 체결을 훈령한 시기인 9월경에 이미 중립보장을 일본정부에 요청하며 자구책 마련에 고심하였던 것이다.[16]

---

15) 「1903년・1904년 韓日議定書」, 『日本公使館記錄』, 64~65쪽 및 崔永禧, 「韓日議政書에 關하여」, 『史學研究』 20, 1968 참조.
16) 한국정부는 이 같은 중립보장의 요청을 문서로 작성하여 주일한국공사 高永喜로 하여금 일본 외무성에 전하도록 하였는데, 그 전문은 다음과 같다. "敬啓者現接我外部大臣李道宰秘訓 內開近日衆論紛紛各新聞紙亦刊登之大都謂滿洲之事日俄兩國之懷意見不相協洽終必失和 此固本政府所不信者其亦必不至於如此而余餘議論者衆實驚聽聞設如其則我國介在兩國之 間自不能不豫先聲明本國是局外國之義而守我之本分勢必自行保全疆宇玆望貴公使秘密照會於日本外務省而善言之當此衆口同音之際輒謂日俄兩國爲滿洲事意見不同

그러나 이미 전쟁준비까지 완료하고 있던 일본은 "일본은 평화의 유지와 修睦의 증진에만 노력하고 있고 더욱이 他에 여념이 없는 까닭으로 지금에 있어서 兵戎을 談하고 중립을 語 함은 오히려 상서롭지 못한 일이며 또한 시기에 適하지도 않다"[17]고 강변하면서 한국정부의 중립보장 요구를 거절하였다.

1904년에 접어들면서 러・일의 개전이 촉박해지는 기류 속에서 의정서 체결이 부득이한 단계에 이르자 한국정부는 다시 1월 21일 국외중립선언(國外中立宣言)을 각국에 동시 성명함으로써 위기를 타개하고자 하였다.[18] 이 중립선언은 극비리에 이용익(李容翊)・현상건(玄尙健) 등이

一朝失和以兵 戎見則我韓國介在兩間大可慮也然則居安思危勢不得不思克免戰禍連累之方而豫聲明爲局外 之國自不妨以萬必不然之事而虛作一或然之想應請日俄兩國政府俱以本國爲局外之國將來事 或不已而出於戰則一切戰事並皆不於本國借境假道而免軍旅涉於韓地明示回文藉爲約據以 保全我之疆宇宣諭我民無干兩國戰事同守本分而敦邦交益深和睦諒此迅辦隨即秘報爲要 等因玆特秘密照會請煩貴大臣涵亮裁覆俾得秘報我外部大臣至切禱盼肅此敬具, 光武七年九 月三日, 大韓特命全權公使高永喜(印) 大日本外務大臣男爵小村壽太郎閣下"(『日本外交文書』제36권 제1책, 723쪽, 事項 7 「韓國ノ中立保障要請ノ件」 (697) 「韓國ノ中立保障要請ノ件」) 참조.

17) 『日本外交文書』제36권 제1책, 724~725쪽, 事項 7 「韓國ノ中立保障要請ノ件」 (700) 韓國局外中立二關シ同答ノ件.

18) 『日本外交文書』 제37권 제1책, 311~312쪽, 事項 4 「韓國中立聲明關係ノ件」 (334) 「韓國ノ 中立聲明二關スル件」. 참고로 각국에 성명한 중립선언서의 電文은 다음과 같다. Seoul. No.43 I have just received a telegram in French dated Chefoo 21 Jan. 1904 under the name of the Corean Minister for Foreign Affairs of which the following is English translation :— "In view of the complications which have sprung up between Russia and Japan and in view of the difficulties which the negotiations seem to encounter in bringing about a pacific solution the Corean Govt. by order of H.M. the Emperor declares that it has taken the firm resolution of observing the most strict neutrality whatever may be the result of the pourparlers actually engaged between the two Powers."
I have obtained from secret source copy of telegram to Corean Minister to Japan also dated Chefoo Jan. 21 and signed Corean Minister for Foreign Affairs of the

프랑스어 교사 마르텔(Martel), 벨기에인 고문 데레베유(Delevigue) 등과 연계하여 프랑스공사를 통해 중국 지부(芝罘)에 체류하던 밀사 이학균(李學均) 등에게 타전되어 그곳에서 각국 정부에 동시에 통고되었다. 따라서 일본정부로서는 사전에 이를 저지할 수가 없었던 것이다. 더욱이 동월(同月) 21일부터 29일 사이에 영·독·불·이태리의 주한 각국 공사들은 각기 본국 정부를 대신하여 이 성명을 받은 뜻을 회답해 왔던 것이다.

그러나 일본은 1904년 정초를 전후하여 전쟁결행과 한국의 군사적 점령을 위해 인천·부산·군산·마산 등지에 군수물자를 수송해 오고 2월 6일에는 러시아와 국교단절을 선언, 그 익일에 인천 앞바다에서 러시아 함정을 급습함으로써 전쟁을 도발하였다. 이어 2월 9일에는 지상군 2천 명을 선발대로 대규모 병력을 인천을 거쳐 서울에 진주시켜 서울 일원을 장악, 중립선언을 무색케 하였다. 이 같은 상황하에서 러시아공사 파블로프(Pavlov)는 공사관원 및 자국의 병사들과 함께 서울에서 황급히 철수함으로써 청일전쟁 이후 10년간 일본과 그 세력을 다투던 러시아 세력은 한국에서 사라지게 되었다.[19]

한국을 군사적으로 장악한 일본은 무력을 배경으로 의정서(議定書)의 체결을 서둘렀다. 일본공사 하야시(林權助)는 일본군 제12사단장 이노우

---

same wording with the addition of the clause "to the Govt. to which you are accredited" in the beginning and "I desire you to inform them besides that H.M. the Emperor reckons in this occasion upon the frienly co-operation of all the Powers" in the end. It is therefore probable that identical declaration has been addressed to other Powers at the same time. I presume this is the result of consultation between Admiral Alexieff and a secret Corean emissary recently sent to Port Arthur. The above for your information.

[19] 松宮春一郎, 「露國公使の京城撤退」, 『最近の朝鮮』, 早稻田大學出版部, 1905, 21~25쪽.

에 스미다로(井上首美太郎)와 부동(扶同)하여 1월에 체결하려다 실패한 한
일의정서(韓日議定書) 체결을 강박하였다. 이때 조약의 체결을 반대하던
도지부(度支部)대신 겸 내장원경(內藏院卿) 이용익(李容翊)을 납치하여 일본
에 억류하고 그밖에도 조약체결을 반대하는 보부상단의 우두머리 길
영수(吉永洙)와 육군참장(陸軍參將) 이학균(李學均), 육군참령(陸軍參領) 현상
건(玄尙健) 등을 감시하였다. 마침내 2월 23일에는 한국의 주권이 크게
침해되는 다음과 같은 한일의정서가 외부대신 이지용(李址鎔)과 일본공
사 하야시 사이에 조인되었다.[20]

韓日議政書

대한제국 황제폐하의 외부대신임시서리 육군참장 李址鎔과 대일본제
국 황제폐하의 특명전권공사 林權助는 각 상당의 위임을 받아 좌개 조관
을 협정함.

　　제1조. 한일 양제국 간에 항구불역의 친교를 보지하고 동양평화를 확
　　　　　립함을 위하여 대한제국정부는 대일본제국정부를 확신하여 시
　　　　　정개선에 관하여 그 충고를 용인할 일.

　　제2조. 대일본제국정부는 대한제국 황실을 확실한 친의로 안전강녕케
　　　　　할 일.

　　제3조. 대일본제국정부는 대한제국의 독립과 영토보전을 확실히 보증
　　　　　할 일.

　　제4조. 제3국의 침해에 由하며 혹은 내란을 당하여 대한제국 황실의
　　　　　안녕과 영토의 보전에 위험이 있을 경우에는 대일본제국정부
　　　　　는 속히 臨機 필요한 조치를 행함이 가함. 然이나 대한제국정
　　　　　부는 우 대일본정부의 행동을 容易히 함을 위하여 십분 편의

20) 「1903년·1904년 日韓議定書」, 『日本公使館記錄』 및 『日本外交文書』 제37권
　　제1책, 事項 5 「日韓議定書締結の件」 참조.

를 與할 일.

대일본정부는 전항 목적을 성취함을 위하여 군략상 필요한 지점을 隨機收用함을 득할 일.

제5조. 대한제국정부와 대일본제국정부는 상호 간에 승인을 不經하여 後來에 본협정 취의에 위반할 협약을 제3국 간에 訂立함을 득치 못할 일.

제6조. 본협약에 관련하는 未悉細條는 대일본제국 대표자와 대한제국 외부대신 간에 臨機협정할 일. (국문표기 ─ 필자)

이 한일의정서의 내용을 살펴보면 1월 24일에 체결하려던 안(案)보다 더욱 일본의 한국침략을 용이하게 합리화시키고 있음을 쉽게 알 수 있다. 비록 한국정부의 최소한의 체면을 살려 주고자 제2조와 제3조에서 한국정부에서 주장하던 조문인 황실의 안전과 독립 및 영토보전을 보증한다고 규정하였으나 이는 이후의 경과에서도 명백히 드러나듯 전혀 실효성이 없는 공문구(空文句)에 불과하였던 것이다. 오히려 제1조·제4조·제5조·제6조 등에서 한국정부의 주장을 묵살하여 그들의 군사적·정치적·외교적 측면에 있어서 식민지경영을 합리화 하는 규정을 넣음으로써 후술할 '을사5조약(乙巳五條約)' 체결의 발판을 마련했던 것이다.

이 한일의정서를 체결하여 한국 식민지화 경영에 한발 더 다가선 일본은 이후 이 조약문의 규정들을 근거로 「대한방침(對韓方針)」·「대한시설강령(對韓施設綱領)」·「대한시설세목(對韓施設細目)」 등 그 경영을 위한 세부 계획을 마련하여 1904년 5월 말에 일본 각료회의에서 이를 의결한 뒤 천황의 재가를 받아 확정 시행하였다.[21]

---

21) 이 3개 문서의 내용은,『日本外交文書』제37권 제1책, 351~356쪽의「對韓方針

이들 내용은 한마디로 한국을 완전 병탄하는 전제하에 군사·외교·재정 등의 모든 통치권을 남김없이 장악한다는 것이었다. 「대한방침」에서 일제는,

> 제국(일본)은 한국에 대하여 정사상과 군사상에 있어서 보호의 실권을 거두고 경제상에 있어서는 더욱 더 아(일본) 이권의 발전을 圖할 것[22] (국문표기 – 필자)

임을 주장하고 그 이유를 다음과 같이 부연하였다.

> 한국의 존망은 제국(일본) 안위에 繫한 바로서 단연코 이를 타국의 呑噬에 일임할 수 없다. 이것이 즉 제국이 항상 該國(한국)의 독립과 영토 보존유지를 위하여 그 전력을 경주한 소이로서 一再국운을 睹하여 强隣(俄國)과 干戈를 交하기에 이른 것도 또한 실로 이에 기인한 바다. 지난번 일·한의정서의 訂結에 의하여 새로 양국의 관계를 약정하고 그 위에 征露의 皇師거듭하여 捷을 奏함과 아울러 한국의 상하는 더욱 더 우리

並二對韓施 設綱領決定ノ件」과 『日本公使館記錄』, 「1904년·1905년 長谷川·丸山·스티븐스에 대한 訓令 及對韓施設綱領」과 「加藤增雄傭聘契約」의 「明治37년·明治38년 對韓施設綱領及細目」을 합하여 보아야 그 全文을 볼 수 있다.

22) 山邊健太郞, 「日本帝國主義の朝鮮侵略と朝鮮人民の反抗鬪爭」(『歷史學硏究』特輯號, 岩波書店, 1953)에는 이 문서들이 통과된 1904년 5월에 각료회의에서 다음과 같이 결정 되었다고 (출처는 밝히지 않았음) 기술하고 있다.
"一. 적당한 시기에 있어서 韓國을 我의 보호국으로 하든가 또는 이를 我國에 병합할 것으로 한다. 二. 右의 시기 도래할 때까지는 政事上·외교상·군사상 보호의 실권을 거두고 경제상으로는 더욱 더 我이권의 발전을 꾀하여야 한다"(방점…필자).
이것이 확실하다면 이는 본문의 인용문 위에 추가되어 있었을 중요 문구로서 『日本外交文書』에서는 '倂合'이라는 문투가 있으므로 삭제하여 발행한 것이라 여겨진다.

(일본)에게 신뢰하는 狀있다 할 지라도 該國 정치의 靡爛과 인심의 부패
는 도저히 영구하게 그 독립을 지지하지 못하는 바 명료함으로써 我邦에
있어서는 마땅히 정사상·군사상 아울러 경제상 점차 該國에 있어서 아
(일본) 地步를 확립하여 장래 다시 분규를 釀하는 근심을 끊어서 제국
(일본) 자위의 途를 완전하게 하지 않을 수 없다. 대저 제국은 일한의정
서에 의하여 어느 정도에 있어서 보호권을 收得하였으나 오히려 나아가
국방·외교·재정 등에 관하여 일층 확실하고도 적절한 締約과 설비를
성취하여 써 該國(한국)에 대한 보호의 실권을 확립하고 또한 이와 동시
에 경제상 各般의 관계에 있어서 須要의 이권을 收得하여 착착 그 경영
을 실행함이 當務의 급무이다. (국문표기 - 필자)

이를 통해 일본이 한국을 '보호국'화 시킴은 물론 장차 병탄하겠다는
전제하에23) 당면의 급무로서 정치·군사에 있어서는 실질상 예속관계
(보호국화)를 강화하고 경제면에서는 종래에 구축해 놓은 지반에 더욱
박차를 가하여 필수적 이권을 탈취, 식민지화를 위한 경영을 준비한다
는 일제의 저의를 확인할 수 있다.

다음으로 「대한시설강령(對韓施設綱領)」과 「대한시설세목(對韓施設細目)」
은 위의 「대한방침」에 따라 구체적인 식민지화 쌍안을 명시한 것인
데,24) 국방·외교·재정·교통·통신·척식(拓殖)의 6개 조항으로 되어
있다. 먼저 제1항에서는 한국에 일본군을 영구 주둔시켜 한국의 국방
을 장악하는 동시에 한국민으로 하여금 강제적으로 일본에 의존시키
며 한국영도 내 및 연안에 있어서 모든 군사상 필요한 지역을 자의대
로 사용한다는 것이다. 제2항은 일본이 한국의 외교를 감독함으로써

---

23) 위와 같음.
24) 윤병석, 「日本人의 荒蕪地開拓權要求에 대하여」, 『歷史學報』 22, 1964 참조.
한편 이들 문서의 全文에 대해서는 주 21)을 참조.

국제적으로 원만히 일본의 이익과 그 정책의 수행을 달성할 수 있도록
한다는 것이다. 다음으로 제3항은 한국의 재정권을 장악·탈취하는 동
시에 재정의 곤궁을 핑계 삼아 친위대를 제외한 여타의 한국군을 해산
하고 재외공관을 철수시킨다는 것이다. 그리고 제4항과 제5항에서는
철도를 비롯한 모든 교통기관 및 통신기관의 운용을 일본이 관장한다
는 것이다. 마지막으로 제6항에서는 농업·임업·광업·어업 등에 관
한 일본의 한국에 관한 척식 방안을 규정하고 있다.[25]

이상과 같은 강령과 세목을 확정한 일본은 갖은 수단방법을 동원하
여 각 조항의 계획들을 하나도 남김없이 실천에 옮겨갔다. 이 중에서도
일본은 러시아와의 전황이 그들에게 유리하게 전개됨을 이용, 1904년
8월 22일 한일의정서 제1조에 규정된 '내정개선(內政改善)'을 구실삼아
이른바 「한일외국인고문용빙(韓日外國人顧問傭聘)에 관한 협정서(協定書)」
를 외부대신서리(外部大臣署理) 윤치호(尹致昊)와 주한일본공사 하야시 곤
스케(林權助) 사이에 체결하였다.[26]

이 협정서의 체결은 그 후에 특히 전술한 「강령(綱領)」의 제2항과 제3

---

25) 『日本公使館記錄』 「1904년·1905년 長谷川·丸山·스티븐스에 對한 訓令及
對韓施設綱領」과 「加藤增雄傭聘契約」, 25~47쪽, 「明治37年·明治38年對韓
施設綱領及細目」 참조.

26) 『日本外交文書』 제37권 제1책, 事項 6 「日韓協約締結ノ件」 참조. 이 '協定書'
의 내용은 다음과 같다.
   "一, 大韓政府는 大日本政府가 추천한 바 일본인 1명을 재정고문으로 하여 大
   韓政府에 傭聘하여 재무에 관하는 사항은 일체 其의견을 詢하여 시행할
   事.
   一, 大韓政府는 大日本政府가 추천한 바 외국인 1명을 외교 고문으로 하여 외
   부에 傭聘하여 외교에 관하는 要務는 일체 其의견을 詢하여 시행 할 事.
   一, 大韓政府는 외국과 조약을 체결하며 기타 중요한 외교 안건 즉 외국인에
   대하는 특권 양여와 계약 등 事처리에 관하여는 미리 大日本政府와 상의
   할 事."

항의 목적을 달성하는 데 중요한 발판이 되었다. 일본은 이 협정에 의하여 자국의 대장성주세국장(大藏省主稅局長) 메가타 슈타로(目賀田種太郎)를 재정고문에, 또한 20여 년간을 일본정부에 고용되어 충성을 바친 미국인 스티븐스(Stevens)를 외교고문에 취임시켰다. 일본은 이와 함께 일본인 누마노(沼野安太郎)를 스티븐스의 보좌관 명목으로 취임시켜 스티븐스의 일방적 외교행동을 감시시켰다. 이를 통해 한국의 외교와 재정을 감독·정리한다는 미명하에 외교권과 재정권을 침식해갔다. 그러므로 이들에게 이 같은 일을 충분히 실행할 수 있게 하기 위하여 용빙계약에서 그 권한을 부여하였다. 즉 재정고문은 첫째, 한국정부의 재정을 정리·감사하며 재정상의 제반 시설에 관하여 심의·기안할 책임을 가진다. 둘째, 재정에 관한 한국정부의 각종 회의에 참석하여 의견을 제시할 수 있음은 물론 의정부(議政府) 결의 및 각 부의 사무 상 재정에 관계된 것은 상주앙재(上奏仰裁)하기 전에 반드시 재정고문의 동의 가인(加印)을 요하게 하였다. 셋째로 재정상에 관한 의견을 청하여 주상(奏上)할 수 있도록 조치하였다.[27] 다음으로 외교고문은 첫째, 한국정부가 타국 정부 혹은 타국 인민과의 사이에서 발생하는 일체의 외교상 및 기타 안건에 관하여 심의 입안할 책임을 갖는다. 둘째, 한국의 외교에 관한 일체의 왕복문서 및 모든 안건은 사전에 반드시 외교고문의 동의를 구하고 또한 의정(議政)회의에 참여하여 외교에 관한 제의를 할 수 있게 하였다. 셋째, 외교상에 관하여 한국 황제를 알현하여 외교상 의견을

---

[27] 『日本外交文書』 제37권 제1책, 事項 6 「日韓協約締結/件」(424) 「目賀田韓國財政顧問傭聘 契約電報/件」, 373~374쪽 참조. 또한 目賀田이 수행할 임무는 「綱領」과 「細目」에 있어서의 재정사항이지만 일본외무대신이 그에게 내린 훈령에는 그보다 더욱 구체화된 17개항의 지시가 포함되어 있다(『日本公使館記錄』, 「1904년·1905년 長谷川·丸山·스티븐스에 對한 訓令及對韓施設綱領」과 「加藤增雄傭聘契約」, 50~52쪽 참조).

상주(上奏)할 수 있게 하였다.[28] 더욱이 두 고문의 권한은 한국정부가 자의로 변경하지 못하도록 하는 부수조건을 조약문 속에 명시하였다.

이와 같은 두 고문의 용빙계약에 의하여 한국의 주권은 한일의정서의 조인에 의한 제약보다 더욱 가중한 제약을 받게 된 것으로, 한국은 이미 온전한 독립국이라고 볼 수 없게 되었다. 일본은 이 두 고문의 강제 용빙을 전후하여 조약에 하등의 조건도 없이 자진 초청한다는 형식을 빌려 각 부에도 모두 이와 비슷한 방법으로 고문을 차례로 두게 하여 이른바 '고문정치체제'를 확립시켜 나갔던 것이다.[29]

3. 일제의 한국'보호국'화와 을사5조약

1) 일제의 한국'보호국'화 정책과 국제적 승인과정

1905년에 접어들어 일본의 한국에 대한 식민지화는 위에 논급한 「강령급세목(綱領及細目)」에 규정된 대로 순조롭게 진행되어 그들 스스로

---

28) 『日本外交文書』 제37권 제1책, 374~376쪽, 事項 6 「韓國外交顧問'スチーブンス'氏契約案竝二同氏宛內訓寫途付ノ件」(426) 참조.

29) 軍部에는 駐韓日本公使館附武官 육군중좌 野津鎭武가 군부고문으로 취임하여 한국군 해산의 임무를 담당하고, 內部에는 일본경시청 경시 丸山重俊이 경무고문으로 취임하여 한국경찰을 장악하게 하였으며, 宮內府에는 한국에서 영사를 지낸 加藤增雄이 궁내부고문으로 취임하여 궁내부를 감독하게 하였다. 뿐만 아니라 學部에까지도 동경고등사범학교 교수 幣原坦을 '학부參與官'이라는 이름으로 취임시켜 식민지교육의 기틀을 잡게 하였다. 이들 '고문'·'참여관' 밑에는 이 같은 일을 보조하기 위해 각 고문마다 補助官 등의 명목으로 10여 명 혹은 100여 명 내외의 일본인이 딸려왔다.
『日本公使館記錄』, 「一九〇五年雇外國人」에 수록된 '一九〇五年末現在各部顧問附職員名單' 참조.

"該國(한국) 국방·재정의 실권을 我(일본) 손에 收攬하고 동시에 該國(한국)의 외교를 我감독하에 두고 또한 조약체결권을 제한하였다"[30]고 자평할 정도였다.

한편 러일전쟁의 전황은 일본군의 연승으로 1월에는 여순(旅順)항을 함락하고 3월에는 봉천대회전(奉天大會戰)에서 대승을 거두었다. 이에 5월에는 제정러시아의 발틱 함대가 일본해군에 의해 궤멸되었다. 이 같은 상황에 힘입어 이제 일본은 전쟁의 승리와 한국의 보호국화 경영으로 최후 병탄에 자신을 더욱 굳히게 되었다.

일본은 이 시기를 전후한 1905년 4월 8일에 전시 각료회의를 소집하여 공식적으로 한국을 '보호국'으로 만든다는 결의를 하고 이의 준비를 서둘렀다.[31] 구체적인 실행방법은 다음과 같은 내용의 조약을 체결하여 한국의 외교권을 완전히 탈취하여 일본정부가 한국의 외교권 행사를 대행함과 동시에 서울에 주차관(駐箚官, 감독)을 두어 한국의 정치를 감독한다는 것이다.

> 제1. 한국의 대외관계는 전연 제국(일본)에서 이를 담임하고 재외 한국 신민은 제국의 보호에 歸할 것.
> 제2. 한국은 직접 외국과 조약을 체결하지 못할 것.
> 제3. 한국과 열국과의 조약의 실행은 제국이 그 책무를 任할 것.
> 제4. 제국은 한국에 駐箚官을 두고 該國施政의 감독과 제국신민의 보호에 임하게 할 것. (국문표기 – 필자)

그러나 이 내용은 새로운 것이 아니고 바로 1904년 5월 말경에 결정

---

[30] 『日本外交文書』 제38권 제1책, 519~520쪽, 事項 11 「日韓協約締結竝統監府設置ノ件」(250) 「韓國保護權確立ノ件」.

[31] 위와 같음.

한「대한방침(對韓方針)」·「강령(綱領)」 및 「세목(細目)」 등에 명시되었던 것이다. 하지만 외교권의 박탈에 대한 항목은「강령」의 제2항과「세목」의 제1항에서 "最近한 기회에 있어서 한국으로 하여금 외국과의 조약체결 기타 중요 안건의 처리에 관하여는 미리 제국정부의 동의를 요할 趣를 訂約케 할 것을 期함"이라고 규정했던 것은 일본 측의 한국 식민지화의 의도를 한층 분명히 한 것으로서 다음에 고찰할 을사5조약과 관련하여 주목을 요한다. 그동안 일본이 미국인 스티븐스를 외교 고문에 앉혀 한국의 외교권을 침식했던 것은 바로 이 같은 의도를 구체화한 것에 다름 아니었던 것이다. 이 같은 조치만으로도 한국의 외교권은 거의 일본의 수중에 넘어가 한국정부는 독자적인 외교활동을 거의 펼칠 수가 없었다.[32] 이미 한국의 해외공관은 철수되고 있었던 것이다.[33]

다음으로 한국에 주차관(통감)을 둔다는 조항은「강령」·「세목」등 기왕의 결정사항들을 현지에서 강력히 추진시킬 인물을 파견한다는 것이다. 그런데 이를 수행하는 조약체결의 형식이 꼭 필요한 까닭은 국제적으로도 한국이 일본의 완전한 보호국이라는 승인을 받아 이른바 러일전쟁 전에 결정한「대한방침」에 언급된 '명의(名儀)'를 세워 한국병탄의 목적을 달성하려는 저의로 풀이된다.

그러나 한국의 보호국화를 위한 조약을 체결하는 문제는 일본으로

---

[32] 앞에서 든 스티븐스계약 및 內訓만 보아도 짐작할 수 있다.

[33] 한국의 해외공관은 일본인 고문들이 부임하자마자 재정부족을 내세워 이의 철수를 강요하였다. 그 결과 駐淸國 공사를 비롯, 몇몇 해외주재 공사들은 이미 1905년 11월의 이른바 '보호 조약' 체결 전에 留守담당 1명만을 남겨놓고 1904년 말부터 철수하기 시작하였다. 이와 같은 배경에서 주영 대리공사 李漢應이 1905년 5월 12일에 임지에서 주권상실을 통분, 자결 순국한 사실은 높이 평가되기도 한다.

서도 쉬운 일로 생각하지는 않았다. 왜냐하면 기왕에 체결된「한일의
정서(韓日議定書)」와「한일외국인고문용빙(韓日外國人顧問傭聘)에 관한 협정
서」같은 조약은 그나마 제국주의 열강과 직접적인 관련이 적었으므
로 군사적 위협으로 성취할 수 있었지만 이 조약만은 영·미·불·독
등 한국과 외교관계를 맺고 있던 열강에 직접적인 영향을 줄 것이므로
서두를 수 없는데다가 열강의 승인 없이 일방적으로 강행할 수도 없기
때문이다. 우선 한국의 외교권을 박탈하여 한국을 일본의 명실상부한
'보호국'으로 만드는 이 조약이 체결되면 한국에 주재해 있던 각국의
공사관은 즉시 철수를 해야 할 형편이었다. 또한 이것이 실천되어야만
자기들의 목적이 순조롭게 관철될 수 있으므로34) 일본은 이 보호국화
결정과 동시에 이 결정의 국제적 승인 획득을 위한 공작에 착수하였
다. 따라서 이 결정과 함께 같은 날 제2차 영일동맹의 체결을 위한 교
섭개시를 결정하였다. 그중 특히 한국문제에 대해서는,

> 금회의 전쟁의 결과로서 한국의 지위는 일변 하였으므로써 본 협약도
> 또한 이에 응하여 변경을 가하지 않을 수 없다. 즉 아방(일본)은 한국에
> 대하여 보호권의 확립을 기할 것인 까닭으로 이를 실행하여도 협약과 저
> 촉을 가져오지 않게 수정을 가하고 또한 그 실행에 대하여 영국정부의
> 찬조를 얻게시리 미리 상당의 조치를 하여 둘 것을 요함

이라고 하여, 영일동맹 개정 시 한국 부호국화의 방향 및 내용을 정하
였다.35) 일본은 이 결정 후 이 같은 준비공작을 영국뿐만 아니라 미국

---

34) 『日本外交文書』제38권 제1책, 519~520쪽, 事項 11「日韓協約締結竝統監府設
置ノ件」(250)「韓國保護權確立ノ件」및 같은 자료 526~527쪽,「韓國保護權
確立實行ニ關スル牛」(259) 참조.
35) 『日本外交文書』제38권 제1책, 7~8쪽, 事項 1「第二回日英同盟協約締結ノ件」

등 각국을 상대로 추진하였고 될 수 있는 한 그와 같은 조약의 체결이 각국의 이익에 직접 영향을 주는 범위를 제한하고자 애썼다. 즉 일본은 한국과 외교관계를 맺고 있던 열강들의 치외법권·협정관세율 등 제반 권리에 대해서는 다른 기회에 이를 자기들 야심대로 변경키로 유보하는 한편, 이 조약의 체결 시에는 종전의 관계를 온존시키는 범위로만 국한시켜 일을 추진시켜 나갔다.

이 같은 일본의 계획은 러일 강화회담을 전후로 순조롭게 진행되어 1905년 7월에 「가쓰라－태프트 비밀각서(秘密覺書)」 교환에 의하여 미국의 승인을 얻고 곧 이어 8월에 제2차 영일동맹의 체결로 영국의 전폭적인 지지를 획득하였다. 그리고 9월의 러일 강화조약 체결의 결과로서 러시아의 인정까지 받음으로써 한국을 '보호국'화 하려는 일본의 침략적 의도는 모든 주요 제국주의 열강의 지지 내지 묵인을 받기에 이르렀다.

러·일의 강화는 일본 측에서 먼저 요청하였다. 일본은 1905년 5월에 동해상에서 러시아의 발틱 함대를 궤멸시켜 전승의 자신감을 갖게 되었다고는 하지만 내면에서 보면 일본의 군사력으로서는 전쟁을 장기화하는 것은 역부족이었다. 더구나 전역(戰域)을 만주 이북으로 확대하여 러시아 영토를 일부라도 공격할 엄두는 감히 내지 못하였다. 이 같은 처지에서 일본 스스로 판단에, 러시아도 신흥 일본에게 쉽게 항복할 것 같지 않았으나 개전 이래 패전이 거듭되고 단선(單線)장거리의 시베리아철도에 의한 전선(戰線) 보급은 전세 만회의 기회를 얻지 못해 곤경에 빠진 것 같았다. 또한 러시아에서 일어난 사회주의혁명의 확산 등 제반사정은 러시아로서도 전쟁의 종결을 원하는 것처럼 보였다.[36]

(10) 「日英同盟協 約繼續ニ付英國ト意見交換開始ニ關シ閣議決定ノ件」 참조.

기회를 포착한 일본은 1905년 5월 31일 주미일본공사 다카야마 쇼고도(高山小五郞)에게 훈령하여 러일전쟁 발발 전부터 국제사회에서 일본을 지지해오던 미국 대통령 테오도어 루즈벨트(Teodore Roosevelt)에게 러·일 강화의 중재를 요청하도록 하였다.[37] 러일전쟁에서 일본의 승리를 기대하고 또한 다방면에서 일본을 원조하고 있던 루즈벨트는 일본의 요청을 쾌히 승낙하고 곧 주미러시아공사를 불러 대일(對日)강화를 권고하는 등 중재에 나섰다. 그리하여 러시아의 수락을 받아낸 루즈벨트는 1905년 6월 9일, 일본과 러시아에 대하여 정식으로 중재알선을 통고하는 동시에 강화회의의 장소를 미국 군항 '포츠머스'로 정하였다. 이곳에서 일본 측 전권위원 외무대신 고무라(小村)와 주미일본공사 다카야마(高山)가 러시아 측 대표 윗테와 로오젠 남작과 8월 9일부터 루즈벨트의 조정하에 강화회의가 열렸다.

이 회의에서 한국문제는 이미 '조정자' 루즈벨트가 양해·승낙한 「가쓰라―태프트 각서」(The Taft Katsura Agreement)의 방향과 이 회담 개최를 전후하여 체결된 제2차 영일동맹의 내용에 따른 일본의 지배를 러시아가 완전히 승인하는 것으로 낙착되었다. 「가쓰라―태프트 각서」는 이 강화회담의 개최 전인 7월 27일 일본을 방문한 미 육군장관 태프트와 일본수상 가쓰라(桂太郞) 간에 오고간 다음과 같은 내용의 비밀협상으로서 7월 31일에 루즈벨트가 추인한 것이다.[38]

---

36) 『伊藤博文傳』 권下, 제7장 「日露講和談判と公の幹旋」 참조.
37) 위의 책, 같은 항목 및 『日本外交文書』 제37·38권 별책, 『日露戰爭』 2, 제6장 「講和關係」 참조.
38) 『日本外交文書』 제38권 제1책, 448~451쪽, 事項 6 「桂タフト」了解ニ關スル件」. 본 자료에 수록된 이 '밀약'의 내용은 다음과 같다.

The Taft-Katsura Agreement (note)

…Count Katsura and Secretary Taft had a long and confidentral conversation on

먼저 필리핀 문제에 관해 태프트가 "필리핀에 있어서의 일본의 유일

the morning of July 27…

First in speaking of some pro-Russians in America who would have the public believe that the victory of Japan would be a certain prelude to her aggression in the direction of the Philippine Islands, Secretary Taft observed that Japan's only interest in the Philippines would be in his opinion, to have these islands governed by a strong and friendly nation like the United States,

…Count Katsura confirmed in the strongest terms the correctness of his views on the point and positively stated that Japan does not harbor any aggressive designs whatever on the Philippines…

Second, Count Katsura observed that the maintenance of general peace in the extreme East forms the fundamental principle of Japan's international policy. Such being the case, … the best, and in fact the only, means for accomplishing the above object would be to form good understanding between the three governments of Japan, the United States and Great Britain…

Third, in regard to the Korean question Count Katsura observed that Korea being the direct cause of our war with Russia, it is a matter of absolute importance to Japan that a complete solution of the peninsula question should be made as the logical consequence of the war. If left to herself after the war, Korea will certainly draw back to her habit of improvidently entering into any agreements or treaties with other powers, thus resuscitating the same international complications as existed before the war. In view of the fore going circumstances, Japan feels absolutely constrained to take some definite step with a view to precluding the possibility of Korea falling back into her former condition and of pacing us again under the necessity of entering upon another foreign war. Secretary Taft fully admitted the justness of the Count's observations and remarked to the effect that, in his personal opinion, the establishment by Japanese troops of a suzerainty over Korea to the extent of requiring that Korea enter into no foreign treaties without the consent of Japan was the logical result of the present war and would directly contribute to permanent peace in the East. His judgment was that President Roosevelt would concur in his views in this regard, although he had no authority to give assurance of this…

(Miscellaneous Letters of the Department of State, July, part Ⅲ, 1905.)

Note: this document, dated July 29, 1905, was "an agreed memorandum" of a conversation between Count Katsura, Prime Minister of Japan, and William Howard Taft, personal representative in Japan of President Theodore Roosevelt, who later gave his full approval of the agreement.

한 이익은 나의 견해로는 이 군도가 미국과 같은 강력하고도 우호적인 국가에 의해 통치되는 데 있으며, 이것이 자치에 부적합한 원주민의 失政下에 놓여지거나 비우호적인 몇몇 열강의 수중에 들어가지 않는 데 있음을 알게 됐다"고 하였다. 이에 가쓰라(桂太郎)는 강한 어조로 이를 확인하면서, 일본은 필리핀에 대해 어떠한 침략적 의도도 갖고 있지 않음을 적극 개진하였다.

그러나 한국문제에 이르러 가쓰라는,

> 한국은 對露전쟁의 직접 원인이기 때문에 반도문제의 완전한 해결은 전쟁의 논리적 결과가 되어야만 하는 것이 일본으로서는 절대 중요한 일이다. ……따라서 이상의 사정으로 미루어 일본은 한국이 종전과 같은 상태(타 열강이 간섭 가능한)로 되돌아가 우리로 하여금 또 다른 대의전쟁으로 말려들게 할 가능성을 제거하기 위해 어떤 단호한 조치를 취하는 것이 절대로 필요하다

고 주장하였다. 이에 대해 태프트는 가쓰라의 견해가 정당함을 확인한 후 자신의 개인적 의견으로서는 한국이 일본의 허락 없이는 어떤 대외조약도 체결할 수 없도록 하는 정도의 보호를 일본군의 힘을 이용, 수립하는 것은 현재로서 전쟁의 논리적 결과이며, 이는 바로 동아시아의 항구적 평화에 기여하게 될 것이라고 하였다. 그리고 이틀 후인 7월 29일부로 태프트는 루즈벨트로부터 "그대가 한 모든 말을 나는 확인한다"라는 전보를 받고 이를 곧 가쓰라에게 넘겨줌으로써 이 협약은 확정되었던 것이다.[39]

요컨대 이 각서는 첫째, 일본은 필리핀에 대하여 하등의 침략적 의

---

[39] 崔文衡, 『제국주의 시대의 列强과 韓國』, 民音社, 1990, 355쪽.

도를 품지 않고 미국의 지배를 확인할 것, 둘째, 동아시아의 평화를 유지하기 위하여 미·영·일 3국은 실질적으로 동맹관계를 확보할 것, 셋째, 러일전쟁의 원인이 된 한국은 일본이 이를 지배할 것을 승인할 것 등이었다. 이로써 일본은 미국으로부터도 실질적으로 한국에 대한 보호권 확립을 위한 조약 체결이나 또 나아가 그 이상의 주권침탈 행동도 취할 수 있다는 보장을 받은 셈이 되었다. 한편 일본은 제2차 영일동맹의 체결을 위한 교섭을 미국에 대하여 보다 먼저 착수 하였으나 쌍방 간에 이견조정 작업이 늦어져 3~4차례나 각기의 수정안을 낸 끝에 1905년 8월 12일에야 결말을 보았다. 교섭 초기에 일본이 한국문제에 대하여 영국에 제안한 내용은 "영국은 일본이 한국에서 갖는 정사상(政事上)·군사상(軍事上) 및 경제상의 특수이익을 옹호하기 위하여 적의(適宜)필요하다고 認하는 조치를 취득함을 승인할 것"이라고 하였다. 그러나 영국 측은 이에 대하여 "영국은 일본이 한국에 있어서 정치상·군사상 및 경제상의 특수이익을 옹호하기 위하여 정당 且필요하다고 認하는 조치를 취할 권리를 충분히 인정함. 단 該조치는 항상 열국의 상공업에 대한 기회균등의 주의와 저촉하지 않음을 요함"이라는 수정안을 제시하였다. 따라서 일본으로서는 수정안의 뒷부분이 장차 한국병탄 시에 방해가 되는 문구로 해석되어 쌍방 간의 절충이 어려워졌다. 그러나 우여곡절 끝에 영국과 일본은,

> 일본은 한국에서 정치상·군사상 및 경제상의 탁월한 이익을 갖는 고로 영국은 일본이 該이익을 옹호증진하기 위하여 정당 또 필요로 인정하는 지도(guidance)·監理(control) 및 보호(protection)의 조치를 한국에서 행하는 권리를 승인하되 該조치는 항상 열국의 상공업에 대하는 기회균등주의에 不反함을 요할 일

이라는 내용의 합의를 보고 조약의 체결을 서둘러 1905년 8월 12일에 조인하였다.[40] 이는 일본의 의도가 그대로 관철된 것으로 일본은 한국을 자의로 처리할 수 있게 되었다.

포츠머스에서의 한국문제에 대한 강화조건은 일본의 영·미에 대한 이상과 같은 사전 포석 때문에 사할린 분할이나 배상금문제 등과 같이 논란을 거치지는 않았다. 그럼에도 불구하고 일본 측의 요구가 지나쳐 적지 않은 우여곡절을 겪기도 하였다. 일본은 러시아에 대하여 전승국임을 주장하고 한국문제에 대해 다음과 같이 제안함으로써 장차의 한국병탄을 합리화하려고 획책하였다.

> 러시아는 일본이 한국에서 정사상·군사상 및 경제상의 탁월한 이익을 有함을 승인하고 일본국이 한국에 있어서 필요하다고 인정하는 지도(guidance)·보호(protection)·감리(control)의 조치를 취함에 있어 이를 저해하고 또는 이에 간섭하지 않음을 約함.

그러나 러시아는 이에 대하여 일본 측의 '요구'를 원칙적으로 승인하면서도 별도의 조항을 마련, "일본이 한국에서 취할 조치는 한국 황제의 주권을 침해할 수 없다"는 뜻을 명백히 하였다. 러시아가 이 같은 조항을 삽입하고자 하는 이유는 한국에서 일본의 조치를 방해할 의도는 추호도 없으나 일본 측 요구와 같이 한국의 주권이 소멸하게 되는 조항에 러시아가 먼저 독단적으로 기명(記名)하는 것은 국제관계상 할 일이 아닐 뿐 아니라 또한 한국의 운명에 이해관계를 갖는 열국이 이에 대하여 항의를 할 것이기 때문이라고 설명하였다. 러시아 측의 설

---

40) 『日本外交文書』 제38권 제1책, 1~66쪽, 事項 1 「第二回日英同盟協約締結ノ件」 참조.

명에 대하여 일본은 "한국의 독립은 사실상 이미 완전한 형태로 현존하지 못하므로 그러한 조항을 조약상에 존재시킨다고 함은 이를 승인할 수 없다"고 극력 반대하였다. 이 같은 입장의 차이로 양국은 서로 대립하다가 타협안으로 결국 한국의 주권문제는 이를 조약 본문에 기입하지 않고 다음과 같은 일본 측의 결의를 회의록에 기록하여 일본 측 공식 성명의 형식을 취하였다.[41]

　　　　일본전권위원은 일본국이 장래 한국에 있어서 취할 필요가 있다고 인
　　정되는 조치가 한국의 주권을 침해하게 될 경우에는 한국정부와 합의한
　　후에 이를 집행할 것을 자에 성명함.

환언하면, 한국정부의 동의만 얻으면 언제든지 무슨 형태로든 주권을 침해할 수 있다는 것이다. 따라서 일본은 이후 그들의 이 성명에 스스로를 묶는 꼴이 되어 일거에 한국병탄을 서둘지 못하고 5~6년의 기간을 두고 갖은 수단과 방법으로 한국정부를 위협하여 주권 탈취의 동의를 구하기 위해 광분하였다. 이를 위해 러일개전과 더불어 한국에 대군을 파견, 서울에 그 사령부를 설치하고 전국 주요지역을 점령하여 대한(對韓) 군사침략을 통해 이를 관철시키려 했던 것은 앞에서 서술한 바와 같다.

2) '보호'조약 체결을 위한 사전공작

일본은 한국을 보호국화 하는 조약의 체결을 강행코자 사전에 한국

---

41)『日本外交文書』제37 · 38권 별책,『日露戰爭』2, 315~538쪽, 제6장「講和關係」
　　(294)「全權委員ニ對スル政府謝意表明ノ件附記一 · 二 · 三」참조.

과 외교관계를 맺고 있는 미국·영국·러시아 등 제국주의 열강의 승인을 얻었다. 그 뿐만 아니라 공표된 제2차 영일동맹과 러일 강화조약에 대하여 기타 열국도 이의를 제기하지 않음으로써 일본의 야욕을 묵인하는 태도를 보였다. 이 같은 기회를 포착한 일본은 보호조약의 체결을 서둘렀다. 일본 외상 고무라(小村)는 1905년 9월 5일에 러일 강화조약의 조인이 끝나자마자 조약문의 교환도 보지 않고 서둘러 포츠머스를 떠나 9월 16일 귀국하였다. 주한일본공사 하야시 곤스케(林權助)도 고무라 외상의 귀국에 맞추어 귀국 대기하다가 그를 횡빈(橫賓)에 출영(出迎)하였다. 이 출영에서부터의 양인은 보호조약 체결의 착수에 합의를 본 후 이튿날 일제 어전회의에서 이를 결의함과 동시에 조약체결을 추진할 일본 측 전권위원의 인선에 착수 하였다.[42] 이날 어전회의에서 결의된 내용은 며칠 후인 9월 27일의 각료회의에서 다음과 같은 8개 사항으로 정리되어 공식 결정을 봄과 아울러 그들 천황(天皇)의 재가를 받았다.[43]

한국에 대하여 我 보호권을 확립함은 이미 廟義의 一決한 바 있으나 이의 실행은 금일로써 最好의 시기로 한다. 왜냐하면 右에 대하여 영·미 양국은 이미 동의를 주었을 뿐 아니라 이외의 諸國도 역시 일·한 양국의 특수한 관계와 전쟁의 결과를 顧하여 최근에 발표한 바 있는 일·영 동맹及 일·러 강화조약의 명문에 비추어 한국이 일본의 보호국인 것은 피할 수 없는 결과인 것을 묵인하고 특히 今回의 강화에서 我國(일본)이 취한 바 양보는 열국이 인정하여 일대 영단이라 한 바이고 이어서 또한 열국은 일본이 이 같이도 양보하여 和局을 맺은 이상 그 收得한 권

---

42) 『伊藤博文傳』권 下, 제7장 「日露講和談判と公の斡旋」.
43) 『日本外交文書』제38권 제1책, 526~527쪽, 事項 11 「日韓協約締結竝統監府設置ノ件」(259)「韓國保護權確立實行ニ關スル閣議決定ノ件」.

리 及 이익은 어디까지나 이를 確守治用하는 결심인 것을 믿고 있기 때문이다. 就하여는 좌와 같은 방법 순서에 의하여 차제에 이를 결행하고 럼으로써 我 소망을 관철할 것을 기함.

1. 대체로 별지와 같은 조약을 한국과 체결하고 同國 외교관계를 전연 我 수중에 넣을 것.

2. 조약이 성립할 때에는 발표 전에 영·미는 물론 불·독정부에도 내밀히 통첩하고 이어서 발표와 동시에 공연한 선언을 발표하여 제국(일본)이 한국에 대하여 보호권을 확립하기에 이른 이유를 설명하고 아울러 한국과 열국과의 조약을 유지하여 한국에 있어서 열국 상공업상의 이익은 이를 상해하지 않을 뜻을 성명할 것.

3. 실행의 시기는 11월 초순으로 할 것.

4. 조약체결의 전권은 林 공사에게 위임할 것.

5. 특히 칙사를 파견하여 한국 황제에게 御親翰을 송부할 것.

6. 長谷川 사령관에 대하여 林 공사에게 필요한 원조를 줌으로써 본건의 만족한 성공을 기할 旨의 명령을 發할 것.

7. 경성 주둔의 목적으로 수송 중인 제국군대를 가급적 본건 착수 이전에 모두 入京시킬 것.

8. 착수한 후 도저히 한국정부의 동의를 얻을 가능성이 없을 때에는 최후의 수단으로써 一方 한국에 대해서는 보호권을 확립하였다는 뜻을 통고하고 열국에 대해서는 제국정부가 右의 조치로 나아가지 않을 수 없었던 이유를 설명하고 아울러 한국과 열국과의 조약을 유지하여 한국에서 열국 상공업상의 이익은 이를 傷害하지 않을 뜻을 선언할 것.

이상의 내용을 살펴보면 일본이 이 조약의 체결을 위하여 수단방법을 가리지 않고 얼마나 주도면밀한 계획을 세웠는지 알 수 있다. 이 결정사항의 1항에 보이는 "별지와 같은 조약"의 내용은 한국을 완전히 병탄 직전의 조치인 보호국으로 삼기 위한 조약문의 원안을 말하는 것으로 그 내용은 다음과 같다.

일본국정부와 한국정부는 양 제국을 결합하는 이해 공통의 주의를 확고하게 함을 欲하여 此목적으로서 좌개조관을 약정함.

제1조. 일본국정부는 재 동경외무성을 由하여 금후에 한국이 외국에 대하는 관계와 사무를 전연히 自行 감리 지휘함이 가하고 일본국의 외교대표자 及영사는 외국에 재하는 한국의 신민과 이익을 보호함이 가함.

제2조. 일본국정부는 한국과 타국 간에 현존하는 조약의 실행을 완전히 하는 任에 當하고 한국정부는 금후에 일본정부의 중개에 由치 아니하고 국제적 성질을 갖는 하등 조약이나 약속을 아니함을 約함.

제3조. 일본국정부는 그 대표자로 하여 한국 황제폐하의 闕下에 一名의 統監(Resident General)을 두되 통감은 경성에 주재하고 친히 한국 황제폐하에게 내알하는 권리를 가짐. 일본국 정부는 又 한국의 각 개항장과 기타 일본국정부가 필요로 認하는 地에 理事官(Resident)을 두는 권리를 갖되 이사관은 통감의 지휘하에 종래 재한 일본영사에게 속하던 일체 직권을 집행하고 아울러 본 협약의 조관을 완전히 실행함을 위하여 필요로 하는 일체 사무를 掌理함이 가함.

제4조. 일본국과 한국 간에 현존하는 조약과 약속은 본 조약의 조관에 저촉하는 者를 제외하는 외에 總히 그 효력을 계속하는 者로 함.

우 증거로 하여 下名은 각 본국정부에서 상당의 위임을 받아 본 협약에 기명 조인함. (국문표기-필자)

그러므로 후에 조약체결 때 한국정부가 극력 반대하여도 아랑곳없이 이를 강요하였고 막판의 절충과정에서도 이 원안에 규정한 일본의

권리와 이익은 고스란히 남겨둔 채 수식어만 몇 군데 손질하여 조약을
체결하였던 것이다.

그중 제2항은 한국과 국교관계에 있는 미·영·불 등 열강들의 비위
를 거스르지 않으면서 자기들의 목적을 달성하기 위한 조치이다. 열강
에 대하여는 이 조약을 체결하더라도 이를 공포 전에 알려 사전 양해
를 구함과 동시에 또한 이들 열강이 누리고 있는 기득이권은 그대로
인정한다는 성명을 함으로써 만약의 사태에 사전 대처한다는 것이다.
이 가운데 기득이권의 인정이란 일본으로서는 이후의 식민지 경영에
있어서 큰 걸림돌로 작용하는 것이다.

원래 미·영·독·불 등 각국은 각기 한·미, 한·영, 한·독, 한·불
등의 수호조약에서 상공업상의 기회균점의 권리가 인정되어 있어서
한국과 외교관계를 가진 어느 한 국가가 상공업상의 어떤 이권을 차지
하면 각국은 그와 똑같은 정도의 권리를 자동적으로 취득하도록 하는
최혜국(最惠國) 특관(特款)이 규정되어 있었던 것이다. 따라서 일본이 이
를 그대로 인정한다는 것은 상공업상의 이권취득의 권리에 있어서는
한국을 보호국화 하여도 타국(他國)과 다를 바 없는 결과가 되는 것 이
다. 이 때문에 일본은 이 조약체결 후에 자국 내의 여론이 한·일 간의
관세폐지를 강력하게 주장하였음에도 불구하고[44] 3~4년을 두고 이를
단행하지 못했던 것이다. 그렇지만 일본은 이것이 장차의 식민지경영
에 큰 장애가 될 것임을 예견하면서도 열강이 일본에 의한 한국의 보
호국화를 혹시나 반대하지 않을까 염려하여 자진해서 이와 같은 성명
을 하는 것을 빼지 않았던 것이다.

---

[44] 『大日本帝國議會錄』 제6권, 明治40년 3월 23일 제23회 帝國議會衆議院會議錄
「對韓政策ニ關スル質問主旨書及同明治40년 3월 27일 花井貞蔵議員發言」.

제3항은 조약체결의 시기를 11월 초순으로 잡은 것이다. 이 계획의 최종결정이 10월 27일이었으므로 제5항에서 언급된 '특파대신(特派大臣)'만 한국에 도착하면 그대로 실천에 옮기겠다는 것이다.

제4항은 조약의 체결을 담당할 일본 측 대표의 임명과 그들의 역할 분담을 결정한 것이다. 이에 따라서 한국사정에 정통한 주한일본공사 하야시 곤스케(林權助)는 이 조약체결의 일본 측 대표의 임무를 맡고, 일본정계에서 막강한 실력자인 추밀원 의장 이토 히로부미(伊藤博文)는 '특파대신'이란 이름의 칙사가 되어 그들 천황의 친서를 갖고 와서 한국의 황제에게 일본의 목적을 전하고 고종을 위협하여 조약체결의 윤허(允許)를 받게 하는 임무를 부여하였다. 이와 함께 한국주차군(韓國駐箚軍) 사령관 하세가와 요시미치(長谷川好道)로 하여금 예하 병력을 동원, 옆에서 군사적 위협을 가하도록 하여 이 '3자 연합'으로 조약을 체결하여 소기의 목적을 달성하려는 것이다.

제7항은 이 목적의 수행을 엄호하기 위하여 서울에 병력을 증파한다는 것이다.

제8항은 특별히 주목되는 내용으로서 만일에 이상 3 대표에 의해 추진되는 조약체결이 한국의 강력한 반대에 부딪쳐 성사되지 못할 경우 차후의 대안으로써 일본이 한국에 대하여 실력에 의해 일방적인 보호국화 조치를 단행한다는 것이다.

일본은 이와 같이 러일전쟁 전부터 결정해 놓고 시행하여 오던 대한기본경영방안(對韓基本經營方案)이나 국제관계를 고려하여 가능한 한 명분을 잃지 않는 방법을 택하면서 조약의 체결을 계획하였던 것이다. 그러나 이 같은 계획이 여의치 못할 경우 실력에 의한 강제적 추진은 불가피한 것이었다. 때문에 이 방법을 택하여 강제로 한국을 보호국화 할 경우를 대비하여 일본은 한국에 통보할 공문(公文)까지도 이미 준비하고

있었을 뿐만 아니라[45] 각국에 발송할 성명문도 사전에 만들고 있었다.[46]

3) 을사5조약의 체결

상술한 바와 같이 치밀한 계획을 준비한 주한일본공사 하야시 곤스케(林權助)는 이토 히로부미(伊藤)보다 한 발 앞서 11월 2일 임지인 서울에 돌아와 하세가와 요시미치(長谷川好道)와 협력하며 이토의 도착 즉시 계획을 실행하기 위한 만반의 준비를 갖추었다. 일진회(一進會)로 하여금 보호조약을 찬성하는 취지의 선언서를[47] 사전에 발표하게 하여 여론을 조작하는가 하면 침상훈(沈相薰) 등 원로대신을 조종하여 고종(高宗)의 의사(意思)를 떠보는 한편, 한국정부로 하여금 사전대책을 수립하는 것을 방해하였다.[48] 또한 이완용(李完用) 등을 사전에 찬성하도록 매수하였다.[49] 이와 함께 일본 현지에서 증원 병력을 받아 하세가와 사

---

45) 이 공문은 桂 수상·小村 외상·林 공사 3자 합의하에 작성되었는데, 그 내용은 다음과 같다.
"以書簡致啓上候陳者貴我兩國ヲ結合スル利害共通ノ關係ハ旣ニ確立スル處有之客年二月貴 我兩政府間ニ議定書ヲ訂立シ又同年八月協約書ノ締結ヲ見タルハ一ニ此關係ヲ助長セント スル兩國政府ノ眞意ニ基ク義ニ有之候處帝國政府ハ爾來實驗スルトコロニ依リ貴帝室及領土 ノ安全ヲ攪亂スヘキ原因ハ專ラ其對外交涉ニ存スルコトヲ確認シ先其禍因ヲ除却シテ兩帝國 ヲ結合スル利害共通ノ主義ヲ一層鞏固ナラシメンコトヲ欲シ今後左ノ條款ニ依リ貴國ノ對 外交涉ヲ擔任スルコトニ決定致候"(『日本外交文書』 제38권 제1책, 485~486쪽, 事項 10「伊藤特派大使遣韓ノ件」(239)「伊藤大使ノ韓帝內謁見ニ關連シ韓國政府ヘノ通告公文ニ付豫メ決定方請訓ノ件」).

46) 위와 같음.

47) 『日本公使館記錄』「保護條約」1, 27~28쪽,「一進會宣言文」; 趙恒來,「一進會研究」, 中央大大學院박사학위논문의 Ⅴ장, 1984 참조.

48) 『日本外交文書』 제38권 제1책, 484~485쪽, 事項 10「伊藤特派大使遣韓ノ件」(238)「韓帝ノ不安除去ノ爲ノ工作竝ニ伊藤大使御親書捧呈ニ付報告ノ件」.

49) 『日本公使館記錄』,「1905年保護條約」1, 114~117쪽,「菊池란 日人이 荻原日代

령관·마루야마 수미다로(丸山 首美太郎) 경무고문·미마시(三增) 영사 등 3자의 지휘하에 서울, 특히 궁궐 내외에 물 샐 틈 없는 경계망을 폈다.50)

이와 같이 모든 사전준비가 완료된 시기를 맞추어 이토(伊藤)는 일본 천황의 친서를 가지고 내한한 것이다. 그가 서울에 도착한 것은 11월 9일 오후 7시경이었다. 도착하자마자 손택(孫擇)호텔에 숙소를 정한 이토는 그 다음날부터 행동을 개시하였다. 11월 10일 12시경 고종(高宗)을 알현하여 일본천황의 "朕이 동양평화를 유지하기 위하여 大使를 특파하오니 大使의 지휘를 一從하야 조치하소서"라는 내용의 친서를 전하면서 고종을 위협하였다. 며칠 후인 11월 15일 정오에 이토는 고종을 다시 알현하여 좌우를 모두 물리치게 한 뒤 그들이 사전에 준비한 상술한 조약의 원안을 제시하며 이의 체결을 강박하였다. 이곳에 서의 문답내용은 『皇城新聞』 光武8년 11월 20일자의 '五件條約請締顚末'51)과 '韓國特派大使伊藤博文復命書'52)에 기록되어 있다.

11월 16일 아침에는 주한일본공사 하야시 곤스케(林權助)가 외부대신 박제순(朴齊純)을 주한일본공사관으로 초치하여 정식공문과 조약의 원안을 제시하고 종일토록 조약의 체결을 강박하였다.53) 한편 이토(伊藤)

理公使에게 보낸 書翰」 참조.

50)『日本外交文書』 제38권 제1책, 534~536쪽, 事項 11「日韓協約竝統監府設置ノ件」 및『日本公使館記錄』,「1905年保護條約」 1, 128쪽,「林公使가 桂首相에게 보낸 電報」 참조.

51) 이날『皇城新聞』은 張志淵이 유명헌「是日也放聲大哭」이란 논설과 함께 이 기사를 게재하였다. 이로 인해 신문은 폐간되고 사장 장지연 이하 사원들이 일경에 체포되었다. 이 날짜 신문으로 배부된 것은 서울에만 800부였으며 지방으로 보낼 2,288부는 전량 압수당하였다. 이 기사는 成樂英이 探訪한 것이라고 한다(『日本公使館記錄』,「1905년 保護條約」 1, 164~165쪽,「新聞紙發行禁止竝와 差押의 件」 참조).

52)『日本外交文書』 제38권 제1책,「伊藤特派大使復命書」 참조.

53) 위와 같음.

는 이날 오후 일본 공사관에 간 박제순을 제외한 각 대신과 원로대신 침상훈(沈相薰) 등을 빠짐없이 그의 숙소로 '납치'하여 밤늦게 까지 전날에 고종에게 한 말을 되풀이하면서 조약체결의 찬성을 요구하였다.[54] 이 같은 상황 속에서 학부대신 이완용(李完用)을 비롯하여 내부대신 이지용(李址鎔) 외부대신 박제순·군부대신 이근택(李根澤)·농상공부대신 권중현(權重顯) 등은 이 조약체결에 대한 찬성을 적극 표시하지는 않으면서도 대세상 불가피한 것으로 여겼다 한다.[55]

이렇게 해서 조약체결의 전 단계 공작을 마무리한 이토·하야시 등은 그 다음날(11월 17일) 일거에 조약의 조인까지 강력하게 추진시켰다. 이날의 공포분위기와 일제의 폭력적 행동에 대해서는 주한일본공사 하야시가 남긴 회고록에 기술되어 있다.[56] 다소 길지만 생생하고 신빙성 있는 증언이므로 인용해 본다.

드디어 약속과 같이 伊藤씨가 일주일 후(경성)에 도착하였습니다. 조선 측으로서는 이와 같은 일은 실로 싫고도 싫은 것이나 할 수 없는 것입니다. 그간 나는 여러 가지로 생각한 결과 이와 같이 하기로 생각하였다고 그 방법을 伊藤씨와 상의하였습니다. 조선정부의 각 대신을 여하튼 아침부터 일본공사관으로 참집시켜 그 석상에서 나는 이 담판을 시작할 것이므로 잘 되어 갈 때에 임석을 원하게 될지도 모릅니다. 그러나 우선 오전 중에는 매듭을 지을 수 없다고 생각하여 틀림없을 것입니다. 그렇게 하면 매듭을 지을 수 없으므로 晝食이라도 먹으면서 어떻게던지 하여 국왕의 앞에 가서 勅裁를 바라게 되는지 모른다고 생각되었습니다. 그때에는 물론 나도 따라갈 예정입니다. 그리고 담판의 진행에 따라서 그곳

---

54) 위와 같음.
55) 위와 같음.
56) 林權助, 『나의 七十 平生을 말한다』.

에는 꼭 伊藤께서 와주셔야 되겠습니다. 물론 그 경우에는 궁중에서 곧 통지되도록 준비를 해두겠습니다. 또 하나 주선할 것으로서는 長谷川 대장에게 의뢰하여 어떤 감시를 하는 것입니다. 그것은 미리 짠대로 내가 있는 곳으로 각 대신이 모이는 것입니다. 그 대화의 내용은 조선으로서는 대단히 큰 문제인 것으로 물론 別席한 대신들은 싫어할 것이 틀림없습니다. 한번 철수하여 공사관에서 궁중으로 가는 것으로 하면 그 도중에서 도망하는 사람도 나올 것에 틀림없습니다. 이 염려 때문에 헌병이라도 미리 배치하여 두어 도중 도망하지 못하게 감시하여 주기 바랍니다. 물론 명목은 '호위'라는 형식을 취하는 것입니다.

그리고 또 한 가지는 國璽입니다. 나는 외부에 이른 아침부터 사람을 보내어 그 國璽 保持官을 감시하지 않으면 안 됩니다. 또 한 가지는 그것도 長谷川 대장에게 의뢰하지 않으면 안 됩니다. 그것은 어찌하여도 좋을 것이지만 바야흐로 조약이 체결되어 각원 중에 한 두 사람은 자살할 자 있을 것이라는 근심입니다. 나는 아무렇지도 않게 생각하나 만일이라도 그런 일이 없도록 이것도 주의하여주게 계획을 정하였습니다. 그리하여 만사를 伊藤씨와 약속하여 놓고는 익일 각 대신을 나의 관저로 소집하기로 하였습니다. 회의는 朝부터 열렸으나 과연 오전 사이에는 결정되지 않았습니다. 그리고 참집한 각 대신은 다 질려 있었습니다. 점심때가 되었으므로 식사를 하였습니다. 과연 내가 상상한 것과 같이 내각원만으로는 결정할 수 없는 대사건이기 때문에 드디어 국왕 앞에 가서 국왕의 의향을 들을 수밖에 없게시리 되었습니다.

이같이 치밀한 계획하에 11월 17일 오후 3시경 궁궐 내 수옥헌(漱玉軒)에서 군신회의가 개최되었다. 이때 궁궐 내외에는 하세가와(長谷川)가 거느리는 완전무장 차림의 일본군이 몇 겹으로 둘러싸고 있었다. 또한 일본군은 일본공사관 앞, 기타 서울 시내 전역을 철통같이 경계하였으며 특히 시내의 각 성문에는 야포, 기관총까지 갖춘 부대를 배치해 놓고 있었다. 다른 별동부대도 착검한 채로 시가지를 시위 행진

하였고 본 회의장인 궁내에도 착검한 헌병 경찰들이 다수 침입하고 있었다.[57]

그러나 이 같은 공포분위기 속에서도 오후 3시부터 시작된 회의는 오후 8시가 되도록 누구하나 조약의 체결에 찬성하는 이가 없이 부결되어 일본 측의 요구를 거절하기로 합의까지 되었다. 그러나 이때까지 별실에서 대기하고 있던 하야시 곤스케(林權助)는 그의 회고록에서,

> 그때 국왕은 患候라 하여 나오지 않았다. 그 문제에 대하여 여하튼 국왕 없이 또 이야기 하였으나 조선의 각료 중에는 역시 대세에 어두워 무작정 硬骨한 사람도 있고 친러파도 있었다. (그래서) 어찌하여도 매듭을 지을 수 없었다. (중략) 나는 미리 이러한 회의 중에도 국왕이 大內쪽에서 어떤 모의를 하고 있는가를 시시각각 알 필요가 있었으므로 이미 사람을 배치시켜 두었다. 그 밀사가 해진 거리의 魔의 시각에 이와 같은 보고를 가져 왔다. 지금 국왕이 궁내대신을 伊藤公의 宿舍에 특사로 보내려고 분부하고 있다. 그 목적은 지금 왕성 안에서 협의하고 있는 문제를 2~3일 연기하여 달라는 국왕의 희망을 伊藤公에게 전하려는 것처럼 보인다. 그러므로 원컨대 지금 이 시기라 결심하고 곧 幣原君을 불러 伊藤씨 처소에 그 준비를 바란다는 것을 보고 하였다. 伊藤씨는 미리 약속한 바 있었으므로 곧 왕성 내의 협의회 자리에 왔다

라고 말한 데에서도 보이듯 이토(伊藤)와 하세가와(長谷川)를 불러 폐회하고 돌아가는 각 대신들을 강제로 다시 모이게 하여 회의를 재개하게 하면서 고종의 알현을 요구하였다. 그러나 이것도 제대로 되지 않자 이토와 하야시(林)는 그 다음날 새벽 12시 30분경까지 대신들에게 공포

---

57) 『日本公使館記錄』, 「1905年保護條約」 1, 155~157쪽, 「伊藤候來韓에 대한 第六回報告」 및 山邊健太郎, 「日本帝國主義の朝鮮浸略と朝鮮人の反抗鬪爭」, 『歷史學硏究』 特輯號, 1953 참조.

분위기를 조성하면서 조약의 체결을 강박하였다. 이렇게 해서 마침내 '을사5적(乙巳五賊)'의 찬성을 받아낸 이토와 하야시는 고종의 윤허도 받지 않고 그들 스스로 외부인(外部印)을 탈취하여 조약문에 조인하였던 것이다.58)

이날 밤 조약이 체결되는 경위를 한 자료는 다음과 같이 기록하고 있다.59)

諸 대신이 즉시 어전회의를 열고 右 조건을 의논할 새 제 대신이 모두 '否'자로 반대한 지라 林 공사가 이 경황을 傍觀하더니 未幾에 홀연 일병이 다수 입궐하여 漱玉軒天陛呎尺에 重重圍立함 이 철통과 같고 銃刀가 森列한데 내정부 및 궁중에 일병이 森立하며 長谷川 대장과 伊藤 대사도 일시 도래하여 該 조건이 부결됨을 듣고 更히 회합하라고 追請하나 韓참정이 牢執不可라 한즉, 伊藤 대사가 참정의 손을 잡고 만반 간청하되 고집불청한대 伊藤 대사가 李 宮內府대신을 초청하여 알현을 청하되 마침 폐하께서 인후에 患候로 고통 하옵심으로 알현을 謝却하신대 伊使가 天陛呎尺에서 주청 알현하되 폐하께서 거절하사 가로되, 不必要見이오 出去하야 정부대신과 협의하라 下諭하신대 伊藤 대사가 퇴출하여 또 苦請 가로되 폐하께서 협의하라 하시니 다시 개의하라 하고 정부주사를 초치하여 該條議件을 更書하라 한대 參政 韓圭卨씨는 一直 반대하고 법부대신 李夏榮씨 · 탁지부대신 閔泳綺씨의 양 대신만 '否'자를 쓰고 외부대신 朴齊純은 '否'자를 쓰고 그 否자 밑에 註脚을 更書하여 가로되 만약 우조건에 자구를 稍히 변개할 경우에는 인준한다는 사항을 記한지라. 어시에 伊藤 대사가 發論 曰 然則조건을 當 변개하리라 하고 붓을 집어 두 세 곳

58) 外部印을 外部에서 강제로 탈취한 자는 일본공사관 통역 前間恭作과 외부 보조원 詔野라고한다(『皇城新聞』, 光武9년 11월 25일자 및 『日本外交文書』 제38권 제1책, 550~551쪽, 事項 11 「日韓協約竝統監府設置ノ件」(287) 「日韓協約調印事情ニ關スル新聞記事ニ付報告ノ件」 참조).

59) 『皇城新聞』, 光武8년 11월 20일자, 「五件條約請締顚末」.

에 塗改하더니 즉시 更議하라 하는지라 참정 이외에 법·탁지부 양 대신
만 부결하고 그 나머지 제 대신은 모두 可라 한지라. 韓 참정이 몸을 일으
켜 폐하께 알현코자 하되 不得入하고 夾室에 투입한 즉 已而오 幣原書記와
일병 및 일본 순사 등이 踏至하야 韓참정을 擁去하야 漱玉軒前 夾房에
구치하고 일병과 曹長 士官 등이 좌우파수 하더니 伊使가 입래하야 百端
으로 간청하다가 혹 위협으로 공갈하며 혹 감언으로 유혹하되 韓참정은
시종 듣지 않고 정색하며 가로되 나는 以身 순국이라도 결코 이 조항은
인준치 못하겠노라 한즉, 伊藤 대사가 노하여 가로되 만약 폐하의 칙명으
로 許하라 하여도 따르지 않겠는가 참정 가로되 此事에 대해서는 칙명도
따르지 않으리라 한대, 伊藤 대사가 크게 노하여 가로되 然則不忠之臣이
라 하고 퇴거하여서 궁내대신 李載克씨를 초청하여 使之天陛에 상주하
여 가로되 참정이 칙명도 따르지 않는다 하니 이는 不忠之臣이라 즉시
免官하소서 하고 또 외부대신 朴에게 명하여 외부의 印을 가지고 오라고
하여 참정의 不捺章은 무관하다 하고 나머지 대신만 捺章 하였으니 그
조건이 무릇 5개조라 하는 데 여좌하다(하략). (방점, 국문표기 – 필자)

이상과 같이 강제로 조약이 체결, 조인된 일시는 1905년 11월 18일
오후 2시경이었으며 조약문은 다음과 같다.

韓日協商條約[60]

한국정부와 일본정부는 양 제국을 결합하는 이해공통의 주의를 확고
하게 함을 원하여 한국의 富强之實을 인정할 시에 이를 때까지 此 목적
으로써 좌개 조관을 약정함.

[60] 한국은 이 조약의 명칭을 「韓日協商條約」이라 하고 일본은 「日韓協約」 혹은
「韓國保護條約」이라 하였다. 필자는 1964년 국사편찬위원회에서 『韓國獨立
運動史』 1을 편찬할 때 「을사5조약」을 「한일협상조약」이란 제목으로 논술한
바 있다. 또한 한일 양국 외교문서에 포함 전제된 이 조약은 다 같이 조약 명
칭이 기술되지 않고 전문과 조약문을 기재하였다. 또한 말미에 한일 간 서명
자는 일제 측의 하야시 곤스케(林權助)와 한국 측 외부대신 박제순(朴齊純)으

제1조 일본국 정부는 재동경 외무성에 由하여 금후에 한국이 외국에 대하는 관계와 사무를 감리지휘함이 가하고 일본국의 외교 대표자와 영사는 외국에 재하는 한국의 신민과 이익을 보호함이 가함.

제2조 일본국 정부는 한국과 타국 간에 현존하는 조약의 실행을 완전히 하는 任에 當하고 한국정부는 금후에 일본정부의 중개에 由치 아니하고 국제적 성질을 갖는 하등 조약이나 또한 약속을 아니함을 約함.

제3조 일본국 정부는 그 대표자로 하여 한국 황제폐하의 闕下에 1명의 統監(Resident General)을 두되 통감은 전혀 외교에 관하는 사항을 관리함을 위하여 경성에 주재하고 친히 한국 황제폐하에게 내알하는 권리를 가짐. 일본국 정부는 또한 한국의 각 개항장과 기타 일본국 정부가 필요로 인정하는 곳에 理事官(Restdent)을 두는 권리를 갖되 이사관은 통감의 지휘하에 종래 재한국 일본 영사에게 속하던 일체 직권을 집행하고 아울러 본 협약의 조관을 완전히 실행함을 위하야 필요로 하는 일체사무를 掌理함이 가함.

제4조 일본국과 한국 간에 현존하는 조약과 약속은 본 협약 조관에 저촉하는 者를 除하는 외에 모두 그 효력을 계속하는 者로 함.

제5조 일본국 정부는 한국 황실의 안녕과 존엄을 유지함을 보증함.

우 증거로 하여 下名은 각 본국 정부에서 상당한 위임을 받아 본 협약에 기명 조인함.

光武9년 11월 17일 외부대신 朴齊純

明治38년 11월 17일 특명전권공사 林權助 (국문표기–필자)

이를 분식해 보면 전술한 일제 측의 원안과 수식상 몇 군데에 약간

로 '大韓帝國外部大臣之章'이란 관인이 날인되었다. 그 후 오늘에 이르기까지 학계에서 이 중요 논제에 대한 충분한 연구 성과가 나오지 못한 것 같다. 그러므로 필자는 그동안 문제만 제기하고 못다한 이 과제에 대한 책임의 일단을 수행하는 뜻에서 본고 「을사5조약의 신고찰」을 논술하는 것이다.

의 차이는 있으나, 기본적인 내용에 있어서는 일제 측이 "수정은 결국 대체로 중대 관계없음을 인정하여 이를 용인"[61]하였다고 말한 데에서 도 알 수 있듯이 그 골격은 원안 그대로 체결된 것이다. 원안과 달라진 곳을 보면 첫째 전문(前文) 중에 "한국의 富强之實을 認할 時에 至할 때 까지"라는 말이 추가되었다. 이는 한국 측에서 이 조약의 유효기간을 정하든가 혹은 외교권 환부에 관한 규정을 따로 두자고 강력하게 주장 하자 이에 대한 무마용으로 이같이 현실성 없는 수식어를 넣었던 것이 다. 또한 제5조는 신설된 조항이었는데 이는 한국 측의 5대신이 찬성 하면서도 광무황제에게 자기들의 입장을 조금이라도 세우기 위해 이 토(伊藤)가 휴대해 온 일본천황의 친서문을 인용하여 간청하자 이토(伊 藤)가 체면상 넣도록 한 것이다. 다음으로 제1조 중에 "全然히 自行"이 라는 것과 제3조 중에 "專혀 외교에 관하는 사항을 감리하기 위하여"란 문구의 증삭이 있는 것도 예(例)의 황제에 대한 체면을 세우고자 "統監 은 내정에 간섭하지 않는다"라는 문구를 명기하자고 주장하는 바람에 이토는 이를 피하기 위하여 약간 고친 것이다. 이 조약의 체결에서 참 정대신 한규설(韓圭卨)과 탁지부대신 민영기(閔泳綺)·법부대신 이하영(李 夏榮)은 끝까지 '불가(不可)'를 주장하였고, 나머지 학부대신 이완용(李完 用)을 비롯하여 군부대신 이근택(李根澤)·내부대신 이지용(李址鎔)·외부 대신 박제순(朴齊純)·농상공부대신 권중현(權重顯) 등 '5적(五賊)'은 책임 을 광무황제에게 미루면서도 찬의를 표하였다. 광무황제의 태도는, 후 에 궁내대신으로부터 이 조인 전말을 듣고 "이와 같이 중요한 조약을 그와 같이 용이하게 급격히 체결을 보게 된 것은 千載의 遺恨"이라 하

---

61)『日本公使館記錄』,「1905년 保護條約」1, 103~105쪽,「轉國外交를 我手에 獲 得할 條約原 案에 對한 韓廷에 修正提議를 容認한 箇所及理由」참조.

며 "대신 등의 무능·무기력은 心外에 견딜 수 없다"고 개탄하였다고 한다.[62] 또한 대신이 퇴궐하자 체루수각(涕淚數刻)에 드디어 토혈(吐血)하며 "각 대신은 일본과 同腹이 되어 朕을 협박하여 조약을 조인하였으니 朕의 赤子는 일제히 일어나 此悲를 함께 하라"고 명하였다 한다.[63] 그리고 이 조약이 조인된 지 10일이 채 안 된 11월 26일 일제의 감시를 피하기 위해 비밀리에 청(淸)의 지부(芝罘) 경유로 미국에 체재 중이던 헐버트(H.B. Hulbert)에게 "朕은 총칼의 위협과 강요 아래 최근 한·일 양국 간에 체결된 소위 보호조약이 무효임을 선언한다. 朕은 이에 동의한 적도 없고 금후에도 결코 아니할 것이다. 이 뜻을 미국정부에 전달하기 바란다"는 내용의 밀서를 보내기도 하였다.[64]

그러나 조약이 체결되던 당일 밤에 이토(伊藤)의 알현 요청 시 이를 거절 하면서도 "정부대신과 협의하라"[65]고 책임을 대신들에게 미루었으므로 전제군주제하의 국왕으로서 광무황제의 책임이 면제될 수는 없다 하겠다. 이 조약의 체결로 한국은 외교권을 빼앗기고 일본의 보호국이 되었다. 을사5조약의 체결은 한국의 온 국민을 분노의 도가니

[62] 『日本公使館記錄』,「1905년 保護條約」1, 155~157쪽,「伊藤候來韓에 대한 第六回報告」참조.
[63] 『日本公使館記錄』,「1905년 保護條約」1, 112~113쪽,「報告」참조.
[64] 『大韓每日申報』號外, 光武9년 11월 27일자의「韓日新條約請締顚末」및 Gradjanzev, 『Modern Korea』, 33쪽 및 Oliver, 『Syngman Rhee』, 75쪽 침조. 光武皇帝는 그 후에도 끝내 이 조약의 인준을 거부하다 1907년 7월 헤이그밀사 사건을 계기로 강제 퇴위되고 말았다. 그러므로 현재 한말 각종 조약문서의 原本이 소장된 한국 측의 서울대학교 奎章閣과 일본 측의 그들 外務省史料館에는 이 조약문서의 경우 다른 조약문서와는 달리 한국 光武皇帝와 일본 明治天皇의 認準문서가 결여된 채 외부대신 박제순과 일본대표인 주한공사 林權助의 직인만이 찍힌 조약원본이 각기 소장되어 있다.
[65] 『皇城新聞』, 光武8년 11월 20일자의「五件條約請締顚末」및 『日本外交文書』제38권 제1책,「伊藤特派大使復命書」참조.

속으로 몰아넣고 거족적 항일운동을 촉발시킨 한 계기를 이루었다.[66]

4. 맺음말

본고는 일제에 의한 한국 식민지화 과정에서 문제시 되고 있는 을사 5조약을 고찰하여 을사5조약의 사실성과 허구성을 규명하여 일제침략 의 기본적 성격과 한국민의 항일의식에 대한 이해를 심화시키고자 하 였다. 이와 같은 취지에 따라 본문에서 서술된 주요 내용을 정리하면 다음과 같다.

러·일 양국은 1894년의 청일전쟁과 뒤이은 삼국간섭 이래 10년을 두고 한국을 독점하고자 대결하였다. 그러나 양국이 모두 제국주의적 야심을 가진 이상 서로의 양보가 있을 수 없었다. 이에 일본은 영일동 맹의 체결과 미국의 지지를 배경으로 무력을 통한 해결을 결정 하는 한편 한국에 대한 독자적인 식민지화 방침을 굳히게 되었다. 이 같은 방침에 따라서 일제는 러일전쟁의 도발과 한국을 군사적으로 강점, 지 배할 한국 주둔군의 파견, 그리고 그 무력을 발판으로 삼아 한일 의정 서의 체결을 계획하였다.

이와 같이 무력에 의한 한국 침략을 결정, 준비한 일제는 마침내 1904년 2월 6일 러시아에 대해 국교단절을 통보하는 한편 일본 군대의 출동령을 내리고 미리 편성해 놓은 한국 침략의 선발대인 '한국파견대' 의 출동을 명령하였다. 2월 9일에는 인천 앞바다에서 러시아 함대를 기습하여 이를 격파하고 이와 때를 같이하여 한국 파견군은 동월 8일

---

66) 을사5조약의 체결을 전후한 항일운동에 대해서는 崔永禧, 「乙巳條約締結을 前後한 韓國民의 抗日鬪爭」, 『史叢』 12·13, 1968 참조.

인천에 상륙하고 그 길로 서울에 진주하여 한국의 수도를 무력으로 장악함으로써 한국정부의 중립선언을 무력화시켰다. 이런 정세하에서 한국의 주권을 크게 제약하는 내용의 '한일 의정서'가 체결되고, 이는 후일 을사5조약의 기반을 닦아 놓는 조치가 되었다. 한일 의정서를 체결하여 정치적으로 한국의 식민지화를 위한 기반을 굳힌 일제는 이 조약을 근거로 「대한방침」·「대한시설강령」·「대한시설세목」 등 식민지화를 위한 대한경영의 세부 실천계획을 수립하여 시행하였다. 이 일련의 세부계획은 한국을 완전 '병탄'한다는 전제하에 군사·외교·재정 등의 모든 통치권을 장악한다는 것을 골자로 하였다. 또한 「한일 외국인고문 용빙에 관한 협정서」를 조인시켜 이른바 '고문정치체제'를 확립함으로써 그들의 침략정책을 뒷받침하였다.

한편 이를 전후하여 러일전쟁의 전황도 일본에 유리하게 전개되어 1905년 1월에는 여순(旅順)이 함락되고 3월에는 봉천회전(奉天會戰)에서 승리를 거두고 이어 5월에는 러시아의 발틱 함대가 일본군에 의해 궤멸되었다. 이와 같이 전쟁의 승세와 한국의 병탄을 위한 정치적 침략을 병행한 일제는 이를 확실하게 굳히기 위하여 법적으로도 한국을 병탄직전의 '보호국'으로 만든다는 계획을 세웠다. 먼저 이를 위한 준비로 한국의 외교권을 완전 탈취하기 위한 조약의 체결을 획책하였다. 이와 아울러 이 보호조약의 체결로 자국의 불이익을 염려하던 제국주의 열강에 대한 배려도 잊지 않았으며, 이에 따라 보호국화 결정과 동시에 이 결정의 국제적 승인 획득을 위한 공작을 벌였다.

이 같은 일본의 계획은 러일전쟁의 종전과 전후하여 차질 없이 진행되어 1905년 7월에 「가쓰라-태프트 비밀각서」의 교환에 의해 미국의 묵인을 얻고, 이어서 8월에 제2차 영일동맹의 체결로 영국의 동의와 아울러 9월의 러일 강화조약 체결의 결과로 러시아의 인정까지 얻어

냄으로써 한국을 보호국화 하려는 일본의 침략 의도는 주요 제국주의 열강의 지지와 묵인을 받기에 이르렀다.

한국을 보호국화 하기 위한 대외적 준비를 마친 일본은 현지에 조약문의 원안을 사전에 작성하는 등 치밀하게 보호조약의 체결을 위한 준비를 서둘렀다. 주한일본공사 하야시 곤스케(林權助)는 한국 주둔군 사령관 하세가와(長谷川)와 협력하여 이 조약체결을 총리할 일본 본국에서 급파된 이토 히로부미(伊藤博文)의 도착 즉시 계획을 실행하기 위해 만반의 준비를 갖추었다. 먼저 일진회로 하여금 보호조약을 찬성하는 내용의 선언서를 발표케 하여 여론을 조작, 한국정부가 사전대책을 세우려는 것을 저지하고 몇몇 매국적 대신들이 찬성하도록 사전에 매수하였다. 이와 함께 일본본국에서 증원병력을 받아 궁궐 주변 및 서울과 주요 도시에 만약의 사태에 대비하여 물 샐 틈 없는 경계를 펴는 한편 위협적 무력시위를 감행하기도 하였다.

현지에서 이처럼 사전 준비가 완료될 시기에 맞추어 이토 히로부미는 일본천황의 친서를 가지고 내한하였다. 마침내 일제는 광무황제와 한국정부의 대신들을 위협하여 국제법상 그 유례도 없는 '을사5조약'을 강제로 체결시켰던 것이다. 그러나 최고 통치자인 광무황제는 끝내 이 조약을 인준치 않아 절차상으로는 일제의 일방적 조약이 되고 말았다. 그럼에도 불구하고 이 조약의 체결로 한국은 일제를 지지한 제국주의 열강의 동조로 외교권을 빼앗기고 일본의 이른바 '보호국'이 되었다. 이는 곧 일본의 식민지가 된 것이나 다름이 없으며 미구에 명목상의 '합병'이라는 절차만 기다리고 있는 형편이 되고 말았다.

그 보다도 이 을사5조약의 체결은 한국의 온 국민의 분노를 폭발시켜 지속적이고 대규모적인 항일민족운동을 야기시킴으로써 이후 한국 민족주의는 새로운 단계를 맞이하게 되었다.

日本國政府及韓國政府는兩帝國을結合
호는利害共通의主義를鞏固케호믈欲호
야韓國의富强之實을認홀時에至호기
지此目的으로써左開條欵을約定홈

第一條　日本國政府는在東京外務省을
由호야今後에韓國이外國에對호는關係
及事務를監理指揮홈이可호고日本

第二條　日本國政府는韓國과他國間에現存
호는條約의實行을完全히홈을任에當호고韓
國政府는今後에日本國政府의仲介에由치
아니호고國際的性質을有호는何等條約이
나又約束을아니홈을約홈

第三條　日本國政府는其代表者로호야韓國

皇帝陛下의闕下에一名의統監을置호되
統監은專히外交에關호는事項을管理홈
을爲호야京城에駐在호고親히韓國
皇帝陛下께叩내謁見호는權利를有호日本
國政府는又韓國의各開港場及其他日本
政府가必要로認호는地에理事官을置호는
權利를有호되理事官은統監의指揮之
下에從來在韓國日本領事에게屬호든一

切職權을執行호고且本協約의條欵을
完全히其實行호믈爲호야必要호믈一切事務를
掌理홈이可홈

第四條　日本國과韓國間에現存호는條約及約
束은本協約條欵에抵觸호는者를除호는外에
完全히其效力을繼續호는者로홈

第五條　日本國政府는韓國
皇室의安寧과尊嚴을維持홈을保證홈

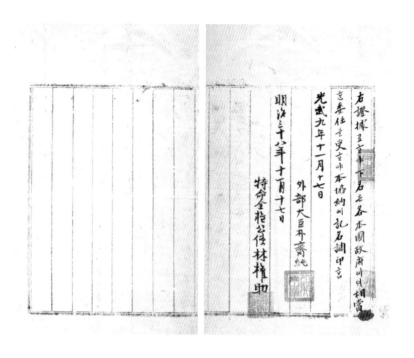

※ 국사편찬위원회,『國史館論叢』제51호, 1991에 게재된 글이다. 필
  자는 일제의 을사5조약 늑결 시의 정황을 규명하기 위하여 한중
  양국 정부에 전래 현전하는 문헌을 점검한 후 이 논문을 작성, 일
  제의 조약 늑결의 원 의도를 규명하였다.

경술국치를 성찰한다

일제의 '한국병합'과 한국민의 광복선언 및

전후 일본의 재침략 조짐

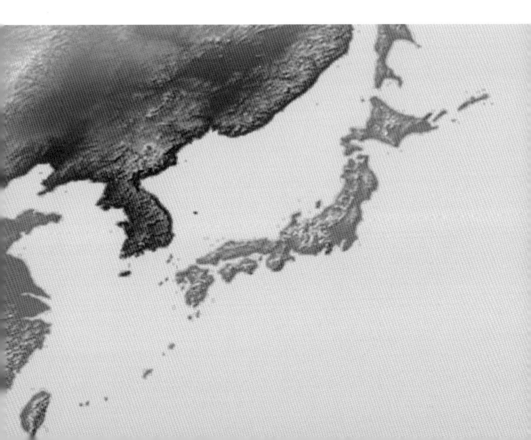

경술국치를 성찰한다
일제의 '한국병합'과 한국민의 광복선언 및
전후 일본의 재침략 조짐

1. 머리말

금년(2014년)으로 대한민국정부 수립 66주년을 맞이한다. 또한 한국 역사상 최대수치인 경술국치 104주년을 맞이한다. 일제 침략전쟁인 러일전쟁과 그 부수물인 을사5조약과 그를 이은 '한일병합조약' 강제 이래 1945년 일제 패망으로 민족해방 때까지 전후 50여 년에 걸친 미증유의 '민족수난'을 성찰하게 되고 후자에서 해방 후 60여 년에 걸친 광복사를 점검하는 계기도 되고 있다. 특히 민족적 과제인 남북통일을 전망하면서 무한경쟁을 예고하는 새로운 21세기 지구촌화 시대를 맞은 현 시점에서 우리의 지난 '수난과 격동'의 한 세기의 성찰과 회고는 오늘의 올바른 좌표를 찾고 미래의 밝은 진로를 마련하는 중요한 은감(殷鑑)일 수도 있기 때문이다.

1910년 경술국치를 전후해서 유사 이래 지켜온 나라를 잃은 우리 민족은 일제 '침략과 지배'에 그대로 굴종하지 않고 조국광복을 위하여 국내외에서 피로 점철된 민족운동 내지 조국독립운동을 해방의 순간 까지 강인하게 전개하여 마침내 일제의 패망을 기점으로 민족해방을 맞이했다. 1945년 광복의 새 역사를 연 것이다. 그러나 전후 50여 년에 걸친 일제 침략과 식민지 지배가 남긴 폐허 속에서, 더욱이 그 후에 뜻 하지 않게 밀어닥친 6·25의 전쟁이 겹쳐 동서고금의 유례가 드문 '빈 곤과 황폐'의 늪을 벗어나 해방된 민족의 새 나라를 건설하여야 될 간 난의 배경을 지닌 광복 60여 년의 역사이었다.

그럼에도 불구하고 우리 국민은 성실과 근면의 민족성을 바탕으로 첫째, 근대 산업화에 매진하여 빈곤과 후진국의 명예를 씻고 경제강국 으로 부상하였다. 우리 국민의 피땀 어린 결실인 것이다. 논자에 따라 서는 세계 10위 안팎에 경제성장국으로 논의하기로 하고 선진국 진입 의 문턱을 바라보기까지 논의하기도 한다. 둘째, 우리 역사에 관류하 는 민본주의(民本主義) 사상을 배경으로 온 국민이 민주화에 분투하여 자유민주주의 국가 건설에도 괄목한 진전을 이룩하였다.

그러나 호사다마인지 이와 같이 급속한 산업화와 민주화 과정에서 바라지도 않고 반듯이 깨끗이 버려야 할 부작용과 부패 오물도 쏟아져 나왔다. 그것은 지나친 물질만능주의와 분수없는 이기주의 팽배로 나 타났다. 그런 속에서 불의와 부정부패의 만연현상은 민족의 드높은 도 덕성을 훼손시키며 공익사회의 기반을 뒤흔들고 있다. 그보다도 국론 분열을 부채질하여 앞으로의 민족과 국가의 진로를 가로막는 병폐로 작용하고 있다. 이와 같은 병폐는 아이러닉하게도 산업화와 민주화를 솔선하겠다는 정경분야 일각에서 격심한 증상을 야기시키고 있는 것 같다. 이것은 바로 민족과 나라의 성장동력마저 무디어지게 하는 '내 우(內憂)'가 아닐 수 없다.

우리에게는 이와 못지않게 외환(外患)마저 심상치 않게 밀려오고 있

다. 그중에도 앞으로 한국과 가장 우호선린의 협력이 증진하여야 될
일본과 중국의 '새로운 침략기도'라 할 '외환(外患)'인 것이다. 중국은 몇
년 전까지 동북공정이란 이름의 역사침략의 것이 두드러지며 일본은
패전 후에 경제대국으로 성장한 여세로 몰아 수십 년 이래 집요하게
고집하는 '교과서 왜곡'에다 한일협정이래 강화되어 가는 '독도침략재
기도' 또한 근년 바싹 성하여진 군국주의 숭배와 계승을 상징하는 '야
스쿠니 신사참배강행' 그리고 그 심사를 알 수 없는 미일동맹의 강화
등등 새로운 침략주의 조짐이 뚜렷하다. 최근에 이르러서는 평화헌법
을 전제 전후 재생한 일본이 바로 그 헌법까지 폐기하고 군사대국으로
재등장하려는 조짐까지 나타나고 있다. 게다가 우리의 평화보장과도
밀접히 관계되는 북핵문제를 해결하려던 6자회담마저 순탄치 않고, 회
담 중에 핵폭탄을 만들어 몇 차례 시험까지 하였다.

현재 우리의 진로에는 이와 같은 '내우외환'을 슬기롭고 확실하게 걷
어내며 무한경쟁의 21세기 지구촌화시대 생존과 번영을 성취하여야
될 중요한 역사적 과제를 안고 있는 것이다. 환언하면 오늘의 과제는
대한민국의 완전한 독립과 평화가 보장되며 국민의 인권과 민권, 자유
등이 명백하게 신장되는 부강한 '선진 국가 건설'에 귀결된다고 하겠
다. 그를 위해서는 무엇보다 국론통일이 절실할 것이다.

2. 경술국치 – '한일병합조약'과 대한제국의 종언

1910년 8월 29일 발표된 '한일병합에 관한 조약'(이하 '한일합병조약'이라
약칭함 – 필자)은 명실상부하게 한국의 일제 식민지 전락을 명문화한 것
이다. 러일전쟁 도발과 아울러 시작된 일제의 한국 식민지화 추진은

'주한일본군'의 군사 경영을 주축으로 추진된 것이다. 1904년 2월 러일 전쟁의 수행을 구실로 서울을 비롯한 전국 중요도시와 요충지에 진입한 주한일본군은 서울 용산에 사령부를 두고 각 주둔지에 영구 군영지를 건설하면서 한국을 군사적으로 강점하였다. 이후 일제는 주한일본군의 무력을 앞세워 명의만 남은 한국정부를 회유 혹은 협박 등의 갖은 수단을 다하여 무력화시켜 가면서 끝내 그들의 괴뢰정부로 전락시켰다. 그보다 일제는 이와 같은 군사력을 앞세워 한국의 외교와 재정권을 탈취. 1905년 11월까지는 그들의 '보호국'으로 만들었다. 뿐만 아니라 한국의 내정, 경찰, 사법권 등을 장악하고 철도, 통신권을 접수함으로써 한국의 통치권을 행사하였다. 나아가 일제는 한국의 농·상·공 등 모든 산업까지 잠식, 끝내 한국의 식민지 체제를 구축하였다. 그리하여 일제 식민지의 완성을 선언하는 1910년 8월의 '한일합병조약' 반포에까지 이른 것이다.

이와 같이 주한일본군의 한국침략 이래 '한일병합조약'에 이르기까지 일제가 경영한 식민지 체제의 내용을 정리하면, 첫째, 러일개전을 핑계로 삼아 한국을 강점한 일제 침략군이 일진회 등 현지 친일세력의 도움을 얻어 전국적 항전을 벌이던 의병을 거의 잔인하게 '진압'하였다. 그리하여 실질적으로는 의병항전이 무력화되기에 이른 것이다. 일제 측으로서는 설사 의병 활동이 계속된다 하여도 그것은 한국 식민지 통치에는 별 지장을 미치지 못하는 것으로 판단하고 있다. 즉 '한일병합' 직전의 의병 동향을 일제는

> 정변('한일병합')에 즈음하여 전 한국을 통해 조그마한 동요도 있는 일이 없고 평화로운 사이에 時局을 종결시킬 필요를 생각해 暴徒(義兵)의 토벌과 北關 두만강 연안의 경비, 수도에서의 응급한 준비를 위해 (1910

년) 6월 중순부터 군대 배치 및 이동을 행하여 7월 9일로서 전부 완료하
였다. 당시 폭도로서 다소 저명한 것은 황해도 동북부와 강원도 북부의
蔡應彦이 거느린 한 집단과 姜基東도당이 있다. 두만강 대안에는 간도
및 두만강 하류 방향으로 北關에 침입하려고 기도하는 李範允의 도당과
노우키에프스크(煙秋) 부근의 최재형(崔都憲, 才亨)과 홍범도(洪範圖)가
거느린 것 등도 있다.

라고 파악하면서 의병 탄압을 위한 만전의 대책을 세워 놓고 있었다.

둘째, 사령부를 용산에 둔 '주한일본군'이 서울을 비롯한 전국 주요
도시와 요새지를 완전 장악하고 영구 군사시설을 건설, 군사적으로 한
국 영유를 완결시켰다. 한편, 3,400명 이상으로 알려진 그들 헌병과 4천
명의 헌병보조원, 그리고 경찰 등을 일본군 헌병대로 지휘체제를 일원
화시켜 그들로 하여금 '치안' 경찰의 임무까지 담임시켰다.

셋째, 주한일본군을 배경으로 일제 통감부는 한국정부를 정치적으
로 무력화시켜 한국 통치에 실권이 없는 명분상의 정부로 전락시키는
데 그치지 않고 통감부의 괴뢰정부로 개편하여 식민지 체제 확립의 앞
잡이로 만들어 놓았다. 한편, 한국정부 지휘하의 국군을 재정상의 구
실 등을 내세워 계획적으로 해산시켜 배일전력을 사전에 제거하였다.
1910년 국치 전후의 한국군대는 궁중 호위와 위장용으로 1개 보병 연
대 및 기병연대가 있었으나 이것까지도 엄중 단속시켰다.

이와 같은 일련의 상황은 일제가 그들 주한 일본군을 앞세워 한국을
상점하면서 완전히 한국의 주권을 유린하는 데 그친 것이 아니라 한국
정부를 괴뢰화시켜 정치, 경제, 사회, 문화 등 모든 방면에 걸친 주권
을 탈취 행사하여 실질상 한국을 식민지로 경영하고 있음을 의미하는
것이다. 이와 같은 식민지 경영의 현지하수인은 이토 히로부미(伊藤博
文)가 한국통감이란 직명 등을 띠고 내한하여 광폭하게 주동한 것이다.

그러나 일제는 이에 그치지 않고 명목상으로 국호와 황제가 남아 있고 정부가 존재하므로 이마저 완전 제거하여 명실상부한 일본의 식민지로 만들 '한일병합'이라는 수순이 필요하였던 것이다.

일제의 한국 식민지 체제의 확립이 이와 같은 상황에까지 도래하였으므로 이완용 이하 괴뢰화된 한국정부의 수괴들은 물론 모든 친일세력들은 일제에 의한 '한일병합'이란 조치는 불가피할 뿐만 아니라 당연한 것으로 인식하고 오직 남은 것은 '병합' 선언 직전까지 친일에 앞장서 일제에게 '공로있는 한인'인 자기들의 차후의 부귀영화를 보장받은, 일제의 '천황(天皇)의 관인(寬仁)'한 처분(일제의 은전)만을 기다리는 상황이었다. 그것마저도 가증스럽게 '황제(皇帝)의 안녕(한국 황제의 사후안녕)을 확실히 확보'한다는 명분의 그늘에서 조금이라도 일제에게 많은 공로를 세우려고 경쟁까지 벌이는 상황이었다.

'한일병합'이란 식민지화의 마지막 조치의 일제 측 하수인인 현직 내각의 육군대신 데라우치 마사다케(寺內正毅)가 한국통감이란 직명을 띠고 마침내 본국 일왕으로부터 '병합'을 결행하라는 '유지(諭旨)'를 받고 그해 7월 23일 부임하였다. 이와 전후하여 이완용, 송병준 등 부일두목들은 서로 경쟁하다시피 데라우치에게 하수인이 되기를 자원하여, 결국 내각총리대신이란 명칭을 띤 이완용이 데라우치에 의해 지명되었다. 그 방법은 '합의적 조약' 즉 '한일병합조약'을 체결하는 것으로 꾸미고 형식은 한국 황제가 일본천황에게 자진하여 '한국의 통치권을 영구히 양도'하는 것으로 하고, 그에 관한 모든 문안과 절차는 데라우치가 본국 정부에서 훈령을 받은 것에 따랐다. 따라서

　　짐은 동양의 평화를 공고히 하기 위하여 (중략) 한국의 통치를 모두
　짐이 가장 신뢰하는 대일본 황제폐하에게 양여할 것으로 결정하여 (중

략) 내각총리대신 이완용에게 대일본제국 통감 데라우치 요시히도와 회
동하여 상의 협정케 한다.

는 이완용의 신임장 내용부터 전문과 8개조의 「한국 병합에 관한 조약」
과 그밖의 모든 것이 데라우치가 본국 정부에서 훈령 받은 '괴문안'이
라고 할 수밖에 없는 것을 받아 억지로 한국 측의 제안으로 위장 발표
한 것이다.

명목상의 주권마저 강탈해간 '한일병합조약'의 체결이 이와 같이 일
제의 하수인 데라우치와 '토왜(土倭)의 수괴'로 불리던 이완용 사이에
한국 국민의 의사와는 무관하게, 더구나 한국민의 의지에 반하여 자의
적으로 합의의 형식(조약)을 빌어 체결된 것으로 발표하고 말았다. 이로
써 한국에서는 국호와 정부, 황제 등 일체의 주권적 표현마저 사라지
고, 대신 일본의 식민지 통치기구인, 통감부를 확대한 조선총독부(朝鮮
總督府)가 생겨 명실상부한 무단통치하에 들어가게 되었다. 이와 같이
민족사에 참담한 오물인 '병합조약'을 체결하는 대가는 오직

현 내각대신으로 그 유종의 직책(일제 괴뢰내각 대신으로서의 임무)
을 다하고 원만히 시국 해결('병합조약' 체결)을 수행함에 있어서는 특히
달리 발탁되어 특별한 恩賞과 榮爵을 받고, 거기에 더하여 평생 행복한
생활을 하기에 족한 賜金이 내려질 뿐 아니라 모두 중추원의 고문에 임
명되어 장래 시정상의 자문을 맡고 명예를 거머쥘 수 있다.

라는 것이다. 그중에서도 이 조약 체결의 하수인 집단의 두목인 이완
용은 특히 '사금(賜金)'과 '백작(伯爵)' 작위를 받아 일신일가의 부귀의 발
판을 마련하였다.

'한일병합조약'이 이와 같이 일제의 자의적인 초치와 그를 그대로 추

종한 괴뢰 친일 이완용 내각간의 암거래였음은 조약 체결 중 논의된 "첫째, 韓國의 국호를 朝鮮으로 고칠 것, 둘째, 皇帝를 李王殿下, 大皇帝를 太王殿下, 皇太子를 王子殿下라 칭한다"라고 한 대목에서도 여실히 그 실상이 부각된다. 즉 조약 체결 시 한국 황제가 자진하여 한국의 통치권을 영구히 일본 왕에게 양여한다는 등 '유구한 역사와 문화를 지닌 나라'를 완전히 말살하는 내용의 조약문이나 그 절차 중의 본질적인 것에 대하여는 데라우치가 지시 하는 대로 순종하고 말았다. 단지 "국호는 의연 韓國으로 하며 皇帝에게는 王의 존칭이 부여되어야 한다"고 이견을 제시하며 그 이유로

> 주권 없는 국가 및 왕실로서는 단지 형식에 지나지 않는다고 할지라도 일반 일반 인민의 감정에 미치는 바 적지 않아 일찍이 한국이 청국에 예속된 시대에도 여전히 국왕의 칭호는 존재하였던 역사가 있기에 왕호를 부여하여 그 종실의 제사를 영구히 존속시켜 인민을 융화하는 한 방편이 되어 소위 화애협동(和愛協同)의 정신에도 부합되는 것이다.

고 주장하였으나, 그것이 둘 다 본질적으로 반영되지 못하고 속임수의 내용으로 분식되어 절충 시행되었던 것이다. 그리하여 대한(大韓)이란 국호는 아주 없애버리려 하였으나 인민의 동요를 우려하여 "韓國의 국호를 고쳐 지금부터는 朝鮮이라 함"이라고 하여 우리나라 국호가 '대한'에서 '조선'으로 변경되는 것으로 위장하였다. 그러나 이것은 일본에 편입된 식민지의 지명에 불과한 것으로 나라를 없애면서 한국 민족을 잠시 현혹시켜 그들의 식민지 조선을 경영하려는 계략에 불과하였다. 그러므로 일제의 헌법에는 일본 국토에 대하여 그들 종래의 "本州와 九州, 四國, 北海道 및 대만과 그 부속도서"에서 "본주와 구주, 사국, 북해도 및 朝鮮, 대만과 그 부속도서"로 한다고 정리, 조선을 명백하게

일본의 '신영토로 편입된' 지역으로 규정하였던 것이다. 따라서 조선인은 조선에 사는 그들의 새로운 '부용민'이므로 조선총독부는 그들을 통치하는 권부로 사용한 것이다. 이와 같이 '병합조약'에 의하여 대한의 국명은 강제 금지되고 조선을 우리나라와 민족의 비칭(卑稱) 내지 그들 식민지 지명으로 왜곡 강제하면서도 그를 숨기기 위하여 '국호개정'이란 칙령까지 이용한 것이다.

그러나 우리 민족은 일제의 이와 같은 의도와는 관련없이 '조선'이 유구한 국명일 뿐 아니라 민족의 자존 자립의 개념을 지닌 미칭의 국명으로 식민지통치 전 기간에 걸쳐 사용하였으며 '대한'이란 일제가 강제로 없앤 조국을 의미하는 개념으로 간주, 그 부흥을 위해 민족적 항쟁을 계속하였다.

다음으로 황제(皇帝) 칭호에 대해서는 처음에 나라가 없어졌으므로 사용할 수 없으니 '태공(太公)'이라 하고 황태자를 '공(公)'이라 할 것을 제시하였다가, 곧 인심의 동요를 막기 위하여 '이왕(李王)', '이왕자(李王子)'로 고쳐 단지 이씨왕실(李氏王室)의 제사자(祭祀者)로서의 명칭만을 유지하게 한 것이다. 즉, '왕(王)'이란 명칭이 있다 하여도 그 위에 '이(李)'를 첨가 '이씨왕실(李氏王室)'의 개념만을 취하게 한 것이다. 이와 같이 일제와 그들의 괴뢰정부인 이완용의 한국정부 사이에 맺은 식민지화를 명실상부하게 확정짓는 '한일병합조약'의 발표 절차도 만약 한국정부가 반대하여 성사되지 못할 경우에도 대비하여 일방적으로 병합을 단행하는 선언서까지 마련하였으나 괴뢰정부 부일배들의 자진협력으로 그것은 무용화되고 말았다.

이와 같이 일제의 하수인인 데라우치 통감과 그들의 괴뢰로 전락한 토왜(土倭)의 괴수 이완용 사이에 암거래로 맺어진 괴문서인 '한일병합조약'이 자주국 한국 인민의 의사와는 전혀 상반된 원천무효의 불법조약, 곧 '국죄범죄'였다. 그러므로 나라가 망한 사실조차 모른 채 국내에서는 주한일본군의 대탄압을 피해 산간벽지로 숨어든 의병의 항일전만이 간간히 치뤄질 뿐 일제 측 주장대로 '겉으로는 평온한' 편이었다. 그러나 외신을 통하여 '병합조약' 늑결 사실을 알게 된 국외 한인들은 즉시 조약의 불법성을 성토하면서 그 무효를 선언하고 나섰다.

이러한 망국조약을 일본인은 일한병합(日韓倂合)이라 칭한다. 일본의 한국 병탄(倂呑)을 약간 미화시킨 말이다. 더욱이 한국 친일파들은 한일합방(韓日合邦)이라 선전한다. 한국과 일본의 두 나라가 합하여진 것이라는 것이다. 그러나 국내외에서 활동하던 과복운동자와 뜻있는 한국인은 경술국치(庚戌國恥)라고 한다. 역사상 최악의 국치민욕(國恥民辱)을 맞은 것이라고 절치부심한 것이다.

3. 성명회의 '한일병합' 반대성명서

미국 워싱턴의 국립문서보관소에는 1백여 매에 달하는 「성명회선언서」 한 질이 고이 보관되어 있다. 이 문서는 한국 독립 운동사를 상징하는 귀중한 자료 가운데 하나이다. 곧 이것이 1910년 8월 '한일병합'에 대한 한민족의 반대결의와 독립의지를 천명한 최초의 선언서에 해당되기 때문이다.

「성명회선언서」에는 국망을 앞두고 블라디보스토크를 비롯한 연해주와 서북간도를 비롯한 중국령 각처로 망명한 유인석(柳麟錫)·이범윤(李範允)·이상설(李相卨)·정재관(鄭在寬)·이남기(李南基) 등 의병 또는 애국계몽운동자와 김학만(金學萬)·김만겸(金萬謙)·유진율(俞鎭律) 등 그곳 한인사회의 지도자가 포함된 총 8,624명에 달하는 민족운동자들의 서명록이 첨부되어 있다. 이들은 1910년 8월 초에 접어들면서 전문(傳聞)과 외신을 통해 일제의 조국 식민지 지배를 확정짓는 '한일병합'에 대한 소식을 접하였다. 그곳 민족운동자들은 이러한 비극적인 상황에 직면하여 거족적 국권수호투쟁을 전개시킬 새로운 전기를 만들고자 고심하였다.

연해주의 한인들은 1910년 8월 23일 블라디보스토크의 신한촌(新韓村) 한민학교(韓民學校)에서 한인대회를 열어 성명회(聲明會)를 조직하였다. 그 목적은 '대한의 인민은 어떠한 경우에도 그 지위를 잃지 않고 대한의 광복을 죽기로 맹세하고 성취한다(我大韓人民 將不失大韓人民之地位 勿論何樣手段 期復我國權而後己)'는 것이었다. 회명은 '성피지죄 명아지원(聲彼之罪 明我之冤)'에서 취하였다. 또한 주지는 광복을 위해 '한민족의 모든 역량과 수단을 모아 항일독립운동에 나아갈 때 민족의 시련을 극복하고 독립의 영광을 찾게 된다'는 것이었다. 그들은 성명회를 통하여 그 종지를 내외에 알리고자 하였다.

1910년 8월 23일 하오 4시 끝내 블라디보스토크의 다레카야 우크라이나(Dalekaia Okraina) 신문에 입전(入電)된 비통한 기사가 전해졌다. "한일병합은 22일 조약에 조인을 마치고 29일과 30일의 이틀에 걸쳐 일반에게 발표한다"는 확실한 국망을 알리는 기사였다.

이 소식을 접한 한인 2백여 명이 즉시 신한촌 한민학교에 모였다. 그들 가운데는 흐느끼는 이가 많아 회의는 비통한 분위기 속에서 진행되었다. 회의가 진행되는 동안 회중은 7백여 명으로 늘어났다. 한인들은 이 회의에서 바로 성명회를 조직할 것을 결의하고, 한인의 울분과 결의를 담은 비분강개한 어조의 다음과 같은 「성명회취지서」를 발표하였다.

　　슬프다, 해외에 거류하는 우리 동포여, 동포는 한번 머리를 들어 우리 조국 한반도를 돌아보며 한번 뇌를 기울여 우리 동포 조선민족을 생각할지어다. 저 화려한 3천리 강산은 우리 시조 단군의 세전물이 아니며 신성한 2천만 민족은 우리 시조 단군의 혈손이 아닌가. 우리의 사랑하는 바도 이 한반도 이 조선족이며 우리의 공경하는 바도 이 한반도 이 조선족이라. 잊고자 하여도 가히 잊을 수 없으며 떠나고자 하여도 가히 떠날 수 없는지라. 이러므로 우리는 차라리 2천만 두뇌를 능히 베어 버릴지언정 5천년 조국은 버리지 못할지며 차라리 우리의 생명은 능히 바칠지언정 타족의 노예는 되지 못할지로다. 그러므로 저 악한 무도한 왜적이 근수십 년 이래로 저들의 일시 강력을 믿고 우리의 황실을 핍박하며 우리의 정부를 위협하여 1차에 외교를 늑탈하고 재차에 내정을 간섭하여 우리의 독립 주권을 침해하며 우리의 부모형제를 학살하며 우리의 가옥 토지를 강탈하여 우리와 더불어 하늘을 같이 하지 못할 원수를 지음은 우리 동포 가운데 누가 마음이 아프지 않으며 누가 떨리지 아니하리오. (중략) 조국을 사랑하며 동족을 사랑하는 우리 동포여 급히 힘을 모아 소리를 같이 하시오. 동포에게 바라는 바는 다만 뜻을 같이하며 소리를 같이 할 뿐이오. 동포의 없는 흠을 구함이 아니오니 어서 빨리 찬성하여 우리의 목적을 달하며 우리의 부끄러움(國恥民辱)을 씻게 하옵소서. 아! 주저하지 말지어다. 우리 사랑하는 동포형제여, 지체하지 말지어다. 우리 사랑하는 동포여.

　　아울러 일본정부에는 국제공약의 배신을 맹렬히 비난하는 공한을 보내고, 각국 정부에는 '병합무효'를 선언하는 전문과 성명회 선언서를 보내기로 결의하였다. 그 가운데 8월 26일 오후 미 국무장관에게 도착한 성명회의 전문은 다음과 같다.

　　성명회(한국국민회)는 일본 측의 무자비한 적대행위에 대한 항의를 유럽 여러 강대국과 미국 · 중국에 제기합니다. 이미 체결된 조약에 대해 일본 측은 반복적인 위반을 해 왔습니다. 그것은 유혈의 양상을 띠고 국제법을 위반해 왔고 정의 · 법을 무시해 왔습니다. 그러한 행동을 저지하기 위해 우리는 충분히 강한 조치를 취할 수가 없습니다. 한국의 병합은 우리 국민 스스로가 원하는 바가 아니라는 점을 명백히 알립니다. 그것은 폭력에 의해서 우리에게 강요되고 있을 뿐입니다. 일본의 폭력적인 한국병합은 평화의 위반일 뿐만 아니라 미래의 영원히 휴전 없는 투쟁을 의미할 뿐입니다. 우리는 국제법과 정의를 존중하는 귀정부가 세계열광과 특별한 관계를 유지해 온 우리의 태도를 앞으로도 계속 고수할 수 있도록 일본의 한국병합을 반대하는 데 적절한 태도를 표명해 주기를 바라는 바입니다.

이와 같이 시작된 성명회의 '병합' 반대운동은 그날 밤으로 청년 50여 명이 결사대를 조직하여 일인 거류지를 습격하는 것으로 격화되었다. 당황한 일본 영사는 급히 러시아 현지 군무지사와 경찰서장에게 일인의 보호를 요청하여 화를 면하는 형편이었다. 이튿날 한국인들의 활동은 더욱 격앙되어 결사대의 수는 1천여 명으로 늘어났으며, 연약한 부녀자들까지 여기에 가담하기에 이르렀다. 또 그 다음날 26일에는 러시아 군경의 제지로 블라디보스토크 시내에서는 모임을 갖지 못하게 되자 서북방 2km 지점에 있는 '친고재'에 다시 모였다. 여기서 성명회의 주요인물 50여 명이 빗속에서 조국독립의 결의를 재다짐하는 한편, 이범윤(李範允)이 제의한 '두만강의 결빙기를 기다려 의병 2백 명 단위로 부대를 나누어 국내진공작전을 벌여 총병력 1만여 명에 달하면 독립전쟁을 개시한다'는 안을 의결하기까지 하였다. 한편 성명회에서는 취지서와 각종 격문을 중국 · 러시아에 산재한 한인들에게 반포함으로써 그 활동이 확대되고 있었다.

성명회의 이러한 문건들에는 한인의 결연한 독립 결의를 천명한 뒤

독립의 당위성을 역설하며 열강의 지지를 호소하고 있다. 특히 「성명회선언서」에는 개항 이래 일제의 한국침략 정책과 한국의 실정이 논리적이며 객관적으로 논파되어 있다. 곧 성명회 선언서는 국망에 임해도 조금도 굴복하지 않고 발표된 한민족의 독립의지를 대변하는 최초의 항일독립선언의 원류가 되었다는 데 그 의미가 크다. 미국에 도착한 불문으로 된 선언서의 일부를 번역 소개하면 다음과 같다.

 한국인의 〈광복〉과업이 아무리 어려운 것이라 할지라도 한국인의 자유에 도달할 때까지 손에 무기를 들고 일본과 투쟁할 것을 각오하고 있습니다.
 단호히 행동하기로 결정하였습니다. 우리는 귀국 정부가 한국민이 한일병합을 원하고 있다고 생각하기를 원치 않습니다. 우리는 귀국 정부가 우리 국민 중에서 쓰레기 같음 몇몇 간사한 부랑자들 때문에 속았다는 사실도 알게 되기를 원합니다.
 우리는 다시 한 번 귀국 정부가 한국의 특수한 사정을 국제법에 의해 판단하고 정의와 인간 본성의 원칙에 의해 행동하며 일본에 의한 한국병합을 반대할 것을 청하는 바입니다. 한국인은 힘으로 빼앗으려는 행위를 귀국 정부가 인정하도록 하거나 세기 초에 그런 범죄가 문명의 역사를 말살하려는 것을 귀국 정부가 용납하지 않으리라고 감히 희망하는 바입니다. 한국인을 옹호해 주십시오.
 한국인을 옹호함으로써 귀국은 권리를 행사하고 정의를 수호하게 되는 것입니다. 한국인을 수호해 주십시오. 한국인을 수호함으로써 귀국은 오랜 친구를 구원하는 것입니다. 귀국 정부에게는 이것이 영광과 명예가 될 것입니다. 귀국의 불의를 두둔하기 위해 수 세기 이래로 귀국의 명예와 영광을 이루고 있는 원칙들을 포기하지 않기를 희망하는 바입니다.
 우리는 세계 속에서 대한국의 이름을 간직하고 한국민은 대한국인민이라는 지위를 걸고 잃지 않고 간직하기로 결정하였습니다.
 무슨 일이 닥치더라도 진정한 국민인 한국민은 자신의 자유를 획득하기 위해 죽을 각오가 되어 있습니다.

성명회 한국인민총대 유인석
(8,628명의 서명록 첨부)

　미국정부에 성명회의 병합반대 결의를 알리는 전문이 도착한 것은 8월 26일이었고, 성명회선언서는 10월 1일 도착한 것으로 기록되어 있다. 그것은 아주 짧은 시일 동안 중국·러시아 일대에 산재하는 엄청난 인원의 서명록을 첨부한 까닭이라 생각된다. 미국무부 관리는 이 선언문에 다음과 같은 메모를 붙여 현재까지 보존하고 있다.

　　이 선언문은 성명회의 대표로부터 온 앞서 받은 한일병합 반대 전문에도 언급하였고, 과거와 현재에 있어서 일본의 한국 침략행위를 규탄하였다. 또한 최후까지 일본 침략자에 대항하려는 진정한 한국인들의 결의를 천명하였다. 그리고 한국을 지지하고 응원해 줄 것을 요청하였다.

　선언서의 원문은 중국에는 한문으로 된 원문 그대로 발송하였으나, 러시아·독일·영국·불란서·헝가리·오스트리아 등 구미 각국으로 보내는 경우에는 러시아어와 불어로 번역 작성되었다. 한편 성명회에서는 각국 정부에 보내는 선언서 외에 각국의 신문사 등 유력한 언론기관에도 한일합병 무효를 선언하는 한인의 결의문을 보내 그 내용을 게재해 줄 것을 요청하기도 하였다.

　이와 같은 성명회는 그 활동시에 위의 취지서와 선언서를 비롯하여 여러 가지 문헌이 작성되었겠지만 현재까지 알려진 중요 문헌은 일본문으로 번역되어 전하는 「성명회 취지서」와 미국과 독일·헝가리 정부에 보관된 프랑스어로 된 「성명회 선언서」 Protestation du Comité National Coréen 및 8천여 명의 서명록 등이고, 국제공약을 배신하고

'병합'을 단행한 일본정부에 보냈던 공한을 찾아볼 수 없다. 그러나 각
국에 보낸 성명서 발송 후 이어 「취지서재고」가 「성명회 취지서」를 보
완하면서 '한국인민'의 당면 실천강령으로, 첫째 '대한인민'의 지위를
끝까지 지키고, 둘째 '일제 신민'의 몸표(身標)는 죽기로 배척한다는 2개
조합을 제시한 것이다.

서명자는 성명회 주도자이며 「성명회 취지서」에 서명했던 유인석을
비롯해 이범윤·김학만·차석보·김좌두·김치보 등 6인이다. 유인석
과 이범윤은 저명한 의병장으로 성명회 조직 직전 13도의군의 도총재
와 창의총재(彰義總裁)에 추대되어 의병의 최후 항전을 기도하던 인물이
고, 김학만과 차석보·김좌두·김치보 등은 연해주 한인사회의 유지로
그 가운데 김학만은 블라디보스토크 한인사회의 자치기구인 한민회의
회장이며, 김치보는 한민한교 교장이고 또한 차석보는 항일언론인 『대
동공보』 사장이었다.

이 「취지서재고」는 러시아 이르쿠츠크시의 항일문서에서 나왔다.
이르쿠츠크 시는 바로 러시아 관헌이 일제의 항의에 굴복, 성명회를
탄압하면서 중심인물 20여 명을 체포하고 그 가운데 이범윤·이규풍
등 7인을 유배시켰던 연유 깊은 곳이다. 그러므로 이 「취지서재고」는
초기 연해주지역 한국독립운동사에 큰 자취를 남긴 성명회의 활동을
실증하는 중요 자료가 될 것으로 생각된다.

다음 글은 「취지서재고」 일부 글을 현대문으로 옮긴 것이다.

슬프다. 오늘 이후로는 다시 대한(大韓) 두 글자를 들어볼 수도 없을
지며 대한황제의 신민(臣民)도 다시 되어볼 수 없을지며 대한정부란 말
도 다시 하여 보지 못하리로다. 슬프다. 오늘 우리 대한의 신민이여, 어
찌 차마 우리의 대한이 저 일본의 영지(領地)가 됨을 보며 어찌 차마 저

원수의 일본 메이지(睦仁; 明治)가 우리의 임금이 되는 것을 보며 어찌 차마 저 무도불법한 일본관리가 우리의 상전이 됨을 보고 안연히 앉아 있으리오. 슬프다. 대한의 민족이여. 눈물이 뫼(山)가 되며 백골이 진토가 될지라도 우리의 무궁한 원(冤)과 우리의 무궁한 설움을 어찌 금하리오. 이러므로 우리 성명회(聲明會)에서 이미 전보로 합방반대사건으로 열국(列國)에 성명하였고, 다시 장서(長書), 「성명회(聲明會) 선언서」로 열국과 각 신문사에 일본의 불법행위를 공포하기로 의결하였사오며, 또한 최중요(最重要)한 사항을 좌에 열록(列錄)하여 위원을 파견하오니 우리 대한동포는 차기사항에 대하여 죽을 마음으로 맹세를 견확(堅確)히 세워 대한의 민족 되시는 본분을 잃지 마옵시고 우리의 오늘날 강개격렬(慷慨激烈)하온 충분의담(忠憤義膽)을 발로하시기를 천만 바라옵나이다.

제1조는 우리는 어떠한 경우를 당할지라도 대한인민(大韓人民)의 지위(地位)를 천하만국에 발표할 일을 맹세함.

제2조는 우리는 죽을지라도 일본인 몸표(身標)는 가지지 못할지며 만일 가지는 자는 어디까지든지 우리가 금지할 줄로 맹세함.

융희(隆熙) 4년(1910) 8월 일

4. 대동단결선언

제1차 세계대진 중 일제와 제휴한 러시아와 중국의 탄압 속에서도 내면적으로 조국 독립운동을 추진했던 연해주와 남·북만주의 민족운동자들은 물론, 국내외의 모든 민족운동자들은 대전 종말을 전후하여 보다 적극적으로 활동하기 시작했다. 그것은 세계대전의 종결과 관련하여 국제 질서의 큰 개편을 전제한 변화 속에서 한국 독립운동을 보다 적극적이며 효과적으로 추진하기 위해서이다. 첫째, 제1차 세계대전이 연합군 측의 승리로 굳어지는 무렵인 1917년 7월에 상해와 만주 및 연해주에서 활동하던 비중 큰 민족운동자가 공동선언 형식으로 국내의 모든 민족운동 단체와 독립운동자의 '대동단결(大同團結)'을 제창하면서 대한제국의 국권을 계승할 공고한 주권재민(主權在民)의 민국(民國)을 세우겠다는 의지를 표명하고, 그를 구현하기 위한 활동을 펴고 있었다.

이 대동단결선언에 연명한 인물은 신규식(申圭植)·조소앙(趙素昻)·신헌민(申獻民)·박용만(朴容萬)·한진(韓震)·홍위(洪煒)·박은식(朴殷植)·신채호(申采浩)·윤세복(尹世復)·조성환(曺成煥)·박기준(朴基駿)·신빈(申斌)·김규식(金奎植)·이일(李逸) 등 14명으로 그중 신규식을 비롯한 조소앙·박용만·박은식·신채호·윤세복·조성환·김성 등은 모두 1910년 국치 전후부터 해도간(海島間)과 상해, 또는 하와이 등지에 망명, 항일 독립운동에 심혈을 기울이던 저명한 민족운동자로 알려진 인물들이었다. 또한 이들의 선언 의지는 선언문 중에 "아한(我韓)은 무시(無始) 이래로 한인(韓人)의 한(韓)이요, 비한인(非韓人)의 한이 아니라 한인간(韓人間)의 주권 수수는 역사상 불문법(不文法)의 국헌(國憲)이요, 비한인(非韓人)에게 주권 양여는 근본적 무효요, 한국 민성(民性; 民族意識)의 절대 불허하는 바이다."라고 주장하는 바와 같이 한국의 주권은 한국인의 것이지 결코 이민족(異民族)에게 줄 수는 없는 것이고, 설사 준다 하여도 그것은 근본적 무효라는 '한인주권국가'의 개념을 갖고 이를 구현하는 것이었다. 그러므로 일제에게 침해당한 주권을 광복하기 위해서는 대한의 대헌(大憲: 憲法)을 제정하고 한민족을 통치할 유일무이의 최고기관(정부)을 조직하여야 된다는 것이다.

그들이 건립하려는 한인주권국가는 종래 군주제의 정체(政體)를 지양하고 주권재민(主權在民)의 공화정을 명백히 표방하였다. 그 이유를 선언문 중에 "융희(隆熙) 황제가 삼보(三寶; 人民, 疆土, 主權)를 포기한 (융희 4년) 8월 29일은 오인 동지가 삼보를 계승한 8월 29일이니 그간에 정식(停息)이 무함이다. 오인 동지는 완전한 상속자이니 피제권(彼帝權; 君主權) 소멸의 시(時)가 즉 민권발생(民權發生)의 시요, 구한(舊韓) 최종의 1일은 즉 신한(新韓) 최초의 1일이니"라고 하여 1910년 대한제국의 멸망으로 군주시대는 지났고, 이제는 필연적으로 주권재민의 공화정 시대가 도래 하였다는 인식의 논리를 제시하고 있다. 그러므로 이와 같은 주권재민의 공화정을 구현할 주체인 '국민동지'의 국가 광복에 대한 중대한 의무와 권리를 다음과 같이 강조하였다.

> 경술년 융희 황제의 주권 포기는 즉 아(我) 국민동지에 대한 묵시적 선위(禪位)이니 아 동지는 당연히 삼보를 계승하여 통치할 특권이 있고, 또 대통을 상속할 의무가 유하도다. 고로 2천만의 생령과 3천리의 구강과 4천년의 주권은 오인 동지가 상속하였고, 상속하는 중이요, 상속할 터이니, 오인 동지는 차에 대하여 불가분의 무한 책임이 중대하도다.

이와 같은 대동단결의 선언의 이념이 세계대전 중 더구나 일제에게 견제 당하던 중·러 양국의 통치하에서 활동하는 민족운동자들에게는 쉽게 구현될 방법이 없었다. 그러므로 국내외에 널리 반포된 이 선언은 목전에서 실익을 찾을 수 없었다. 그러나 대전 중에 국외 민족운동사들이 국내 정세에 능동적으로 적응하여 공화정체(共和政體)의 국민국가를 건립하고자 기도하였던 노력은 정당하게 평가되어야 할 문제라고 생각된다. 왜냐하면 3·1운동 중에 국내외 한인의 총의를 모아 중국 상해에서 선포된 대한민국과 그를 운영할 임시정부는 이와 같은 민족운동자들의 노력과 이념 등이 설립 배경으로 결집된 것이라고 볼 수도 있기 때문이다.

5. 대한독립선언서

국외 각지의 한인사회를 바탕으로 활동하던 민족운동자들은 1919년 2월까지에는 김교헌(金敎獻)을 비롯하여 김규식(金奎植)·김동삼(金東三)·김약연(金躍淵)·김좌진(金佐鎭)·김학만(金學萬)·정재관(鄭在寬)·조용은(趙鏞殷)·여준(呂準)·유동열(柳東說)·이광(李光)·이대위(李大爲)·이범윤(李範允)·이봉우(李奉雨)·이상룡(李相龍)·이세영(李世永)·이승만(李承晚)·이시영(李始榮)·이종탁(李鍾倬)·이탁(李拓)·문창범(文昌範)·박용만(朴容萬)·박은식(朴殷植)·박성태(朴性泰)·박찬익(朴贊翊)·손일민(孫一民)·신정(申檉)·신채호(申采浩)·안정근(安定根)·안창호(安昌浩)·임방(任垹)·윤세복(尹世復)·조욱(曺煜)·최병학(崔炳學)·한흥(韓興)·허혁(許爀)·황상규(黃尙奎)·이동휘(李東輝)·이동녕(李東寧) 등 39인의 민족운동자 명의로 「대한독립선언서(大韓獨立宣言書)」를 발표하고 3월에는 이를 해외 각지에 배포했다. 다만 공식적인 선포 절차는 없었던 것 같다.

'무오독립선언서(戊午獨立宣言書)'라고도 부르는 이 선언서는 일본 유학생의 2.8조선 청년 독립단 명의의 「독립선언서」이나 국내의 33인이 서명한 독립 「선언서」보다도 먼저 발표된 민족독립선언이라는 설도 있다. 즉 33인이 서명한 독립선언서를 비롯한 국내외의 모든 독립선언서류가 1919년(己未年)에 발표되었는데 비해 이 선언서만은 그 전해인 1918년(戊午年)에 발표되었다. 그러나 필자가 1971년 하와이 국민회 본부에 보관된 등사판으로 된, 발표 당시 송부받은 것으로 생각되는 선언서를 통해 확인한 바에 따르면 연기가 '단기 4252년(1919) 2월 일'로

되어 있었다. 음력으로 무오년 섣달그믐은 양력으로 1919년 2월 2일이 되어 이 날짜 이전에 발표되었다면 무오독립선언서라 하여도 틀린 표현은 아닌 것이다. 이 선언서의 연명자는 김교헌을 비롯, 김동삼·이상룡·김좌진·조용은(趙鏞殷)·이동녕(李東寧)·이시영·김학만·문창범(文昌範)·김약연(金躍淵) 등과 같이 남·북만주와 연해주에서 활동하던 인물 또한 신규식·김규식·박은식·신채호 등과 같이 상해와 북경을 비롯 중국관내에서 활동하던 인물, 그리고 이승만(李承晩)·박용만(朴容萬)·안창호(安昌浩) 등과 같이 민주 본토와 하와이세 활동하던 인물들이 포함되어, 요컨대 해외 각지의 저명한 민족운동자가 거의 망라된 것이다. 그러나 이들이 다 한자리에 회합하여 서명하였다기보다는 정신적으로는 서로 깊은 유대를 갖고 있던 민족운동자들이므로 시대사조에 순응한 민족독립선언의 굳은 의지를 공동 명의로 표명한 것이라고 할 수 있다.

「대한독립선언서」는 서두에

> 아(我) 대한(大韓) 동족남매(同族男妹)와 기아편구우방동포(曁我遍球友邦同胞)여, 아대한(我大韓)은 완전한 자유 독립과 아등(我等)의 평등복리를 아 자손 여민(黎民)에 세세 상전키 위하야 자에 이족(異族) 전제(專制)의 학압(虐壓)을 해탈하고 대한민주의 자립을 선포하노라.

라고 천명하여 한민족의 나라인 '대한'의 완전 자주독립과 주권재민으 '민주' 공화제의 국민국가를 선포한 것이다. 이것은 앞에서 설명한 「대동단결선언」의 '한인주권국가'의 개념과 그 국가의 주체인 '국민국가' 개념을 계승한 논리로

> 아 대한은 무시(無始) 이래로 아 대한의 한(韓)이요, 이족(異族)의 한

이 아니라 반만년사의 내치·외교는 한왕한제(韓王韓帝)의 고유권(固有權)이요 백만만리(百萬萬里)의 고산려수(高山麗水)는 한남한녀(韓男韓女) 공유산(共有産)이요 기골문언(氣骨文言)이 구아(歐亞)에 발췌(拔萃)한 아민족은 능히 자국을 옹호하며 만방을 화협(和協)하야 세계에 공진(共進)할 천민(天民)이라, 한(韓) 일부의 권(權)이라도 이족(異族) 양(讓)할 아(我)가 무(無)하고 한(韓) 일척(一尺)의 토(土)라도 이족이 점(占)할 권이 무하며 한(韓) 일개의 민권이라도 이족이 간섭할 조건이 무하며 아한(我韓)은 완전한 한인(韓人)의 한(韓)이다.

라고 주장한 것이다. 이와 같은 대한독립선언의 큰 의의는 국내외 각지에서 진행상 약간의 시일 차는 있지만 거의 동시에 추진된 3·1독립선언과 그를 이은 3·1운동의 기본사조로 선구적 의미를 갖는 것이라고 하겠다.

6. 맺음말 – 전후 일본의 재침략 조짐

1994년의 청일전쟁 이래 전후 50년에 걸쳐 침략전쟁에 광분하던 일제는 1945년 8월 무조건 항복을 선언하고 연합국이 제시한 카이로회담과 포츠담선언을 이행하게 되었다.

카이로회담과 포츠담선언의 종지(宗旨)는 그동안 침략전쟁으로 침탈했던 모든 타국의 영토는 원래 피침략국에 반환하고 한국과 같이 식민지 부용민으로 억압되었던 모든 인민은 해방시키며 침략으로 말미암은 학살과 파괴, 착취의 배상은 항복한 일본이 상환하도록 한 것이다. 그리고 연합국 점령하에 일본은 다시 침략전쟁을 감행하지 못하도록 일제의 군사력의 재건을 인정치 않은 평화헌법을 제정하게 하여 일본의 재생이 용인된 것이다. 이에 따라 국내외에서 오랫동안 피의 항쟁을 벌리던 우리민족은 해방과 조국광복의 새 역사가 시작되었다.

한편 침략전쟁 중 일제에게 침탈된 대만과 남북만주의 중국영토는 중국에 돌아가고 사할린과 그 부속도서 등은 러시아에 귀속되었다. 또한 필리핀과 인도네시아 등을 포함하는 넓은 동양전역에서 일본군과 그 부용세력은 모두 퇴출되었다. 말하자면 메이지유신 이래 일제가 국시(國是)로 추진하던 '대륙정책'은 완전 실패로 끝나고 그들 침략세력은 동양전역에서 축출된 것이다.

이와 같이 패전을 계기로 '일제'가 아닌 원래 '일본'으로 회기하게 된 일본을 전쟁피해국들인 한국과 중국은 물론, 관련국들은 앞으로 우호선린국으로 순탄하게 성장되기를 바랐고 또한 영·미·중을 비롯한 연합국이 이러한 일본의 재생을 적극 후원하였다.

그 후 일본은 한국의 6·25전쟁이란 전쟁경기를 편승하면서부터 차츰 경제대국으로 부상하였다. 그러나 평화지향의 일본국이 아닌 딴 모습도 차츰 보이기 시작하여 현재에 이르러서는 위험스러운 징조가 한두 가지가 아니다. 그중 우호선린관계의 증진을 가장 바라는 한국의 입장에서만 보아도 다음과 같은 일련의 난제들을 연이어 제기하여 위구심(危懼心)을 증폭시키고 있다.

첫째, 전후 경제대국으로 성장하면서 집요하게 추진하는 '교과서 왜곡'의 문제이다. 철저한 군국화로 시작한 메이지유신 이래 침략전쟁과 식민지 지배라는 지난날의 제국주의의 역사를 될수록 왜곡 분식하면서 그를 평화 일본국으로 이끌어 가야할 그들 국민교육용으로 고집하여 올바른 역사의식을 훼손시키고 있는 것이다. 시대역행적 황국사관을 버리지 못한 것이다.

둘째, 전후 새로 체결된 한일협정 이래 '독도재침략기도'를 더욱 강화시키고 있다. 독도(獨島)는 역사적 사실에서나 근대 국제법적 규범에서도 명백한 한국의 영토이고 우리나라 동해상 최동단의 도서인 것이다. 그럼에도 불구하고 일본은 자국도서라고 강변하면서 외교적 압력과 국제적 선전을 자행하고 있는 것이다. 그들의 속내는 독도뿐만 아니라 한국의 동해(東海)도 일본해(日本海)로 바꾸어 일본의 영해를 삼으려는 신제국주의 흉도까지 깔려 있지 않을까. 원래 일본해는 일본 본주(本州)의 동쪽 태평양쪽 연안을 '일본해'라 하던 것이다. 메이지유신이후 슬그머니 그들 본주 서쪽 동해연안을 일본해라고 표기 선전하다가 독도침탈을 강행하던 러일전쟁 전후로부터 우리나라 동해를 함부로 일본해라고 표기하며 국제적 선진을 강화시켜 가고 있는 것이다.

셋째는 일본정계인의 일본 군국주의의 상징인 야스쿠니신사(靖國神社) 참배의 강행이다. 야스쿠니신사는 일제의 전쟁범죄자들인 침략전쟁의 광신군인을 군신(軍神)으로 받들어 군국주의의 숭배와 계승의식을 부양시키는 그들의 성역이다.

넷째는 일제가 연이은 침략전쟁의 수행을 위하여 학병 지원병 징병 징용 혹은 정신대(군위안부) 등의 이름으로 강제 동원하여 희생시킨 범죄자료의 음폐와 나아가 그에 대한 사죄와 배상의 책임 회피 문제이다. 그밖에도 관동대진 시에 무고한 재일 한국인의 대학살을 비롯하여 여러 전쟁 중 도처에서 집단학살과 문화재 약탈 등 여러 부면에 걸친 범죄에 침묵하는 것이 산적하고 있다. 겉으로는 예의 바르고 친절한 일본인을 내세우지만 속으로는 이런 흉측하고 염치없는 짓을 버리지 못하는 일본 정경인들이 그들의 내외정을 좌우하고 있는 형세이다.

다섯째, 일본은 근래 두드러지게 자위대를 빙자하여 군사력을 증강하면서 미일동맹의 강화를 추진하여 100년을 내다보는 로드맵을 작성한다고도 한다. 더욱이 아베 신죠 집권 후에는 그들의 망언 망동은 이

제 공공연히 집단안보를 내세워 그들의 평화헌법마저도 폐기하고 군
사대국으로 재침략을 도모하려는 조짐까지 선명하게 부상하고 있다.
지난날 피해 당사국들의 의구심을 떨칠 수 없는 일이다. 관련국 모두
에게 평화애호의 역사정신과 지구촌화시대 필수적 우호협력의 시대정
신의 함양이 보다 절실히 요구된다.

※『三均主義研究論集』제37집, 삼균학회, 2014. 2에 수록된 글이다.
　　이와 관련된 참고 글은 「일제의 한국강점과 관련 조약의 허상」,
　　『朴미하일 모스크바대학 한국사 교수 8순 기념논총』, 1998.4와
　　모스크바, 『KOPER』를 참조.

3·1운동과 대한민국의 광복선언
및 임시정부, 임시의정원

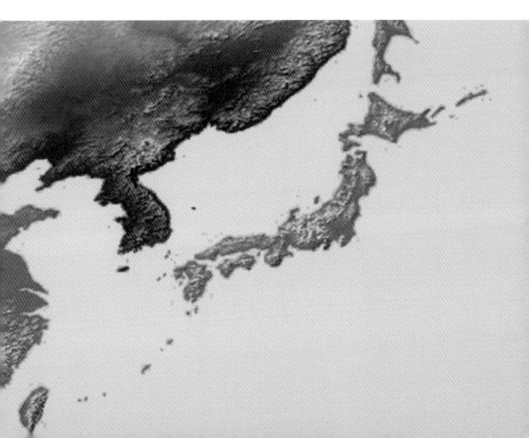

3 · 1운동과 대한민국의 광복선언 및 임시정부, 임시의정원

1. 3 · 1운동과 '대한민국'의 광복선언, 임시의정원, 건국강령

대한민국 임시정부는 3 · 1운동 발발 후 40여 일만인 1919년 4월 10~
11일에 중국 상해(上海)에서 그곳에 집결된 민족운동자들에 의하여 전
민족의 염원을 안고 성립되었다. 처음 일제의 가혹한 탄압 속에서
3 · 1운동을 주도한 국내외 민족운동자들은 다 같이 이 기회에 망명정
부를 세워서 국내외 독립운동을 주도하여 일제에게 강제 해체된 대한
제국(大韓帝國)이 근대 서구 문명을 받아드리며 그들과 같이 황제전제국
(皇帝專帝國)을 세우려던 대한제국은 주권(主權)과 인민(人民, 國民) 및 영토
(領土)를 넓이 4천여 리 길이가 5천여 리로 제정되었다.

또한 대한제국 대한민국(大韓民國)이라 제정된 국명(國名)은 3 · 1운동
중 대한민국의 광복선언(光復宣言)을 할 때 공식으로 제정 공포된 것이
나 일반적으로도 대한제국이 일제의 의하여 광폭하게 해체될 때 독립
운동계열에서 이미 '우리나라의 국명과 국체의 용례(用例)로도 사용되

었던 것이다.[1] 대한민국은 주권재민(主權在民)의 대한민국을 민주공화
제(民主共和制)를 실현하여야 하고 이를 차질없이 구현시키고자 임시정
부와 임시의정원을 수립하였다. 이와 전후하여 국내외 각지의 연락관
계와 사회적, 입지적 조건으로 말미암아 일제의 직접 식민치하에 있던
국내와 많은 한인이 거주하던 서북간도를 비롯한 남북만주 및 연해주
에서 상해 등지에 모인 독립운동가 특히 대한민국의 광복선언을 한 무
렵 이 같은 임시정부의 건립을 추진하고 있었다.

특히 상해는 이미 1910년 국치 전후로부터 민족운동자들이 망명하
기 시작하여 1912년에는 신규식(申圭植)을 비롯하여 김규식(金奎植)·신
채호(申采浩)·박은식(朴殷植)·조소앙(趙素昻)·문일평(文一平)·정인보(鄭寅
普) 등을 중심으로 동제사(同濟社)를 만들어 국내외 각지의 민족운동자
와 연계를 도모하면서 독립운동의 기반을 구축하던 곳이다. 게다가 제
1차대전 종전과 볼셰비키혁명 전후로부터는 러시아 연해주와 서북간
도를 비롯한 남북만주에서 활동하던 유수한 민족주의자들이 정치적
자유가 보다 보장되던 상해로 모이기 시작하였다. 그들은 1917년 그곳
에서 '대동단결선언(大同團結宣言)'을 발표, 임시정부 건립을 기획하기도
하였다.[2] 그리하여 3·1운동 한 달 만인 그해 3월 말까지는 그 수가 수
백 명을 헤아리게 되었고 4월에는 1천여 명으로도 호칭되다시피 한 곳
이다. 이들이 국내는 물론, 국외 각지의 민족운동자들과 연계를 강화
하여 대한민국의 수호 발전시킬 방략을 논의하고 대한민국을 받드는

---

[1] 高宗實錄 大韓國制 또한 光武皇帝卽位 行事 때 내려진 領詔文. 또한 일반적
  으로도 팽주관 교수는 대한제국 시기에 매일신보 등 언론지에서도 일반적으
  로 대한민국이라 用語를 사용하여 왔으며(『조선일보』, 2015년 3월 7일)에 밝
  히고 있다.
[2] 조동걸, 「임시정부 수립을 위한 1917년의 大同團結宣言」, 『한국학논총』 9, 국
  민대학교, 1897, 127쪽.

임시정부의 건립을 추진하였던 것이다.

상해 대한민국 임시정부의 성립을 전후하여 국내에서는 4월 23일 서울에서 13도 대표가 모인 국민대회 명의로 한성정부(漢城政府)가 선포되고, 연해주 블라디보스토크에서는 3월 21일 대한국민의회(大韓國民議會)에 의하여 러령정부의 임원이 선임되고 그 명단이 발표되었다. 또한 서북간도에서도 각기 대한군정부(大韓軍政府)와 북간도의 조선국민회(朝鮮國民會) 등이 건립되어 독립군의 편성과 활동이 시작되었다.[3]

그러나 각지에서의 여러 정부의 동시출현은 지역적 또는 추진인물들의 사상적 배경의 차이에서 연유된 면이 결코 없다고는 단정할 수 없으나, 처음부터 대립적 혹은 경쟁적 의도에서 나온 것이라고 해석될 수는 없다. 도리어 각지 민족운동자들 상호 간에 연락이 불충분하였던 점과 각지의 민족운동자들이 될수록 조속히 정부를 세워 대한민국의 광복을 영도할 최고 중추기관으로 삼고자 기도했던 충심에서 기원된 것이었다. 그러므로 각지의 임시정부는 곧 상해의 대한민국 임시정부로 통합운동이 활발히 전개되어 그해 9월까지는 대한민국을 수호, 광복을 추진할 대한민국 임시정부가 한민족의 정통성을 찾은 유일합법의 임시정부로 등장하였다.

특히 대한민국 임시정부는 창립 당시 경술국치 전후부터 서북간도를 중심한 남북만주와 연해주에서 '독립전쟁'을 기약하며 활동하던 민족운동자들이 대거 참여, 정부 건립과 초창기 발전을 주도하다시피 하였다고 할 수 있다. 그중 대표적인 인물을 들면 이동녕(李東寧) · 이회영(李會榮) · 이시영(李始榮) · 조완구(趙琬九) · 김동삼(金東三) · 신채호 · 조성환

---

3) 윤병석, 「북간도지역 獨立軍 名簿解題」, 『獨立軍 名簿』, 국가보훈처, 1997, 9~12쪽.

(曺成煥)·이동휘(李東輝) 등을 들 수 있다. 그중에도 이동녕은 개원 임시 의정원 의장이 되어 대한민국의 국호와 연호 그리고 '임시헌장' 등을 확정하고 국무원을 구성, 국무총리를 수반으로 하는 내무(內務)·외무(外務)·재무(財務)·법무(法務)·교통(交通)·군무(軍務)의 6부(部)를 두고 비밀 투표에 의하여 이승만(李承晩) 국무총리 이하 각 부 총·차장을 선출하게 하였다. 내무총장에 선임된 안창호(安昌浩)는 선임된 각 부 총장 중 가장 먼저 부임하여 임시정부 초창기 기틀을 닦았고, 이동휘는 연해주로부터 통합정부의 국무총리로 부임하여 '독립전쟁'을 준비하는 임시정부의 활동 방략을 주도하였다.

이와 같은 대한민국 임시정부는 비록 국내에서 정상적인 절차에 의하여 건립되고, 더욱이 국내에서 국민을 직접 통치하는 정부에는 미치지 못하고 중국 상해 일우(一隅)에서 '임시'의 두 글자가 붙은 망명정부일지라도 독립정신과 대한민국의 수호계승할 독립운동의 큰 결정체이며 이념이었다. 그러므로 대한민국의 임시정부는 잃었던 조국을 다시 찾기 위한 독립운동의 중추기관으로 특히 국치 이래 추진하던 '독립전쟁'의 총본영이라는 막중한 대업을 맡은 정부가 되었다.

2. 임시정부 성립초의 시정방침과 외교·군사활동

1) 임시정부의 시정방침

3·1운동중인 1919년 4월 상해에서 성립한 대한민국 임시정부의 최대 당면 과제는 국내외 여러 갈레 임시정부의 통합을 비롯한 온 민족역량의 집중 결속이었다. 이를 위하여 상해 임시정부는 우여곡절의 교

섭 끝에 그해 9월 초 연해주 대한국민회의의 러령정부와 합동하기로 하고 상해 임시정부 선포 당시 제정했던 10개조의 '임시헌장'을 전문 8장 58개조의 '임시헌법'으로 개정하면서 대한민국 임시정부의 법통을 국내에서 13도 대표가 국민대회를 개최 선포한 '조선공화국'의 '한성정부'에 근원을 두기로 제정하였다. 따라서 임시정부의 국무총리이하 각부 총장 등 국무위원도 한성정부의 명단대로 수용하면서 단지 외교적 편의로 집정관총재를 '임시대통령' 등으로 고치었다. 또한 상해 임시정부를 탄생시킨 입법기관인 임시의정원은 각도의 인구비례 대표제를 확장 구성하여 면목을 일시하였다. 이와 같이 해외 각 지역 임시정부 통합에는 미주에서 활동하던 안창호가 대한민국민회 대표로, 외지에서 부임하던 정부각료 중 가장 먼저 도착하여 내무 총장 겸 국무총리 대리로 임시정부 초창기 제반 제체를 주도하던 안창호의 활동이 두드러졌다.

대한민국 임시정부는 이와 같은 통합을 전후하여 조국 독립운동 방략을 포함한 「대한민국 임시정부 시정방침」을 마련하였다. 그중 국내외 한민족의 역량을 임시정부로 집중 통일시킬 내정(內政) 방침은 제1항에 다음과 같이 정리 제시되었다.

제1항 統一集中. 내외에 있는 國民을 연락 統一하여 중앙에 權力을 집중하여 我民族 전체로 하여금 一致 行動케 하기 위하여 다음과 같은 方針을 실행한다.
1. 聯通制 實施. 國內에는 各道 各郡에 聯通制를 실시한다.
2. 民團制 實施. 國外 각지에는 居留民團制를 실시한다.
3. 各團體 連絡. 內外의 각종 團體를 明細히 조사하여 정부의 主義 범위 내에서 행동케 한다.
4. 人物 聯絡. 내외 각지에 있는 민간 유력한 人物에 政府의 의사를

諒解시켜 그들의 意思를 수집한다.

5. 人物 集中. 각지에서 名望이 가장 높은 인원을 政府 所在地로 會同케 하여 諮詢機關을 설치하고 軍國大事를 협의 진행케 한다.

6. 宣傳員 派遣. 宣傳機關을 分置하여 선전방법을 강구하고 내외 각지에 선전원을 분파하여 각지 人民으로 하여금 정부의 主義에 일치케 한다.

7. 反徒 處置. 統一을 장애하는 分子가 생겼을 때는 德義로써 勸誘하고 그래도 따르지 않을 경우에는 이를 성토하여 국민에게 취향을 명시한다.

8. 視察員 派遣. 국내, 국외에 수시 視察員을 파견하여 聯通制와 居留民團을 시찰 지도한다.

9. 機關報 刊行. 신문 잡지를 간행하여 내외 각지에 主義를 선전 보급케 한다.[4]

요컨대 국내외의 모든 한민족은 대한민국을 보위 발전시키는 대한민국 임시정부의 '국민(國民)'으로 규정하고 그들이 조국독립을 주도하는 임시정부를 한결같이 추대하도록 집중 통일시켜 임시정부의 권능과 중앙집권적 권력을 행사하도록 9개 항에 걸친 구체적 방침을 제시한 것이다. 첫째, 국내외 모든 국민의 결속과 통치체제 확립을 위하여 국내에는 연통제(聯通制), 국외에는 민단제(民團制)를 시행하도록 조직화하는 것이다. 둘째, 국내외 각지의 각종 단체와 중요인물을 조사하여 정부산하에서 유기적으로 활동하게 하고 특히 각지에 산재한 명망 높은 인사를 될수록 정부에 모이게 하여 군국대사를 자문하도록 조처하는 것이다. 셋째, 정부시책을 효과적으로 홍보하기 위하여 선전기관을

---

4) 국회도서관, 「大韓民國臨時政府施政方針」, 『韓國民族運動史料』 중국편, 1976, 107~114쪽.

설치하는 한편 각지에 선전원을 파견하여 특히 연통제와 거류민단의
운영 등을 시찰 혹은 지도하도록 하는 것이다. 아울러 정부 홍보지로
신문과 잡지 등의 발행도 기획한 것이다. 넷째, 임시정부 시책에 반대
하는 반정부 행위자에게는 먼저 사리와 덕의로써 권면하나 그래도 좇
지 않고 반대하는 경우에는 그들을 성토하여 국민에게 '정부취향을 명
시'하도록 조치하는 방침인 것이다.

임시정부의 이와 같은 '통일집중' 시책을 국무원령 제1호인 「임시연
통제(臨時聯通制)」(1919. 7. 10)와 국무원령 제2호인 「임시거류민단제(臨時居
留民團制)」(1920. 3. 16) 등을 비롯한 국무원령 제3호인 「지방선전부규정(地
方宣傳部規程)」(1920. 3. 10), 내무부령 제1 · 2호인 「임시거류민단시행기일」
(1920. 3. 30), 「임시거류민단감독제」(1920. 3. 30) 등 관련 법규를 제정 시행
에 옮겨갔다.[5] 또한 임시정부 기관지로 이미 통합정부 수립전인 1919년
8월 21일 『독립(獨立)』을 창간하여 발행하다가 통합정부수립 후부터는
『獨立新聞』으로 확장 발행하는 한편, 『대한민국 임시정부 公報』를 발
행, 정부 시책을 홍보하기 시작하였다.

한편 임시정부 내정 관련 시정방침 중 중요면은 임시정부의 운영에
소요되는 예산을 비롯한 적극적인 조국광복을 위한 '외교(外交)'와 '군비
(軍備)' 충당을 위한 재원 확보에 중점을 두었다. 현실적인 면에서 임시
정부의 성패는 이와 같은 독립자금의 재원 충당을 위한 재정정책에 달
려 있다는 견지에서 위의 국내외 온 국민의 정부로의 집중통일시책도
그 핵심이 이와 같은 재정을 원활히 수행하기 위한 기본적 시책이었다
고도 할 수 있다. 위의 「임시정부시정방침」 중에 재정 수입에 관한 방

---

5) 한시준 편, 『大韓民國臨時政府法令集』, 국가보훈처, 1999, 95 · 231~237 · 240~
241쪽.

침은 제9항에서 다음과 같이 제시되었다.

제9항 收入. 이번 大業의 제반 經營은 財力 여하에 따라 성공을 기할 수 있으므로 상당한 金力을 준비하기 위해 다음 방법으로써 財政의 기초를 확립한다.

1. 人口稅 徵收. 국내, 국외, 일반, 인민에 人口稅를 법률에 의하여 징수하되 聯通府와 居留民團으로 하여금 행케 한다.

2. 愛國金 收合. 國民의 뜻에 의해 납부한 愛國金을 수합하고 有志의 외국인으로부터 義助하는 것을 수합해도 가하다.

3. 公債 發賣. 내외국인에 公債券을 발매하여 다액의 財力을 수입하기 위해 다음 방법을 취한다.

   (가) 財産 調査. 聯通府와 居留民團으로 하여금 본국 인민의 소유 財産을 명세하게 조사케 한다.

   (나) 財産等級에 의한 公債 分賣. 일반 인민의 所有財産等級에 따라 다음 비율로 公債券을 매수케 할 수 있다.

      5,000원 이상 10,000원 소유자는 40분의 1

      10,000원 이상 50,000원 소유자는 30분의 1

      50,000원 이상 100,000원 소유자는 20분의 1

      100,000원 이상 500,000원 소유자는 10분의 1

      500,000원 이상 1,000,000원 소유자는 5분의 1

      4,000원 이하는 수의로 한다.

4. 公債不許亂賣. 公債券을 亂賣하는 일이 없게 하고 聯通府와 居留民團으로 하여금 이상 3號의 조례에 따라 발매케 한다. 단, 외국인은 이 限에 있지 않다.

5. 公債發賣人 賞與. 公債를 발매한 인원에 대하여는 수입액의 10분의 1 이내로 賞與한다.

6. 臨時所得稅納. 일반 國民으로 하여금 각기의 소득을 비례하여 매월 혹은 매년에 납금케 하고 地主와 營業者는 소득의 30분의 1 이내,

勞動者와 小作人은 50분의 1 이내로 정할 수 있다. 단, 美領 혹은 기타 노동생활이 풍족한 지방에서는 20분의 1 혹은 30분의 1 이내로 행할 수 있다.

7. 外國借款. 一億圓 이하의 범위에서 외국 자본가 혹은 정부로부터 借款할 수 있다.

8. 實業과 金融機關 設置. 국내에서 수급한 財政을 이전에 편의케 하기 위하여 본국 上海間에 實業機關을 특설하고 金融機關을 점차 실시한다.[6]

이와 같이 임시정부의 재정수입은 국내외 모든 국민이 연통제와 거류민단을 통하여 징수하는 '인구세(人口稅)'를 비롯하여 국민이나 경우에 따라 외국인이 특별히 염출하는 '애국금(愛國金)' 및 '공채발매금(公債發賣金)'을 기본 재원으로 삼았다. 아울러 이를 뒷받침하는 임시정부령 제3호인 「임시징세령(臨時徵稅令)」(1919. 6. 15)을 비롯한 재무부령 제1호인 「인구세시행세칙(人口稅施行細則)」(1919. 6. 15) 법률 제4호인 「국채통칙(國債通則)」(1919. 11. 20), 「대한민국원년독립공채발행조례(大韓民國元年獨立公債發行條例)」(1919. 11. 20) 등을 제정 시행하였다.[7] 그러나 실제 운영상에서는 일제의 잔혹한 연통제 및 서류민단제 또는 교통국 등에 대한 탄압파괴정책의 강화에 따라 크게 위축되어 시일이 지남에 따라 인구세 등의 국내에서의 수입은 거의 차단되어 갔다. 그러나 비교적 경제사정이 양호한 미주교포들의 애국금과 공채수입 등은 초창기 임시정부 재정의 중요 몫을 차지하였다. 그 때문에 이승만이 현지에서 주관하던 구미위원부의 공채 판매 내지 애국금수납에 관련된 상해 임시정부와

---

6) 국회도서관, 「대한민국 임시정부시정방침」 제9항.
7) 한시준 편, 『대한민국 임시정부법령집』, 93~94 · 113 · 115쪽.

의 불화음이 끊이지 않고 계속 되기도 하였다.

또한 임시정부는 수입원 확대를 위하여 국내의 재산가의 재산보유 상황을 조사하여 재산 비례대로 공채분매(公債分賣)를 시도하기도 하였고 나아가 「임시소득세(臨時所得稅)」를 제정 국민의 소득비례에 따라 20~30분의 1 혹은 경우에 따라 50분의 1의 소득을 특별납세로 수납하는 방법까지 강구하기도 하였다. 한편 임시정부는 막대하게 소요될 '독립전쟁' 결행을 위한 군자금과 군비확장자금을 조달하기 위하여 외국 차관(借款)과 군사원조(軍事援助) 방안까지 강구하였다.

2) 임시정부의 외교와 대일항쟁

대한민국 임시정부의 최대 과제인 적극적인 독립운동 방략은 여러 면이 있으나 그것을 대별하면 '독립지원을 위한 외교'와 '일제와의 혈전(血戰)인 독립전쟁을 위한 군사(軍事)' 방략으로 대별할 수 있다. 그중 임시정부 성립초의 독립운동 방략은 군사면보다 외교활동에 보다 큰 비중을 둔 것 같다. 통합정부 수립전인 1919년 5월 11일 발표된 임시정부의 시정방침은 임시의정원 제4회 회집에서 군사에 관한 사항으로 '가급적 군사상 노력'이라고 애매하게 되었고 외교관계에 관한 것은 '1. 한일관계조사편찬-파리와 워싱턴에서 외교진행, 2. 김규식을 국제연맹회로 파송, 3. 서재필을 공식대표로 위임, 4. 외교원 증가, 5. 외국인 사용' 등을 거론하고 있다.[8] 또한 초창기 임시정부를 주도하던 안창호가 서간도(西間島)에서 활동 중인 이상룡(李相龍)과의 독립운동 방략을 협의하던 서한 중에서도 이상룡은 외교보다 군사위주의 방략을 주장하지

---

8) 「임시의정원회의록」(1919.7.8), 『증보판 安島山全書』, 흥사단, 1999, 629~630쪽.

만 안창호는 당면과제로 외교면의 위선시행을 주장하였던 것이다.[9] 더구나 국무총리로 정부수반에 선임된 이승만은 상해 임시정부에 부임하지 않고 워싱턴에서 구미위원부(歐美委員部)를 주관하고 애국금을 수납하는 한편 외교의 중요성을 강력히 주장하던 실정이었다.

그러나 통합정부수립 전후부터는 비록 외교위주의 방략은 상당기간 유지되지만 차츰 외교와 군사의 비중이 균형을 찾아가는 경향을 띠고 있다. 앞에 든 「임시정부시정방침」에서는 위선 일본과 국내에 유능한 조사원을 파견하여 일제의 대륙침략 정책 내지 태평양정책 그리고 그를 위한 군비확장의 내용 등을 탐사하게 할 뿐 아니라 국제정세의 동향도 조사하여 외교방향과 선전 자료의 기초로 삼는 한편, 이와 같은 일제의 침략주의가 세계평화를 파괴하고 한국을 비인도적으로 통치하고 있다는 실상을 실증하는 것을 주안점으로 두고 있다. 이와 같은 외교상 선전은 선전원을 직접 파견하여 수행함은 물론 각국 현지의 정당단체, 그밖에 언론, 교회 등에게 의뢰하기로 하고 혹은 원동(遠東)에 재류하는 구미인에게 의뢰하는 등 각종 방법을 강구하고 있다. 또한 중국에 대하여는 한중 친목회 같은 단체도 조직하여 중국 조야에 한국독립운동의 지원자를 넓혀가는 방안도 제시하고 있다.

특히 임시정부가 중시하는 중국과 러시아, 미국, 몽고 등 각국에 대하여는 다음과 같은 방침으로 교섭하기로 위에 든 「임시정부시정방침」 제8항에서 제시하고 있다.

> 제8항 交涉. 我民國과 특종 관계를 가진 諸國과 상호 제휴하고 기타 열국에도 同情을 얻기 위해 다음과 같은 방법으로 交涉을 실행한다.

---

9) 이상룡, 「答安島山 및 附原書」, 『石洲遺稿』, 고려대학교, 1973, 118~119쪽.

1. 中國外交團 編成. 中國外交의 적당한 인원을 선발하여 中國外交團을 편성하고 中國南北政府 各省 省長 및 督軍과 교섭하여 중국지방으로 하여금 我民國의 정치행동과 軍事 준비에 편의를 얻도록 꾀하며 중국사관학교에 아국 청년을 입학케 하여 我民國(약 10자 불명) 중국이 聯合行動할 것을 요구한다.

2. 露國에 交涉員 派遣. 러시아 外交에 적당한 위원을 선발하여 러시아 內政을 주찰하고 유력한 기관에 교섭하여 軍器와 軍需品의 공급과 我民國이 日本과 開戰할 때에 後援할 것을 요구한다.

3. 蒙古에 交涉員 派遣. 상당한 인원을 몽고에 파견하여 아민국이 日本과 개전할 때 원조케 한다.

4. 日美戰爭 促進과 軍事援助 要求. 美國에 派遣한 외교원으로 하여금 미국과 交涉케 하여 美日戰爭을 촉진하고 아민국에 대해 軍資, 軍器 및 軍需品의 대여를 요구한다.

5. 外國借款 交涉. 歐美에 있는 대자본가에 교섭하여 借款을 체결한다.

6. 日本을 꺼리는 諸國에 特別交涉. 오스트레리아, 기타 일본의 武力主義를 기탄하는 나라에 교섭하여 韓日 개전시 한국의 후원이 되게 한다.

7. 獨逸에 交涉員 派遣. 독일에 상당한 인원을 파견하여 군사상의 기술가를 고용하고 군기와 軍需品을 借入케 한다.

8. 英·佛·伊 3국에 대해 한일전쟁시 아민국에 동정케 하는 방책을 진행한다.

9. 新興小弱國에 交涉. 새로 일어난 소약국 등에 교섭하여 人材와 군수 및 군수품을 아민국에 원조케 한다.

10. 中日駐在 外交官에 交涉. 중국과 일본에 주재하는 각국 외교관과 교섭하여 아민국에 동정을 갖게 하는 방책을 진행한다.

11. 國際聯盟에 獨立承認 및 參加 要求. 국제연맹회에 대하여 대사를 파견하여 독립의 승인을 요구하고 또 한국이 국제연맹에 참가케 할 것을 요구한다.[10]

그러나 임시정부의 초창기의 역량으로서는 이와 같은 방침대로 실행되기는 어려웠다. 따라서 임시정부 성립초의 외교는 첫째, 파리강화회의에 많은 기대를 걸고 지원하였다. 이미 신한청년당 대표로 강화회의에 사행중인 김규식을 정부가 성립하자 외무총장 겸 임시정부 정권대표로 임명하고 적극 지원하였다. 이로부터 김규식은 임시정부 대표로 5월 10일에는 국내 2000만 동포를 비롯하여 서북간도를 중심한 남북만주·러시아 연해주·하와이·미주 본토·멕시코 등에 살고 있는 모든 한국민을 대표한 정권대사로 파리강화회의에 「독립공고서(獨立控告書)」를 제출, 독립지원을 기대하였다.[11] 그리고 그해 5월 24일은 프랑스의 내각수반이며 파리강화회의 의장인 끌레망소에게 임시정부 대통령 이승만 명의로 서한을 발송하여 강화회의에서 임시정부를 승인하도록 노력해 줄 것을 요청하기도 하였다. 김규식 대표단은 각국 대표단과 개별접촉까지 하면서 임시정부의 주장을 설명하였고, 각국 정부·국회·정치가·신문사 등 주요기구에도 독립공고서를 제출하였다. 따라서 각국 대표들은 개별적으로는 동정과 지지표시도 따랐다. 특히 구미열강에게 한국민의 독립투쟁과 임시정부의 성립과 활동 사실을 선전하는 큰 계기를 마련하였다.

그러나 정작 파리강화회의에서는 한국의 독립문제는 의제로조차 제기되지 않았을 뿐 아니라 도리어 베르사유강화조약의 체결로 제1차 대전을 결산하고 새로운 국제질서를 규정한 베르사유체제하에서 한국

---

10) 국회도서관, 「대한민국 임시정부시정방침」 제8항.

11) 이 문서는 The Representatives of the Korean Socialist Group의 명의로 제출되었다. 1. 한국의 현재 상황, 2. 한국의 국민성, 3. 일본의 세계평화, 4. 피압박 민족과 사회주의 등 4장으로 구성되었다. 또한, 이 문서는 강화회의 참가국들에게 3·1운동으로 수립된 대한민국 임시정부의 승인을 요구하고 있다.

인의 독립운동조차 인정되지 않는 비운의 상황으로 함몰하고 말았다. 전승국에 끼인 일본의 국제적 지위가 크게 향상된 까닭이다. 겨우 파리강화회의 직후 개최된 만국사회당대회에서는 한국독립문제가 의제로 논의되고 나아가 조소앙(趙素昂), 이관용 등의 대표가 제출한 「한국독립요구서」가 결의안으로 가결되는 성과도 거두었다.

임시정부는 이와 같은 파리강화회의에서의 외교 실패에도 불구하고 강화회의를 이어 제네바에서 개최된 국제연맹과 그 후 워싱턴에서 개최된 태평양 군축회담 및 소련에서의 극동인민대표회의 등 주요 국제회의에는 빠짐없이, 가능한 한 대규모의 대표단을 파견하고 각종 지원활동을 벌려 '임시정부의 승인'과 '한국의 독립'을 국제적으로 지원받고자 최대의 노력을 기울였다. 한편 임시정부는 김규식의 파리강화회의 대표단을 병합한 구미위원부(歐美委員部)를 워싱턴에 상설하고 구미열강에 대하여 독립지원 외교를 일관하여 추진하였다. 그럼에도 불구하고 소기의 성과를 번번이 거두지 못하자 임시정부의 독립운동의 방향은 '독립전쟁(獨立戰爭)'의 결행이나 '의열(義烈)투쟁'의 강화에 보다 큰 비중을 두는 성향으로 정책방향이 바꾸어져 갔다.

한편 임시정부 성립 초 대일항쟁 방법은 '혈전(血戰)의 독립전쟁'의 준비가 완성될 때까지 '평화적 전쟁'이라고도 부르는 '대적투쟁(對敵鬪爭)'의 계속과 강화책이었다.[12] 이와 같은 투쟁을 위하여 위의 「대한민국임시정부시정방침」에서는 제2항에서 다음과 같은 구체적 방침을 제시하고 있다.

제2항 對敵. 개전 준비가 완성할 때까지는 우선 現下로서는 일본의

---

12) 『獨立新聞』, 1920년 1월 8일자, 「平和的 戰爭과 戰鬪的 戰爭」.

통치를 절대 거절하고 완전히 독립한 의지를 표시하기 위해 다음과 같은
방법을 실시한다.

1. 示威運動. 필요한 시기에 국내 각지에서 示威運動을 계속케 한다.
2. 納稅 拒絕. 일반 국민으로 하여금 일본총독부에 일체의 세금 납입
   을 거절케 한다.
3. 訴訟 拒絕. 일반 국민으로 하여금 일본총독부 소속관청에 訴訟 기
   타 교섭을 단절케 한다.
4. 官公吏 退職. 일본총독부 소속의 한인관공리로 하여금 일체 퇴직케
   한다.
5. 日本年號 旗章 廢止. 일반 인민으로 하여금 일본의 年號와 旗章의
   사용을 폐지케 한다.
6. 日貨 排斥 獎勵. 일반 국민에 日貨 배척을 장려한다.
7. 日人法令 拒絕. 이상 6개조 이외에 어떠한 일인의 법령도 거절하는
   等事의 示威에 적합한 행동을 탐구 실시한다.
8. 臨時 炸彈 使用. 필요하다고 인정하는 시기에는 炸彈 등으로 敵魁
   와 倀鬼를 擊殺하고 혹은 그 營造物을 파괴한다.
9. 國內 敢死隊 組織. 국내에 冒險靑年으로 敢死隊를 조직하여 1. 온
   국민에게 이상 제반 행위를 고취하고 2. 모두 일에 선봉이 되게 한
   다.
10. 國外 敢死隊 組織. 국외에 있는 청년으로 敢死隊를 편성하여 내지
    로 潛派하여 전호와 같은 행동을 취하게 한다.
11. 국내 각교파, 보부상 기타 각단체를 사용하여 이상 행사에 주동이
    되게 한다.
12. 飛行機 사용. 비행기로 국내 각지를 輪回하여 정부의 명령을 널리
    보급하고 인민의 사상을 격발케 한다.[13]

---

[13] 국회도서관, 「대한민국 임시정부시정방침」 제2항.

이와 같은 '대적투쟁'은 요컨대 첫째, 3·1운동에서와 같은 비폭력적 각종 시위운동(示威運動)을 국내외 각지에서 시의에 맞추어 계속 강화하여 민족의 굳은 독립의지를 내외에 널리 알리며 민족의 결속을 다지는 것이다. 둘째, 일본 통치를 전면으로 거부하는 '납세거절(納稅拒絕)', '소송거절(訴訟拒絕)', '일본연호(日本年號) 기장(旗章) 폐지', '일본화폐(日本貨幣) 배척', '일본법령(日本法令) 거절(拒絕)', '일제기관 관공리 사퇴' 등 각종 불복종 운동을 전개하는 것이다. 임시정부는 이를 위하여 임시정부령 제1호로 「납세(納稅)를 거절하라」, 제2호로 「적(敵)의 재판과 행정상의 모든 명령(命令)을 거절하라」 등 각종 정부 명령을 내리며 연통제와 거류민단 또는 선전원 등을 통해 이를 독려 지도하였다.[14] 셋째, 일제총독부를 비롯한 식민통치 각 기관과 그들 괴수 및 창귀(倀鬼)를 파괴 폭사시키는 '의열(義烈)투쟁'을 감행하는 것이다. 이를 위하여 폭탄제조와 사용법을 조련하며 국내외에 감사대(敢死隊)를 조직 운영하는 것이다. 이와 같은 방법은 대규모 혈전은 아니더라도 일제 통치를 무력하게 하는 데 효과적 투쟁으로 계속 장려된 것이다.

3. '독립전쟁론'과 독립운동기지 설치

대한민국 임시정부는 1920년에 들어서면서 독립운동의 기본 방략을 '평화적 전쟁'에서 '혈전의 독립전쟁'의 준비와 결행으로 바꾸어 갔다. 따라서 그동안 시행된 임시정부의 내정과 외교를 비롯한 모든 독립운동의 방략을 '독립전쟁'의 준비와 결행을 중심에 두고 그를 뒷받침하는

---

14) 한시준 편, 『대한민국 임시정부법령집』, 29·235쪽.

체제로 정비하는 한편 그를 강력히 추진하기 위하여 1920년을 '독립전쟁의 원년(元年)'으로 선포하였다.[15] 이와 같은 '독립전쟁'의 전략은 1910년 국치 전후로부터 정립된 '독립전쟁론'과 그를 구현시킬 독립운동기지 설치와 독립군 양성에 그 본령을 두고 있다. 그러므로 이곳에서 독립전쟁론의 성립 배경과 독립운동기지 설치문제를 추론하면 그 배경이 첫째, 1904~1905년 러일전쟁 이후 1910년이 가까워지면서 의병의 항일전이나 애국계몽운동이 다같이 그 열혈(熱血)과 웅지(雄志)에도 불구하고 일제군경(日帝軍警)에게 패퇴당하여 이념면은 두고라도 현실 정치면으로 보면 국망(國亡)을 저지하는 구국운동(救國運動)으로는 의미가 상실당한 점이다.

둘째, 의병항일전과 애국계몽운동은 일제 통감부와 조선총독부 설치 이후 '주한일본군'이라 속칭하던 일본침략군에 의한 가중되는 무단탄압하에서 원형대로의 전개를 지속하기란 어려운 실정이었다는 점이다. 게다가 의병항일전과 애국계몽운동의 동시 전개란 서로 항일운동으로서의 보완적인 측면이 없지는 않지만 국권수호를 위한 단합된 항일전쟁이라는 측면에서 볼 때는 역량의 분산을 가져와 보다 종합적이고 효과적 항쟁이 필요하였던 것이다.

이와 같은 배경에서 1910년이 가까워지면서는 애국계몽운동과 의병항일전을 합일, 발전시킬 이념과 전술이 모색되었고, 동일한 노선의 항일투쟁론이 대두되었다. 그 결과 구체적 전술로 정립된 것이 국외에 독립운동기지를 설치하고 그를 바탕으로 한 민족의 '독립전쟁론'을 구현시켜 보려는 내용이었다.[16]

---

15) 『독립신문』, 1920년 1월 17일자, 「戰爭의 年」 참조.
16) 윤병석, 『獨立軍史』, 지식산업사, 1990, 29~34쪽.

'독립전쟁론'은 군국주의 일본으로부터 민족해방과 조국독립 회복을 달성하기 위한 확실하고도 바른 길은 한민족이 일제와 적기(適期)에 독립전쟁을 전개하고 그 결과로써만 가능하다는 독립운동의 한 이념체계라 할 수 있다. 그를 위하여 온 국민은 무엇보다 국가를 광복할 독립군을 양성하고 군자금을 내어 군비를 갖추어 일제와의 혈전을 최대 의무로 살아야 한다는 것이다. 독립운동 전시기에 걸쳐 독립운동자금을 일반적으로 군자금이라 칭하던 이유가 여기에서 연유하였다.

또한, 독립전쟁의 적기란 근대적 정치·군사·경제·문화 등 모든 분야의 민족역량을 애국계몽운동의 이념에 따라 향상시켜 시기를 기다리다가 일본제국주의가 더욱 팽창하여 중일전쟁 내지 러일전쟁 혹은 미일전쟁을 감행하게 되는 때를 말한다. 그 시기의 독립운동자들은 거의 모두가 일본 제국주의는 그 방향이 처음부터 왜곡되어 세력 확대에 따라 반드시 중국을 침략할 것이고, 나아가 러시아와 맞서 대결하며 혹은 미국과 대립되는 식민지 팽창정책을 끝없이 벌일 것으로 여겼다. 따라서 중일전쟁 또는 미일전쟁 혹은 러일전쟁의 발발을 필연의 사실로 예견하였다. 그리고 그러한 예견은 그 후의 역사에서 그대로 실증되었던 것이다.

독립전쟁론은 우선 그 기반으로서 국외에 독립운동기지를 설치하는 일이 중요하였다. 이 기지설치를 경륜한 주도층은 구한말 애국계몽운동을 추진한 민족운동자와 항일의병들이었고 혹은 그 영향을 받은 계층이었다. 독립운동기지는 이주한인(移住韓人)이 많이 살고 또한 압록강과 두만강의 일의대수(一衣帶水)만 건너면 언제든지 국내 진입이 가능한, '해도간(海島間)'이라고도 부르던 서북간도와 연해주(沿海州) 지방을 비롯해 경우에 따라서는 멀리 흑룡강 유역의 북만주에 이르는 지역 여러 곳에 설치하는 것이었다. 그곳에다 민족정신이 투철한 한인집단 거주지역을 만들어 항일운동의 세력근거지로 삼아 일제와의 '독립전쟁'을 준비한다는 것이다. 이밖에도 대한제국시기 한인의 노동이민(勞動移民)으로 성립된 하와이와 미주 본토 및 멕시코 등지의 한인사회에서도 그들이 '원동(遠東)'이라 칭하던 남북만주 및 연해주의 한인사회와 긴밀한 관계를 맺으면서 독립전쟁론의 구현 노력이 경주되었다.

이들 여러 지역에서 한인의 산업을 일으켜 경제적 토대를 마련하고 국내외에서 청소년을 모아 무관학교(武官學校) 등을 세워 근대적 민족교육과 군사교육을 실시하여 민족의 군대인 독립군과 민족운동의 전위군(前衛軍)을 양성한다는 것이 당면 목표였다. 한편 그 기지를 중심으로 끊임없이 국내 동포의 민족의식을 일깨우면서 국내외에 산재한 한민족의 항일세력을 조직·무장화시켜 독립전쟁을 준비해 갔다.

이와 같은 독립전쟁론의 정립과 국외 독립운동기지화의 방향과 내용을 요약하면 첫째, 각 지역에 한인단체를 만들어 한인사회의 자치를 신장시키면서 강력한 항일투쟁을 전개하여 가는 것이었다. 연해주의 성명회(聲明會)와 그 이념을 계승한 권업회(勸業會), 북간도의 간민교육회(墾民敎育會)와 그를 발전시킨 간민회(墾民會), 서간도의 경학사(耕學社)와 그를 이은 부민단(扶民團), 그밖에 북만주의 신한국민회(新韓國民會) 등은 그러한 결사 가운데 유명한 것이었다. 또한 하와이와 미주의 한인사회를 기반으로 성립된 공립협회(共立協會)와 대동보국회(大同保國會) 및 그 양자를 통합 발전시킨 대한인국민회(大韓人國民會) 등도 한몫을 차지하였다.

둘째, 이와 같은 한인 항일단체가 주동이 되어 한인사회에 대한 민족의식을 고취하는 애국계몽운동과 민족주의 근대교육의 진흥이었다. 이와 같은 민족주의 교육기관의 대표적인 것이 북간도의 명동학교, 서간도의 신흥학교, 동북만의 대전학교, 연해주의 한민학교 등이며, 이들

학교에서는 겉으로는 일반 근대교육을 내세웠으나 속으로는 철저한 문무쌍전(文武雙全)의 민족주의 교육을 실시하여 독립군과 민족 운동자를 양성해 갔다.

셋째, 근대산업의 진흥을 위한 실업(實業) 권장활동이었다. 조국독립운동을 추진하던 국외의 모든 한인단체나 민족운동자들은 처음부터 한인사회의 형성이 대부분 가난한 농민과 노동자, 그밖에 경향(京鄕)의 영세민으로 국내에서는 경제적 기반을 찾지 못하고 국외에 새 개척지를 찾아 이주하여 이루어진 것이었으므로 실업의 권장과 지도가 가장 중요한 현실적 과제였다. 이들의 생활안정과 경제적 향상 없이는 한인사회의 성립이나 나아가 조국 독립운동의 기반이 이룩될 수 없었기 때문이다. 게다가 각지의 모든 민족운동자들은 이와 같은 한인사회의 현지 실정도 중요하지만 더 근원적인 문제는 한민족이 제국주의 침략을 극복하지 못하고, 또한 그들의 식민지로 전락한 가장 큰 요인은 조국의 산업부진이었다는 인식이 전제되었다. 즉 사농공상(士農工商)의 차등적 직업관의 견지와 그에 따른 농·상·공업 등 근대 산업의 부진으로 인해 조국이 일제의 식민지로 전락하게 되었다는 생각이 당시의 지배적인 사조였던 것이다. 그러므로 국외의 모든 한인단체는 물론이려니와 명백히 독립군을 양성하는 단체까지도 다 같이 실업진흥에 주력한 활동을 벌였던 것이다.

이와 같은 독립운동기지화의 노력은 결국 독립전쟁의 구현을 위한 더 튼튼한 기반을 조성하는 것을 의미한다. 조국독립을 이룩하기 위해서는 이러한 기반 위에 독립군(3·1운동 이전에는 광복군으로 더 많이 호칭되었다)을 양성하여 독립전쟁을 결행하는 것이 최선의 방법이었으므로 도처에서 독립군 양성이 추진되었다. 그러나 남의 나라 영토 안에서 드러내 놓고 독립군을 양성할 수는 없는 입장이었으므로 해도간이나 북만의 각 지역에서는 다 같이 비밀리에 독립군 양성이 추진되었다. 그러므로 독립군 양성의 내용을 소상히 밝히기는 어려운 경우가 많다.

그중 서간도에서 부민단이 신흥학교를 통해 양성한 문무 인재는 신흥학우단(新興學友團)을 결성, 더 효과적으로 서간도 전역을 중요한 독립운동기지로 편성해 갔다. 나아가 부민단과 신흥학우단은 1914년에 들어서면서 신흥학교나 각 분지교에 설치한 노동 강습소 등에서 양성한 독립군 385명을 근간으로 하여 '백서농장(白西農庄)'을 건설하고 서간도 독립군의 편성과 그 훈련까지 실시하기 시작했다. 이 백서농장은 봉천성(奉天省) 통화현(通化縣) 제8구관할 빨리소(八里所)구(區) 소관하의 쏘베차(小北岔)란 백두산 서쪽편 산기슭 사방 2백 리의 무인지경 고원평야에 건설한 독립군영의 이름이다. 이 백서농장은 이와 같이 서간도 독립운동기지에서 편성된 최초의 독립군 군영이지만 내외의 이목을 고려하여 일반이 쉽게 알 수 없는 백서농장이란 이름으로 불렸던 것이다.[17]

이밖에도 연해주의 권업회를 비롯하여 북간도의 간민교육회와 그를 이은 간민회, 북만의 신한국민회, 미주의 대한인국민회 등의 조국 독립운동 단체가 앞장 서 도처에서 은밀한 가운데 독립군을 양성하였다. 권업회는 이와 같은 배경을 안고 1914년에 이르러 독립전쟁론을 직접 구현할 '대한광복군정부(大韓光復軍政府)'의 건립을 주도하였다.[18] 이 정부의 건립 시기는 한인의 시베리아 이민 50주년이 되던 해에 맞추었다. 마침 그동안 악전고투 끝에 그곳을 개척하고 새로운 생활과 산업의 터전을 마련하면서 한인사회를 이룩한 시베리아 한인(韓人)들은 이를 크게 기념하기 위하여 기념대회를 준비하고 있었다. 권업회에서는

---

17) 윤병석, 「西間島 白西農庄과 大韓光復軍政府」, 『근대한국 민족운동의 사조』, 집문당, 1996, 476~484쪽.
18) 위와 같음.

이 시기를 이용하여 민족의식을 높이고 광복군(독립군)의 군자금도 크게 마련하고자 하였다. 뿐만 아니라 이러한 시기를 이용하여 권업회는 그 최고 이념인 독립전쟁론을 구현시키고자 블라디보스토크에 대한광복군정부의 건립을 주도했던 것이다. 특히 권업회의 핵심 인물들인 이상설을 비롯한 이동휘 · 이동녕 · 이종호 · 정재관 등이 주동인물로 등장하고 그동안 중 · 러 양 령(兩領)에서 규합한 독립운동자들을 단합시켰다. 그리하여 이상설과 이동휘를 잇달아 정도령으로 선출하고 국내외 모든 독립운동을 주도하고자 하였다.

그러나 이와 같은 연해주와 남북만주를 중심으로 한 국외 독립운동, 특히 독립전쟁론에 근거한 독립군 양성 노력은 1914년 8월 제1차 세계대전의 발발을 계기로 큰 시련에 부딪쳤다. 일제와 제휴한 러시아 당국이 자국 안에서의 한인의 모든 군사 활동은 물론, 사회 · 정치 활동까지 금지시켜 권업회가 해산되고 『권업신문(勸業新聞)』이 정간되었을 뿐만 아니라, 한인사회의 중요인물이 가차 없이 투옥되고 추방당하였기 때문이다. 따라서 권업회를 모체로 편성하려던 대한광복군정부도 와해되고 말았던 것이다.

4. 임시정부의 '독립전쟁' 전략

대한민국 임시정부는 1920년 정초에 국무총리 이동휘를 비롯하여 내무총장 이동녕 등 7부 총장 및 노동국 총판 안창호에 이르기까지 전 국무위원이 연서한 국무원 「포고(布告) 제1호」를 발표하여 '독립전쟁의 결행'을 선포하였다.

　2천만 대한 민족이 일심일체가 되어 死냐, 自由냐의 獨立戰爭의 제1
년을 作할 대한민국 2년의 신춘을 際하야 대한민국 임시정부는 我 독립
전쟁의 중견이 될 俄中 양령 2백만 동포에게 고하노라. (중략) 이에 我
민족은 去年 3월 대한독립을 선언하고 인하야 임시정부를 건설하며 公
約 3장의 本旨에 준하야 內로 外로 평화로운 수단으로 가능한 온갖 운동
을 실행하야 이제야 세계 만국으로 하여금 我 국민의 의사와 결심과 능
력을 이해케 하였도다. 그러나 탐욕하고 愚蠢한 저 倭敵은 개준하는 기
색의 豪無할뿐더러 我 民意의 소재와 세계의 대세를 무시하고 한갓 么麼
한 병력을 恃하야 충의로운 우리 동포를 학살하며 애경하는 우리 志士를
모욕하며 군경을 남증하야 마침내 아 2천만 대한국민을 섬멸하고야 말
려하도다. 아 신성한 檀祖와 용감한 조선의 피를 받은 대한 국민아. 장
차 어찌하랴나뇨. 노예의 生을 택하랴, 자유의 생을 택하랴. 추컨대 국치
이래로 와신상담하야 10年이 1日같이 국수를 快雪하고 자유를 광복하기
로써 己任을 삼던 愛我 아중 양령의 충의 동포는 반듯이 자유의 死를 택
하야 용감히 熱血로써 一戰을 快試하려 할줄 학신하노라. 事機가 이에
지하야는 아무 준순할 것도 없고 아무 고려할 것도 없나니 오직 2천만
一心一體의 최후의 大血戰으로써 대한민족 억만년의 命運을 決할 뿐이
다.[19]

　또한, 『독립신문』 사설 「전쟁(戰爭)의 원년(年)」에서는 이와 같은 독립
전쟁의 결행의 의의를 다음과 같이 강조하였다.

　우리 國民의 결심이 獨立戰爭에 在하고 日本의 頑惡이 독립진쟁을 요
十하고 세계의 여론과 정의가 독립전쟁을 요구하도다. 독립전쟁은 我等
의 良心의 明命이며, 천백세 조선의 명명이며, 세계의 正義와 自由와 人
道의 명명이며 억만대 可愛로운 후손의 요구이며 邪惡을 罪하고 정의를

19) 한시준 편, 『대한민국 임시정부법령집』, 427~431쪽.

彰하는 上天의 명명이다. (중략) 大韓人아 百以思之하더라도 너희의 나
갈 길은 오직 血戰이로다, 血戰이로다. 혈전 뿐이로다. 대한인아 너희 나
아갈 길은 오직 血戰이로다.[20]

　이와 같은 독립전쟁의 전략은 위에 논술한 바와 같이, 1910년대 서
북간도를 중심한 남북만주와 러시아 연해주에서 추진된 '독립전쟁론'
의 구현을 위한 독립운동기지 설치와 초기에는 광복군이라 하던 독립
군 양성을 계승 발전시킨 것이다. 그리고 그 모체는 3·1운동 이후 남
북만주와 연해주 각 지역에서 정비 또는 새로 조직된 수많은 항일단체
와 독립군단이었고, 그 기반은 그 지역 한인사회에 있었다. 그들 각 지
역의 한인사회에서는 3·1운동을 계기로 조국 독립운동을 추진하기
위한 항일 민족운동단체를 새로 정비 강화하는 한편, 각기 소속 무장
독립군을 편성하였으며 처음부터 독립군만으로 성립된 독립군단도 적
지 않다. 특히 현재 중국 연변조선족자치주 관내인 북간도지역은 볼셰
비키혁명에 휩싸인 연해주지방으로부터 무기의 공급이 여타 지역보다
용이하였고, 정치적 활동 풍토도 직접 항일활동을 하기 어려워져 가던
연해주에 비해 유리하여 국외 여러 독립운동 기지 중에서도 가장 활발
한 무장 독립군의 항전지역으로 부상하였다.
　서북간도를 중심으로 남북만주 각 지역에 처음 70여를 헤아리는 이
와 같은 군단과 단체들 가운데 중요한 것만 들어도 북간도지역에서는
봉오동승첩과 청산리대첩으로 유명한 대한군정서(大韓軍政署)와 대한국
민회(大韓國民會)를 비롯하여 대한독립군·대한군무도독부(大韓軍務都督府)·
대한의민단(大韓義民團)·대한신민단(大韓新民團) 등을, 서간도지역에서는
경학사 이래 성장을 거듭한 한족회(韓族會)가 건립한 대한군정부(大韓軍

20)『독립신문』, 1920년 1월 17일자,「戰爭의 年」.

政府)를 비롯하여 대한독립단(大韓獨立團)·대한청년단연합회(大韓靑年團聯合會), 그를 통합한 대한광복군총영(大韓光復軍總營) 등을 지목할 수 있다.

이와 같이 서북간도를 비롯한 중국 동북지방에서 재정비 또는 새로 편성된 한국독립군은 그해 여름부터 압록강과 두만강을 넘어 국내진입작전을 결행하기 시작하였다. 그들의 기개는 홍범도의「대한독립군유고문(大韓獨立軍諭告文)」[21]에서 "당당한 독립군으로 몸을 포연탄우(砲煙彈雨)중에 던져 반만년 역사를 광명되게 하며 국토를 회복하여 자손만대에 행복을 줌이 우리 독립군의 목적이요 또한 민족을 위하여 본의다"라고 한 바와 같이 드높았다.

그러나 독립군이 '독립전쟁론'을 구현하기 위해 일제 침략군과 독립전쟁을 수행하기 위해서는 이와 같은 항전의지만으로 되는 것은 아니었다. 그러므로 각 독립군 부대는 한편으로 10년 이래의 숙원이던 국내진입작전을 되풀이하면서, 다른 한편으로는 그 전력을 향상시킬 모든 노력을 경주하였다. 그 가운데 중요한 것을 들면, 첫째, 더 많은 무기와 그밖의 병참을 조달하는 일이었다. 독립군의 무기는 대부분 제1차 세계대전 중에 연해주에 출병하였던 체코군이 철수하면서 알게 모르게 매각하던 것을 독립군으로서는 고가(高價)를 지불하고 확보한 것이다. 그리고 그 자금은 남북만주의 한인사회와 국내의 동포가 군자금을 헌납한 민족의 혈세(血稅)였다.

무기의 종류는 일반 군총으로는 러시아제 5연발 소총과 단발총이 대부분이있으며 그밖에도 미국제나 독일제, 혹은 일본제 30·38년식 소총도 섞여 있었다. 또한 권총류로는 루가식 권총이 제일 흔하였으며 그밖에 7연발 권총, 남부식 권총 등이 있었고, 중무기로는 기관총과 속

---

[21] 『獨立新聞』, 1920년 1월 13일자,「諭告文」.

사포를 확보하였으며, 폭탄이라 칭하던 수류탄을 구입하는 경우도 많았다.

둘째, 독립군의 전투력 향상은 강인한 훈련의 결과였다. 그러한 훈련을 실시하던 대표적인 기관이 왕청현(汪淸縣) 서대파(西大坡)의 대한군정서(大韓軍政署) 사관연성소(士官練成所)와 왕청현 명월구(明月溝)의 대한국민군사관학교(大韓國民軍士官學校) 등이었다. 이곳에서의 훈련내용은 매일 5시간 이상 실시한 집총훈련과 배낭에 6관의 토사(土沙)를 메고 군총으로 완전무장하여 산야 어느 곳에서나 구보 혹은 도보 행진하며 전술을 익히는 고된 군사교련이었다. 또한 매일 주야로 2회 실시한 정신교육에서는 독립사상의 함양과 '배일한흥(排日韓興)'의 민족의식 교육이 주된 것이었다.

이와 같은 독립군의 효과적인 항일전 수행을 위하여 여러 곳에서 각기 편대를 조직, 정비된 여러 독립군 부대의 군사 통일을 추진하는 것이었다. 특히 국내 진입전이 시작된 이후에는 '무적의 황군(皇軍)'을 자칭하던 막강한 일제 침략군을 상대로 독립전쟁을 수행하기 위해서는 각 독립군의 연합작전 내지는 완전한 통합항전이 절실한 과제였다. 그러므로 이와 같은 독립군 부대의 군사통일의 궁극목표는 임시정부의 지휘체제로 일원화되어 일제와 효과적인 독립전쟁을 결행하는 것이었다. 그러므로 독립군이 항전을 개시한 후 어려운 여건을 무릅쓰고 시작한 이와 같은 통일운동은 봉오동승첩(鳳梧洞勝捷)과 청산리대첩(靑山里大捷)을 치르고 난 이후 북만 밀산(密山)과 노령 이만을 거쳐 알렉세예프스크라고 하는 자유시(自由市)로 북정한 이후까지도 성사는 고사하고 꾸준히 계속 되었다.

5. 임시정부의 군사정책

1) 임시정부 군사정책의 추진

임시정부는 통합정부 수립 후 '독립전쟁 결행'을 위하여 위의 「대한민국 임시정부시정방침」 군사 「제5항」에서 개전준비의 방침을 다음과 같이 정리 제시하고 있다.

> 제5항 開戰 準備. 독립운동의 최후 수단인 戰爭을 대대적으로 개시하여 규율적으로 진행하고 최후의 승리를 얻기까지 持久하기 위해 다음과 같이 준비방법을 실행한다.
>
> 1. 軍事 適材 召集. 군사상 수양과 경험 있는 인물을 조사 소집하여 軍事會議를 열고 作戰計劃을 준비하며 아울러 각종 군사 직무를 분담 복무케 한다.
> 2. 國外 義勇兵 훈련. 俄領 中領 각지에 10만 이상의 義勇兵 지원자를 모집하여 다음과 같이 결속 훈련을 한다.
> (가) 隊伍 編成. 응모한 병사로 隊伍를 편성하고 將官이 領督 지휘한다.
> (나) 兵士의 職務와 夜學. 응모한 병사로 하여금 각기의 직업을 평시보다 한층 면려케 하고 각지에 夜學을 개설하여 일반 兵士로 하여금 의무로 취학케 한다.
> (다) 軍人의 學識. 각지 夜學校에서는 군인의 상식과 군인의 정신을 세발하여 군인의 질서와 기률 연습 등에 관하여 교수하고 가능한 지점에는 兵式體操를 실시한다.
> 3. 司法部 分置. 中俄領 각 구역에 司法部를 분치하여 응모한 병사를 통솔 지휘하며 軍事敎育을 감독케 한다.
> 4. 軍事私團 調査. 이미 인민의 자의로 성립한 군사적 기관을 조사하여 軍務部에 예속케 한다.

5. 國內義勇兵. 국내 각지의 지원의용병을 모집하여 隊伍를 편성하고
   各地方要塞에 잠복케 한다.

6. 士官學校 設立. 中俄領과 정부 소재지에 가능한 방편을 취하여 사
   관학교를 설립하여 士官을 양성한다.

7. 飛行機隊 編成. 미국에 技倆이 우수한 청년을 선발 파견하여 비행
   기 제조와 비행전술을 학습케 한다.

8. 炸彈隊 編成. 內外에 冒險靑年을 선발하여 炸彈隊를 편성하여 炸彈
   제조와 炸彈 사용술을 학습케 한다.

9. 外國士官學校 遊學. 中國과 구미 각국에 교섭하여 무관학생을 파견
   한다.

10. 戰時緊用技術 學習. 총명한 청년을 선택하여 砲槍術 火車機關手
    등 기타 전시에 긴용한 기술을 학습케 한다.

11. 軍物輸入 交涉. 미국, 노국 기타 외국에 교섭하여 軍物輸入을 준
    비한다.

12. 準備糧食. 국내와 중령의 필요한 지점에 무역상의 명의로 양식을
    준비하여 전시에 공용한다.

13. 軍事宣傳員 派遣. 군사선전대를 특설하여 선전방법을 강구하며
    각지에 宣傳員을 파견하여 전투적 정신을 고취하여 부분적으로
    무통일, 무조직의 맹동을 발생치 않게 한다.

14. 軍法 軍規의 制定. 軍法과 法規를 제정하여 軍隊의 秩序와 紀律을
    엄하게 한다.[22]

독립전쟁의 결행은 조국독립을 수행하기 위한 독립운동의 최종 최
대의 전략으로 일사불란한 임시정부 지휘하에 대대적으로 독립전쟁을
개시하여 최후의 승리를 쟁취할 때까지 장기적 지구전을 수행할 모든
준비를 전제한 것이다. 그를 위하여 첫째, 내외의 유능한 군사장재를

---

22) 국회도서관, 「대한민국 임시정부시정방침」 제5항.

소집하여 임시정부 산하에 군사위원회를 설치, 승전할 전략계획을 수립하는 한편 그들에게 알맞은 각종 직임을 분담시키려는 방안이다. 둘째, 그동안 독립전쟁론의 구현을 위하여 국치 후 10년 이래 독립운동 기지 설치와 독립군 양성에 전력한 서북간도를 비롯한 남북만주와 러시아 연해주에서 10만 명 이상의 의용병(義勇兵)을 모집하여 임시정부의 광복군으로 대오를 편성, 훈련 무장시킨다는 것이다. 셋째, 이미 편성된 국내외 모든 군사단체와 군영을 임시정부 군무부지휘하에 독립군으로 통합 집중하여 지휘체계를 일원적으로 확립하는 방침이다. 넷째, 임시정부 소재지인 상해에는 물론, 서북간도와 연해주 각지에 사관학교를 설립하여 광복군의 초급지휘관인 사관양성에 주력하는 것이다. 게다가 미국에서 비행대(飛行隊)까지도 편성하려는 계획이 포함되었다. 다섯째, 무기와 그밖에 식량 등 군사물자의 확보와 비축에 진력하는 것이다. 이것은 미국과 러시아 등에서의 군사 원조까지를 기획 기대하고 있다. 여섯째, 독립전쟁 결행을 위한 각종 법규의 제정도 정비한다는 것이다.

임시정부는 이와 같은 방침을 실천하기 위하여 1919년 9월 통합정부 수립 초부터 다음과 같은 세 가지 방향의 군사정책을 수립 시행하였다. 첫째는 위에서도 언급한 바와 같이 조국을 광복한 광복군을 편성한다는 원칙하에 군대의 편제와 조직에 대한 법규를 마련한 것이고, 둘째는 군사간부와 병사를 모집 훈련하려는 것이며, 셋째는 남북만주와 연해주지역 여러 독립군 단체들을 통합 지휘하려는 것이었다.

첫째, 군대 편성과 조직에 관한 법규는 임시정부 초창기의 임시헌법에 근원을 둔 「대한민국육군임시군제(大韓民國陸軍臨時軍制)」의 제정 발표가 이에 대한 구체적 계획이다. 이는 임시정부의 군사조직법이라 할 수 있는 것으로, 임시정부는 제1차로 1개 군단(軍團)을 목표로 군대를 편성하려고 하였다. 병력의 규모는 1만 명에서 3만 명 수준이었다. 당시 독립운동 진영에서는 항일전쟁을 개시할 수 있는 최소한의 인원 규모를 1만 명 정도로 잡고 있었다. 그리고 내용은「대한광복군총사령부규정(大韓光復軍總司令部規程)」과 그「세칙(細則)」을, 그 후에도 통수기관인「대본영(大本營)의 직제(職制)」를 제정 보완하였다. 이는 임시군제에서 미비된 군사조직과 그 운영에 대한 규정을 임시정부가 계속 보완해 간 것이었다. 이러한 계획은 그대로 실행되지는 못하였지만 임시정부의 기본적인 군사정책으로 유지되어 갔고, 마침내 1940년 9월 한국광복군(韓國光復軍)을 창설하는 모법(母法)이 된 것이다.

둘째, 군사간부 양성과 병력의 모집 훈련에 대한 세부 계획으로 마련된 것이「육군무관학교조례(陸軍武官學校條例)」와「육군임시군구제(陸軍臨時軍區制)」이다. 무관학교조례는 군사간부를 양성하기 위한 계획으로 이에 의해 임시정부는 1919년 말 상해에 육군무관학교를 설립하였다. 군무부(軍務部) 직할로 설립된 무관학교는 초급장교를 양성하기 위한 사관학교였다. 1920년 말까지 2회 졸업생을 배출하였으나 재원부족으로 이후 폐교되었다. 이 무관학교의 초대교장은 김희선(金羲善)이고, 2대 교장 겸 생도대장은 도인권(都寅權)이고, 6개월 속성과정으로 제1회 18명, 제2회 22명의 초급학교를 배출하였다. 군사간부를 양성하려는 또 다른 사업이 비행사양성소(飛行士養成所) 설치였다. 군무총장이던 노백린(盧伯麟)이 미국에서 교포 부호 김종림(金鍾林) 등과 함께 1920년 2월 캘리포니아 월로우드에 비행사양성소를 설립한 것이다. 1922년 학생수가 40여 명이었으며, 1923년에는 11명의 졸업생을 배출하였다고 한다.

임시정부가 주관한 것 외에 임정요인이 개인적으로 또는 임정의 외곽단체에서도 군사간부를 양성하고자 하였다. 신규식은 일찍부터 상해로 모여드는 청년들을 운남강무당(雲南講武堂)·귀주강무당(貴州講武堂)

등 중국의 각종 무관학교에 입학시켰으며 후일 한국노병회(韓國勞兵會) 등에서도 중국의 각 군관학교에 청년들을 입학시켜 군사간부를 양성 하였다.

한편, 병력을 모집하려는 계획도 추진하였다. 병력의 모집은 만주지 역이 주요 대상이었고, 구체적 계획이 육군임시군구제였다. 만주와 러 시아 지역을 서간도군구(西間島軍區; 吉林省, 奉天省 일대), 북간도군구(北間島 軍區; 延吉縣 일대), 강동군구(江東軍區; 노령 일대)의 3개 구역으로 나누어, 각 군구에 거주하는 한인들을 군적에 편입시키려 하였다.[23] 이를 위한 근 거로 임정에서는 국민 개병제를 채택,『독립신문』을 통해 이를 크게 주창하고 나섰다.

셋째, 서북간도를 중심한 남북만주와 러시아 연해주 독립군에 대한 임시정부의 계획은 임시정부의 군무부를 만주로 이전시켜서라도 만주 와 러시아 지역의 독립군을 지휘 통할하려 하였다. 1920년 3월 임시의 정원 회의에서 윤기섭(尹琦燮)·왕삼덕(王三德) 등이 제안한 '군사(軍事)에 관한 건의안(建議案)'이 그 중요 사례이었다.[24] 그 내용은 '금년(1920) 5월 내에 군사회의를 소집할 것', '금년 내에 10~20개 연대의 보병을 훈련할 것', '금년 내에 10개 연대를 출동시켜 독립전쟁을 개시할 것' 등이었다. 이는 파리강화회의에 걸었던 기대가 무너진 후 직접 독립전쟁을 결행 하는 것이 남은 유일한 방법이라는 생각에서 군무부를 만주로 이전해 독립전쟁을 수행하려는 것이었다. 이러한 의도는 윤기섭의 제안 설명 가운데, "우리가 비참한 전투를 한 후에야 세계가 움직이겠고, 우리가 비참한 전투를 당한 뒤에야 국민의 단합이 완성되리라"고 한 데서도

---

23) 『雩南李承晩文書』7, 연세대학교 현대한국학연구소, 1998, 465쪽. 이 군구제 는 이미 1914년 大韓光復軍政府 건립시에도 시행되었던 안이었다.
24) 『大韓民國臨時政府議政院文書』, 국회도서관, 1974, 94~95쪽.

잘 나타나 있다. 이 건의안은 의정원에서 만장일치로 통과되었다. 그러나 당시 군무차장 김희선의 "뜻은 좋으나 재정이 문제"라는 말처럼 재정문제가 해결되지 못해 실현되지 못하고 말았다.

임시정부 수립을 전후해 서북간도를 중심한 만주지역에는 위에서도 논급한 바와 같이 70여 개의 독립군 단체들이 활동하고 있었다. 임정이 수립되자 이들 대부분은 임정의 권위를 인정 지지하였다. 임시정부에서 완벽하게 지휘 통할하는 형태는 아니었지만, 이들을 임정의 산하 단체가 되게 일관된 정책을 폈다.

그중 서간도의 한족회와 그 산하군단인 대한군정부는 국치 후 경학사와 신흥강습소(新興講習所)를 설립하면서 독립운동기지를 건설하고 민족주의 교육을 실시한 데서 연유되었다. 그 후 부민단으로 확대되면서 류하현(柳河縣)과 통화현(通化縣)을 중심으로 한인의 자치를 신장시키는 한편, 신흥학교와 신흥학우단 및 백서농장 등을 통하여 '독립전쟁론' 구현을 위한 준비를 착실히 추진하여 왔다.25) 이와 같은 기반에서 3·1운동 후 서간도 전역에 미치는 지방조직을 정비하며 한족회로 발전하였고, 그 산하에 이상룡(李相龍)을 총재로 하는 군정부를 조직, 독립전쟁에 대비하였다. 그러나 그해 4월 상해에 대한민국 임시정부가 수립되어 활동하게 되었으므로 임시정부를 추대하기로 하고 상해에 대표를 보내어 군 정부를 서로군정서(西路軍政署)로 고치고 본격적인 군사 활동에 돌입하게 되었다. 또한 남만주의 대한광복군총영은 3·1운동 이후 남만주 각 지역 여러 독립군단들이 통합, 임시정부 휘하 독립군단으로 개편되어 독립전쟁에 대비하기 위하여 건립되었다. 즉 대한청년단연

---

25) 윤병석, 「西間島 白西農庄과 大韓光復軍政府」, 『한국학연구』 3, 인하대학교 한국학연구소, 1991.

합회와 대한독립단, 그리고 평안북도독판부 대표가 임시정부의 통일
정책에 맞추어 회동, 1920년 2월 대한민국 연호를 사용키로 하며 임시
정부 휘하의 독립군단으로 개편, 오동진(吳東振)을 총영장으로 군사 활
동에 주력하게 되었다. 한편 북간도의 조선국민회는 3·1운동 이후 지
방조직이 북간도 전역에 걸쳐 가장 잘 정비된 한인의 民政기관이었고,
그 기반 위에 '조선국민군(朝鮮國民軍)'을 편성, 항일전을 수행하던 독립
군단의 모체였다. 이러한 국민회는 북간도 최대 규모의 3·1운동 회집
인 1919년 3월 13일 용정에서의 '조선독립축하회(朝鮮獨立祝賀會)'란 이름
으로 독립선언을 하고 피의 시위운동을 주도하던 북간도 각 지방 대표
가 '조선독립기성회(朝鮮獨立期成會)'를 결성하면서 발족되었다.26) 그 중
요 임원은 거의가 3·1운동 이전 간민교육회와 그를 이은 간민회를 통
하여 북간도 한인사회의 자치와 민족운동을 꾸준히 추진하던 인물들
이었으므로, 이 회는 간민회를 확대 개편한 것이라고도 할 수 있다. 이
회는 상해에 임시정부가 성립되자 임시정부를 추대하기로 하고 회명
과 국호가 서로 맞지 않았으므로 곧 대한국민회로 개칭하고, 「대한국
민회규칙」에 "본회는 임시정부 법령 범위 내에서 독립 사업을 기도함
을 목적으로 한다"라고 임시정부 직할의 북간도 한인사회의 독립운동
결사임을 명백히 하였다.27) 아울러 그 휘하의 독립군을 '대한국민군'이
라 하였다.

또한 청산리대첩을 선도한 대한군정서는 종래 서간도의 서로군정서
와 대징하여 북로군정서(北路軍政署)로 알려진 독립군단이다. 이 군단은
국치 후 결성된 대종교의 중광단(重光團)이 발전한 것이다. 대종교의 지

---

26) 윤병석, 「北間島 龍井 3·13 運動과 朝鮮獨立宣言書 布告文」, 『史學志』 31, 단
국대사학회, 1998, 459~472쪽.
27) 윤병석, 국가보훈처에서 刊行한 자료집, 「北間島지역 獨立軍名簿 解題」, 9~12쪽.

도자 서일(徐一) 등은 1911년 국내에서 오랜 항전 끝에 두만강을 건너 북간도로 망명, 재기항전을 노리던 북상의병(北上義兵)을 규합하여 왕청현(汪淸縣)에 본영을 둔 중광단을 조직하고, 민족주의교육에 중점을 두면서 활동하였다. 그 후 중광단은 3·1운동을 맞이하여 무장 항일전의 적기(適期)로 판단, 각지의 대종교 교도와 의병 및 그밖에 공교회원(孔敎會員)을 규합, 정의단(正義團)으로 확대시키며 서둘러 직속 독립군을 편성, 훈련을 강화시켰다. 또한 기관지『일민보(一民報)』와『한국보(韓國報)』를 간행, 일제와의 '혈전'을 강조하였다. 이와 같이 성장하던 정의단은 그해 8월 군정회(軍政會)로 이름을 변경하고 그 본영을 왕청현 서대파(西大坡)에 두었다. 이어 그해 10월에는 다시 군정부(軍政府)로 개칭하고 지방조직까지 확대하면서 군사력을 강화시켜 조국독립을 완수할 군정부임을 자부하였다. 그러나 같은 해 12월 상해 임시정부의 명령에 복종하기로 하고, 임시정부 국무원령 제205호에 의하여 대한군정서라 개칭하였고 김좌진(金佐鎭)과 같은 명장을 군사령관으로 맞이하였다. 본영 내 십리평(十里坪)에 사관양성소까지 둔 막강한 독립군단으로 성장, 그 군사력이 단연 두각을 나타냈다.

봉오동승첩을 주도한 대한독립군은 대한 제국기에 삼영(三水)·갑산(甲山) 등지에서 명성을 떨치던 홍범도(洪範圖) 장군이 지휘하던 군단이다. 홍범도는 국치 전후 휘하 의병을 거느리고 장백현(長白縣)으로 넘어가 왕개둔(汪開屯)에 주둔하며 항전을 계속하다가 연해주로 이진(移陣), 재기항전을 준비하였다. 3·1운동이 발발하자 조국독립전쟁을 기약하고 150여 명의 정예군을 거느리고 북간도로 돌아와 어느 독립군부대보다도 솔선 항일전을 시작하였다. 한편 그는 독립군단 통합운동과 연합작전에도 심혈을 기울였다. 즉 그해 여름부터는 나자구(羅子溝)와 합막당(哈莫塘) 등지에서 대한국민회와 협상, 대한독립군과 대한국민군을 통합, 연합작전을 수행하기 시작하였던 것이다. 행정과 재정은 임시정부를 추대한 대한국민회가 맡았으며, 군무(軍務)는 대한독립군은 홍범도가, 대한국민군은 안무(安武)가 각각 맡아 지휘하였다. 그러나 중요 군사작전 때는 홍범도가 '북로정일제일군사령관(北路征一第一軍司令官)'이란 직함으로 통수 지휘하였다. 이와 같이 성립된 북로정일제일군은 곧이어 최진동(崔振東)의 군무도독부군(軍務都督府軍)과 군사통일도 추진하여 '대한북로독군부(大韓北路督軍府)'를 결성하고 군무도독부의 본영인 봉오동에 통합된 독립군의 주력을 집결시키면서 강력한 국내진입작전을 되풀이하게 되었다.

　서북간도의 독립군이 이와 같이 통합운동을 벌이며 임시정부를 추대하게 된 배경에는 초창기 독립전쟁의 결행을 강력히 주장하던 이동휘 주도하의 임시정부의 적극적인 군사정책이 큰 몫을 차지하였다. 특히 임시정부는 북간도에 정재면(鄭載冕)과 안정근(安定根)·왕삼덕(王三德) 등을 특파원으로 파견하여 임시정부로의 통합과 독립전쟁 준비에 협조체제를 강화시켰다. 그 결과 한 때는 북간도 지역의 거의 모든 독립군단이 통합하여 다음과 같이 채영(蔡英)을 사령관으로 하는 북간도군구 북로사령부(北路司令部)를 두어 지휘체제를 일원화하기도 하였다. 아울러 연해주 지방 강동군구의 동로사령관(東路司令官)에는 이용(李鏞)을 선임하였다.

사령관　蔡英
참모장　曹煜(조성환)
참모　丁道基, 許東奎, 崔祐翼, 吳周爀, 李章寧, 羅仲昭, 鄭棋源
서기　許中植, 張志鎬, 崔翊龍
제1연대장 洪範圖 제1대대장 安武　제2대대장 崔聖三 제3대대장 崔京天
제2연대장 金佐鎭 제1대대장 金奎植 제2대대장 韓京瑞 제3대대장 李春範

제3연대장 崔振東 제1대대장 許正旭 제2대대장 金一鳩 제3대대장 金昭弘[28]

북로사령부 독립군은 적어도 제도적으로는 임시정부 군무부 지휘하에 때와 형편에 따라 각종 군명(軍名)을 띠며 항일전을 결행하는 것으로 정비되었다. 따라서 독립군사에 금자탑을 이룩한 1920년 6월의 봉오동승첩과 10월의 청산리대첩도 임시정부 군무부에서 그 전말과 전과를 종합해 발표하였다. 임시정부 군무부가 1920년 11월 12일자로 발표한 「북간도(北間島)에 재(在)한 아 독립군(我 獨立軍)의 전쟁상보(戰爭詳報)」가 그것이다.[29]

2) 임시정부 군사정책의 혼미

임시정부 군사정책은 실제 시행에서 안팎으로 큰 시련에 부닥쳐 적지 않은 차질을 가져왔다. 첫째, 1920년 북간도 독립군의 봉오동승첩과 청산리대첩 전후에 서북간도를 침입한 일본군은, 임시정부 외교부가 동년 12월 9일자로 종합발표한 장문의 「북간도의 한인에 대한 일본의 만행」[30]이란 보고서에 보이는 바와 같이 도처에서 한인학살과 방화, 파괴를 서슴지 않았다. 이른바, 경신참변(庚申慘變)을 저지른 것이다. 서북간도 각 독립군 부대들은 대부분 이를 피해 분산 북상하여 밀산과 나자구 방면에서 다시 모였다가 소만국경을 넘어 이만을 거쳐 자유시로 이동하였다. 그들은 그곳에서 서일을 총재로 하고 청산리대첩의 명장 홍범도와 김좌진 그리고 조성환을 부총재, 김규식을 총사령, 이장

---

28) 『雪南李承晩文書』 7, 542~544쪽.
29) 『雪南李承晩文書』 7, 545~559쪽.
30) 『雪南李承晩文書』 7, 190~215쪽.

념을 참모총장으로 하는 단일군단인 '대한독립군'을 편성, 재기항전을 기도하였다.

그러나 피압박 약소민족의 해방을 후원하겠다고 크게 선전하던 볼셰비키들은 혁명내전에 휩싸여 있었다. 이러한 실정에서 대한독립군은 기대한 후원을 제대로 얻지 못하고 도리어 독립군사상 최대의 비극인 자유시참변을 겪게 되었다. 하지만 살아남은 독립군은 각기 재기항전을 준비하였다. 일부는 그곳에 남아 고려의용군(高麗義勇軍)에 편입되어 빨치산으로 볼셰비키혁명에 참여도 하였다. 그러나 대부분의 독립군 부대들은 분산 혹은 집단으로 그곳을 이탈, 소만국경을 다시 넘어 중동선(中東線)을 중심 한 북만 일대와 그 이남의 이전 활동지를 찾아 재집결, 항일전을 재개하여 독립군의 강인한 투지를 보였다. 이와 전후하여 대한독립군에서 임시정부로 보낸 각종 공사신의 문헌을 검토하면 하나같이 임시정부의 지휘와 지원을 갈망하고 있다. 그중에도 1921년 9월 10일 대한독립군 북만주 통신부 '리즁실'이 대통령 이승만에게 보낸 「알려드리는 글」에서는 다음과 같이 간난(艱難)한 전형을 보고하고 있다.

알려드리는 글

삼가 따로 쓴 두장과 함께 사뢰나이다. 남북만주 여러 군단이 성립됨이 이미 삼년이라 요량함이 없음은 아니오나 자랑할 만한 열매를 못함은 깊이 유감되는 바인가 하나이다. 지남으론 선령의 뜻을 잇고사, 시남으론 이십조의 동포를 건지고자, 다음으론 억만대 자손에게 복록을 주고자 하는 우리 독립군의 두 어깨가 이미 무거웠으며 따라 한 두 해에 이를 바가 아닌가 하나이다. (중략)

저희는 이 뿐으로 최후의 마음을 결정하였나이다. 때는 일기가 혹독히 추운 겨울이라 몸에는 솜을 붙이지 못하고 발에는 홋감발에 미투리뿐

인 그 모양이 어떠하오리까. 할 일 없어 중동선 북으로 향하여 첫째는
군인의 얼고 줄임을 면코자 하며, 둘째는 여러 군대를 모으고자 하니 먼
데는 수천 리요, 가까운 데는 칠팔백 리 되는 험한 산골 빽빽한 산림을
지나는지라. 이 일이 어찌 쉽소오리까. 더구나 중동선 북에는 우리 동포
의 집이 드물어서 몇백 명 군인의 의복과 양식도 공급할 수 없으므로 이
또한 사세에 의지하며 다시 아령 이만으로 가게 되었나이다.

아령 이만으로 간 뒤에 여러 군단이 합하여 전날 명의를 모두 작소하
고 '대한독립군'이라 이름하여 한 기관 아래에 지휘를 받게 되었더라. 이
만은 일·아 사이에 이른바 완충의 땅이므로 적의 교섭이 심하여 다시
아령 혹하편으로 가게 됨에 전부가 다 그곳으로 가면 첫째 내·외지에
교통이 편치 못하고 또는 모두 볼셰비키됨이 우리 독립운동에 편치 못한
일이 많으며, 겸하여 후방의 수습으로 말미암아 중요 임원 모모는 중령
에 있게 되었나이다. 후방의 수습이라는 것은 여러 가지 곤란함이 많아
열에 아홉이 뜻과 같지 못한지라, 간도에 있어서는 작으나 크나 무기를
사며 사관을 가르치는 경비는 모두 간도 사시는 동포의 의연으로 썼거니
와 한번 간도를 떠난 뒤에는 한 푼의 경비가 극히 어렵고 어디어디서 약
간의 구제비를 보내주셔서 가이 없이 감격하나, 이것이 불 피어나는 화
로에 눈송이 집어넣기라. 지금에야 근근아 오백쯤의 무장군인을 모았사
오나, 첫째 근거의 땅이 큰 문제요, 둘째 과동에 예산이 없는지라. 슬프
다, 물 없는 웅덩이의 고기요, 불 붙는 기둥위의 제비라. 이를 뉘 능히
구하며, 뉘 능히 살게 하리요. 많으나 적으나 우리 동포가 아니면 그 뉘
라서 돌아보오리까. 감히 비옵나니 밑 없는 구덩이에 빠진 무리를 건져
주시옵소서.

아령 자유시에 있는 2천의 군대는 입고 먹는 것을 모두 아인이 공급
하오니 비록 나라가 다르면 인종이 각 빛이나 이와 같이 보호하여 줌이
또한 감사한 일이오며 아직까지는 별일 없이 지내나이다.

그 밖 몇 가지 착수하는 일이며 또는 몇 가지 설계함이 있으나 아직
비밀에 붙일 수밖에 없으므로 갖추어 사뢰지 못하나이다.(맞춤법 – 필
자)[31]

　임시정부에서는 이와 같은 북상 독립군에 대하여 재원 부족과 그밖에 임시정부의 내분 등으로 제대로 지원하지 못하였다. 뿐만 아니라 경신참변을 겪고 재기하는 서북간도를 중심한 남북만주 여러 갈래의 항일운동 세력에 대하여도 제때에 적절한 대책을 세워 독립운동의 기반으로 육성하였다고는 볼 수 없다.

　둘째, 이러한 배경에서 설상가상으로 1921년에 들어서면서 북경(北京)에서 임시정부 반대성향을 띤 인사들에 의하여 군사통일회(軍事統一會)가 개최되어 정치적으로 크게 부각되면서 임시정부의 군사정책까지 혼란으로 몰고 갔다. 이 군사통일회의(軍事統一會議)는 3·1운동 중 상해에서 성립된 대한민국 임시정부를 용납지 않거나 혹은 그 정치노선과 정략을 반대하던 인사들이 각기 소속단체를 대표하여 북경에 집결, 구성되었다.[32] 즉 '내지 국민공회(國民公會) 대표 박용만(朴容萬)'을 비롯하여 "하와이 國民軍 대표 金天浩, 朴承善, 金世晙, 北間島 國民會 대표 姜九禹, 西間島 軍政署 대표 宋虎, 국내 光復團 대표 權敬止, 하와이 獨立團 대표 權承根, 金鉉九, 朴健秉, 국내 朝鮮靑年團 대표 李光東, 李章浩, 러시아 大韓國民議會 대표 南公善, 국내 勞働黨 대표 金甲, 국내 統一黨 대표 申肅, 黃學秀, 申達模" 등 10개 단체 대표 17명이 국내외에서 참가 구성한 것이다. 그 중에도 핵심 인물은 국민공회 대표로 참가한 박용만과 통일당(統一黨) 대표로 참가한 신숙(申肅) 및 신채호 등이었다. 박용만은 상해 임시정부의 임시 대통령이 된 이승만의 정적(政敵)으로 이미 1910년대 하와이에서 항일 독립운동의 노선과 방략을 그와 달리 하여 심한 정쟁(政爭)을 벌여오던 사이였다. '독립전쟁론'에 바탕을

31) 『雩南李承晩文書』 7, 561~568쪽.
32) '軍事統一會議' 명의의 1921년 5월 일 「宣言書」와 '大朝鮮共和國軍事統一會議' 명의의 1921년 5월 일 「聲討文」.

둔 무력항쟁을 위주한 박용만과 외교 중시의 독립론을 주장하면서 점
진적 방략의 항일운동을 전개한 이승만의 양인은 끝내 하와이 한인사
회의 분열까지를 몰고 온 알력과 배척의 정쟁을 일관하여 상호 용납이
어려운 사이였다.[33] 또한 천도교인(天道敎人)이기도 한 신숙은 상해 임
시정부의 외교 성향의 항일 노선을 용납하지 못하여 군사통일에 앞장
섰고, 후에 국민대표회(國民代表會)에 발기인까지 되어 임시정부를 부정
하는 창조파(創造派)에 가담한 인물이었다.[34] 또한 신채호는 임시정부
건립 시 이승만의 위임 통치론을 들어 이승만을 배척하다 임시정부를
탈퇴한 인물이다.

이들이 반년여의 준비 끝에 1921년 4월 17일 북경 교외 삼패자화원
(三牌子花園)에서 개최한 군사통일회의는 항일독립운동의 노선과 방략을
1910년대의 '독립전쟁론'의 구현을 목적으로 한 '군사위주의 노선과 방
략'을 뚜렷이 제시하였다. 그들은 그 같은 취지를 군사통일회의가 채
택, 공포한 「선언서(宣言書)」에서

> 我 獨立 문제는 軍事가 아니면 해결이 불능이오, 軍事운동은 統一이
> 아니면 성공은 難望일세. 於是乎 軍事統一의 절대 필요에 鑑하여 내외지
> 각 단체의 연합으로 성립된 本會議는 그 목적이 실로 此에 不外하며 그
> 精神이 또한 此에 在할 뿐이로다.[35]

라고 천명하였다. 그리하여 이를 달성하기 위한 방략으로 상해의 대한
민국 임시정부와 임시의정원을 부정, 그를 즉각 해체하고 대신 1919년

---

33) 金鉉九, 『又醒遺傳』 및 『雩南略傳』 참조.
34) 朝鮮總督府警務局, 『大正 11年 朝鮮治安狀況(國外)追加』, 「國民代表會의 槪況」.
35) 軍事統一會 명의의 「宣言書」.

4월 23일 국내에서 국민대회의 명의로 선포된 한성정부의 법통인 "대조선공화국(大朝鮮共和國)"을 건설하여 항일독립운동의 최고기관으로 봉대하여 국내외의 군사통일을 이룩하고자 한 것이다.[36]

따라서 이 군사통일회의에서는 대한민국 임시정부에 대신하는 대조선공화국의 건설을 위하여 대통령 이상룡을 수반으로 하고 국무총리 신숙, 외무총장 장건상(張健相), 학무총장 한진산(韓震山), 내무총장 김대지(金大池), 재무총장 김갑(金甲), 군무총장 비팔무, 교통총장 박용만 등의 조각 인선까지 마련되었다.[37] 이어 군사통일의 방안은 대조선공화국 정부(大朝鮮共和國政府) 산하에 국내외 각지의 독립군을 통합된 '대조선국민군(大朝鮮國民軍)'으로 편성하는 것으로 계획되었다.[38] 그를 위하여 박용만이 이 대조선국민군의 총사령관이 되고, 각지 군인을 징집, 군적부를 작성하는 한편 국내외 각지의 각종 군직을 임명하고, 군사비를 징수하여 "我軍界의 통일적 共同動作으로 血戰의 개시를 是謨"한다는 내용이었다.

군사통일회의는 이와 같은 계획을 추진하기 위하여 「선언서」를 발표하고 상해 임시정부를 타도하기 위하여 「성토문(聲討文)」을 채택, 내외에 홍보하였다. 특히 성토문은 임시정부의 수반인 이승만을 집중 성토한 것으로 3 · 1운동 발발 전후의 대미(對美) '위임통치청원(委任統治請願)'에 대한 논척(論斥)이 주지(主旨)를 이루었다. 한편 임시정부와 임시의정원에 대표를 파견하여 불신결의문을 보내고 3일 이내에 해체 하라

---

36) 大朝鮮共和國軍事統一會議 명의의 「聲討文」.

37) 金正明편, 『朝鮮獨立運動』 Ⅱ, 479~480쪽, 「55. 北京ニ於ケル三南派ニ ヨ ル朝鮮共和國政府樹立ノ件」.

38) 木藤通譯官, 「大正 12年 6月 8日稿 北京在住朝鮮人의 最近狀況」, "4. 不逞鮮人及主ナル鮮人, 第一 軍事統一會", 韓國史料硏究所編, 『朝鮮統治史料』 8, 1971, 389~390쪽.

는 최후 통첩을 발하였다. 그러나 이와 같은 성급하고도 격정적인 조치는 실행될 수 없을 뿐 아니라 도리어 정계에 큰 파문만 야기시켰다. 그것은 군사통일회의의 결정과 조치가 대한민국 임시정부의 객관적 지위와 권위를 일방적으로 무시하고 유린한 것이기 때문에 반동을 일으킨 것이었다. 동년 5월에 들어서면서 천진(天津)의 재류동포들은 민중대회(民衆大會)를 개최하고 「아 조국광복운동(我祖國光復運動)의 일대 위기에 재하여 동족 부모형제의 앞에 읍고(泣告)함」이라는 격문을 산포하며 군사통일회의의 주동자들을 '국적(國賊)', '야욕한(野慾漢)'으로 규정, 국민이 일치단결하여 토벌하고자 나섰다. 또한 임시정부에서도 내부령(內部令) 제121호를 발하여 군사통일회의의 불법을 규탄하고 각 단체에 대하여 경계를 촉구하였다.[39] 따라서 군사통일회의는 소기의 M목적을 달성치 못하고 도리어 주위에서 쏟아지는 큰 비난 속에 유회되고 말았다.

그러나 군사통일회의의 영향은 컸다. 그것은 한편으로 독립운동의 최고 기관인 임시정부의 존폐문제와 관련하여 국내외 독립운동의 방향과 방략을 재정립하려는 국민대표회의(國民代表會議)의 소집의 계기를 마련하여 결국 다음해 5월 독립운동사상 유례없는 국민대표대회가 개최케 된 것이고, 다른 한편으로 독립군이 실존하는 남북만주와 연해주에서의 실질적 독립군단의 통합운동을 촉진하게 했던 것이다. 이와 같은 정국의 파장들은 임시정부의 위상을 크게 위축시켰을 뿐 아니라 임시정부의 군사정책을 혼미상태로 실종시키고 말았다.

---

[39] 蔡根植, 『한국무장독립운동비사』, 공보처, 93쪽 및 韓國史料硏究所編, 『朝鮮統治史料』 8, 490쪽.

6. 맺음말

1) 대한민국의 광복선언과 임시의정원 및 대한민국 임시정부의 의미

국내외의 온 한민족이 일치단결하여 국론을 통일하고 대한제국을 계승할 대한민국의 광복선언을 추진한 새로운 역사방향을 제시하고 분투하게 되었다. 뿐만 아니라 제국주의의 동양에서의 여얼인 왜구의 강폭한 식민지 정책으로 훼손되어 가는 사회문화 등 한국의 역사오염을 배제하는 풍조가 불같이 일어났다.

요즈음 학계 일각에서는 '3·1운동은 혁명이다'라는 학설이 부상된다. 3·1운동을 학명으로 보는 견해는 당시에도 3·1운동을 주권재민의 대한민국의 광복선언을 추진하던 대한민국 임시정부는 물론 임시의정원은 그렇게 생각하고 추진하였다. 그러므로 3·1운동을 혁명으로 보는 견해는 새로운 것이 못되나 그 뜻은 현재 학계의 논의되는 것과 같을 수밖에 없었다.

둘째는 3·1운동을 국내외 온 겨레의 국론이 통일된 광복선언의 가장 지엄한 실천과제로 추진하던 상해에서 분투하던 대한민국 임시정부의 요인들은 한결 같이 그러한 목표 하에 활동하고 있었다.

셋째는 대한제국을 이은 대한민국의 광복선언을 독립운동의 선봉에 섰던 백암 박은식 같은 분의 견해도 온 겨레의 염원인 광복선언을 한민족 독립운농이라 표현하였다. 이것은 국내외 독립운동을 '광복선언'의 지엄한 대업으로 여겨 국내외 국제정치에서도 무난한 독립운동으로 표현하고 한국통사(韓國痛史)를 이은 그의 '한국독립운동지혈사(韓國獨立運動之血史)'에서도 그렇게 표현하였다.

2) 대한민국의 독립선언과 임시의정원 및 대한민국 임시정부, 건국강령

대한민국 임시정부는 경신참변 후 서북간도를 중심한 남북만주와 러시아 연해주 지역의 독립군 및 관련단체들과 더 이상 깊은 관계를 유지하지 못하고 소원하여졌다. 그럼에도 불구하고 임시정부와 그들 지역의 독립운동은 근본적으로 관계를 끊을 수 없을 뿐만 아니라 상호 협조 내지 공생이 불가피한 상황에 처하여 있었으므로, 그 후에도 기회 있을 때마다 양측에서 새로운 관계를 맺으려는 노력이 되풀이 시도되었다. 그 가운데 대표적인 사례를 들면 다음과 같다.

첫째, 1920년대 중반 삼부(三府) 성립시기에 북만에서 신민부(新民府)가 기틀을 잡게 되자 1926년 4월 15일자로 김혁(金爀)·김좌진·박성준(朴性儁) 등 중앙 간부가 연명으로 임시정부 대통령 이승만에게 공한을 보내어 임시정부의 지휘와 지원을 요청하였다.

> 自庚申年 北進 이후에 北滿 一隅에서 樓居하던 중 客年 3월경에 北路軍政署·義軍府·光復團·獨立團 급 내지 각 단체와 북만 각 지방 住民 대표로부터 統一會를 促成한 결과 신민부를 조직한 이래 1주년간에 군사행정을 施設한 바 今에 稍稍 정리되어 근저가 漸確하오니 다행이오나 此로써 어찌 대업의 기본이라 하오리까

라고 신민부 설립의 경위를 설명하고, 이어

> 3·1운동이 발생한 이후로 성립된 임시정부는 우리 운동의 최고기관이 되어 절대로 大同的 統治의 本位가 되지 않고는 밖으로 國際의 同情을 구하며 안으로 군중의 정신을 숲一케 하기 만불능으로 사료하는 견지에서 (중략) 각하의 지도를 받아 사업의 전도를 진행하고자 하오니 統亮

하신 후 左開條項(내정·외교·무력준비·경제문제)의 善處辨法을 明教
하오서 우리의 목적을 速圖케 하심을 바라나이다.[40]

라고 하며 내정·외교·무력준비·경제문제 등에 걸쳐 임시정부의 명
교(明教)와 후원을 요청하고 있다. 그러나 임시정부는 내분과 자금부족
등으로 적절한 대책을 제시하지 못하여 신민부는 여전히 임시정부의
지휘체제로 들어가지 못하고 말았다.

둘째, 경신참변 후 활동을 재개한 남만주의 여러 독립군단은 어려운
중에서도 상호 통합운동을 벌여 1922년 8월에는 대한통의부(大韓統義府)
를 결성, 항일역량을 향상시키고 임시정부와 유대관계를 다시 맺으며
남북만주에서의 통합기반을 구축하려 하였다. 이를 계기로 1924~1925
년까지는 지금의 요녕성인 봉천성의 집안현과 관전현을 중심으로 압
록강 대안 일대에 세력을 가진 참의부(參議府)와 봉천·길림 양성에 걸
치는 하얼빈 이남 흥경(興京)·통화(通化)를 포괄하는 남만주 일대를 세
력권으로 하는 정의부(正義府)가 성립될 수 있었다. 그중 참의부는 조직
을 정비하면서 채린(蔡燐)·조능식(趙能植)·박응백(朴應伯) 등의 대표를 상
해 임시정부에 보내어 그 전말을 보고하고, 전 광복군사령부 계통을
계승한 임시정부 직할하에 남만주 군정부로 인정, 지휘를 요청하였다.
임시정부에서는 이를 크게 환영하고 김승학(金承學)과 이유필(李裕弼) 등
임시정부 요인을 현지에 파견하여 군정부 조직과 활동을 협력 지원케
하였다. 그리하여 그들은 그해 8월경 명의도 '대한민국 임시정부 육군
주만참의부(陸軍駐滿參議部(府))'라 하고 군사와 민사를 아울러 통할하는
새로운 조직을 정비하였다. 이와 같이 참의부는 창립 초부터 3부 정립

40) 『雩南李承晚文書』 16, 423~426쪽.

시기에 유일하게 임시정부 직할군단으로서의 한계는 있으나 변함없는
지위를 갖고 1924년 5월 압록강에서 사이토 마코토(齋藤實) 총독을 저격
하는 전투와 같은 독립군 항전사를 기록하였다.

> ※ 이와 관련되어 참고될 저술은 「3·1운동사와 대한민국 임시정부
> 의 광복선언(光復宣言)」에 수록되었다(『大韓民國臨時政府公報』,
> 2004.12, 독립기념관).
> ※ 1919 대한민국 임시정부 광복선언 및 임시의정원, 임시정부 논문

일제의 한국 침략과 전후 일본의
역사왜곡 및 독도침탈 기도

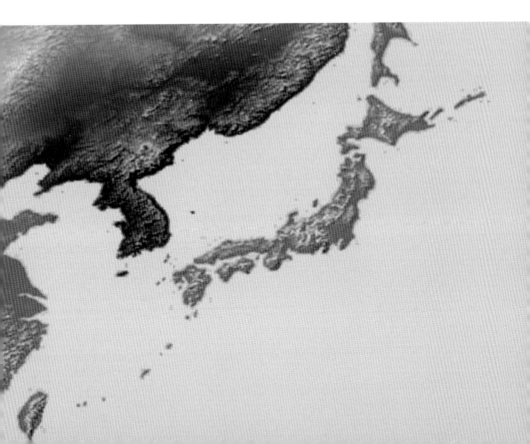

일제의 한국 침략과 전후 일본의 역사왜곡 및 독도침탈 기도

1. 머리말

금년(2008년)으로 대한민국정부 수립 60주년을 맞이한다. 또한 통분의 을사5조약 강제늑결 103주년을 맞이한다. 일제 침략전쟁인 러일전쟁과 그 부수물인 을사5조약 강제 이래 1945년 일제 패망으로 민족해방 때까지 40여 년에 걸친 미중유의 '민족수난'을 성찰하게 되고 후자에서 해방 후 60여 년에 걸친 광복사를 점검하는 계기도 되었다. 특히 민족적 과제인 남북통일을 전망하면서 무한경쟁을 예고하는 새로운 21세기 지구촌화 시대를 맞는 현시점에서 우리의 지난 '수난과 격동'의 한 세기의 성찰과 회고는 오늘의 올바른 좌표를 찾고 미래의 밝은 진로를 마련하는 중요한 은감(殷鑑)일 수도 있기 때문이다.

을사5조약을 전후해서 유사 이래 지켜온 나라를 잃은 우리 민족은 일제 '침략과 지배'에 그대로 굴종하지 않고 조국광복을 위하여 국내외에서 피로 점철된 민족운동 내지 조국독립운동을 해방의 순간까지 강인하게 전개하여 마침내 일제의 패망을 기점으로 민족해방을 맞이했다. 광복의 새 역사를 연 것이다. 그러나 전후 40여 년에 걸친 일제 침략과 식민지 지배가 남긴 폐허 속에서, 더욱이 그 후에 뜻하지 않게 밀어닥친 6·25의 전전이 겹쳐 동서고금의 유례가 드문 '빈곤과 황폐'의 늪을 벗어나 해방된 민족의 새 나라를 건설하여야 될 간난의 배경을 지닌 광복 60년의 역사이었다.

그럼에도 불구하고 우리 국민은 성실과 근면의 민족성을 바탕으로 첫째, 근대 산업화에 매진하여 빈곤과 후진국의 명예를 씻고 경제 강국으로 부상하였다. 우리 국민의 피땀 어린 결실인 것이다. 논자에 따라서는 세계 11위의 경제성장국으로 논위하기도 하고 선진국 진입의 문턱을 바라보기까지 논위하기도 한다. 둘째, 우리 국민이 평화애호의 민족의 높은 도덕성을 바탕으로 온 국민이 민주화에 분투하여 자유 민주 국가 건설에도 괄목한 진전을 이룩하였다.

그러나 호사다마인지 이와 같이 급속한 산업화와 민주화 과정에서 바라지도 않고 반듯이 깨끗이 버려야 할 부작용과 부패 오물도 쏟아져 나왔다. 그것은 지나친 물질만능주의와 이기주의 팽배로 나타났다. 그런 속에서 불의와 부정부패의 만연현상은 민족의 드높은 도덕성을 훼손시키며 공익사회의 기반을 뒤흔들고 있다. 그보다도 앞으로의 민족과 국가의 진로를 가로막는 병폐로 작용할 수도 있다. 이와 같은 병폐는 아이러닉하게도 산업화와 민주화를 솔선하겠다는 정경분야 일각에서 격심한 증상을 야기시키고 있는 것 같다. 이것은 바로 민족과 나라의 성장 동력마저 무디어지게 하는 '내우(內憂)'가 아닐 수 없다.

우리에게는 이와 못지않게 외환(外患)마저 심상치 않게 밀려오고 있다. 그중에도 앞으로 한국과 가장 우호선린의 협력이 증진하여야 될 일본과 중국의 '새로운 침략기도'라 할 '외환'인 것이다. 중국은 동북공

정이란 이름의 역사침략의 것이 두드러지며 일본은 패전 후에 경제대
국으로 성장한 여세로 몰아 수십 년 이래 집요하게 고집하는 '교과서
왜곡'에다 한일협정 이래 강화되어 가는 '독도침략기도' 또한 근년 바
싹 성하여진 군국주의 숭배와 계승을 상징하는 '야스쿠니 신사참배 강
행' 그리고 그 심사를 알 수 없는 미일의 군사동맹의 강화 등등 새로운
침략주의 조짐이 뚜렷하다. 게다가 우리의 평화보장과도 밀접히 관계
되는 북핵문제를 해결하려는 6자회담도 순탄치 못하고 추진하고 있는
것인지 아닌지 의심마저 생긴다.

현재 우리의 진로에는 이와 같은 '내우외환'을 슬기롭고 확실하게 걷
어내며 무한경쟁의 21세기 지구촌화시대 생존과 번영을 성취하여야
될 중요한 역사적 과제를 안고 있는 것이다. 환언하면 오늘의 과제는
대한민국의 완전한 독립과 평화가 보장되며 국민의 인권과 민권, 자유
등이 명백하게 신장되는 부강한 '선진 국가 건설'에 귀결된다고 하겠
다. 게다가 한국은 북한과 조속히 통일의 길을 열어야 될 대과제를 안
고 있다.

2. 러일전쟁과 일본군의 한국강점

잔혹한 일제의 '한국침략과 그를 이은 식민지지배' 논리의 이해에서
다음과 같은 2가지 오류를 범하는 경우가 적지 않다. 첫째는 일제 침
략과 대한제국의 멸망을 일제의 청일전쟁과 그를 이은 러일전쟁의 침
략주의에 본령(本領)을 두지 않고 을사5조약과 정미7조약 그리고 한일
병합조약 등의 부수 관련 조약에 큰 준거를 두는 해석이다. 어디까지
나 침략전쟁이 본질이고 관련조약은 부속물인 것이다. 비유컨대 침략

전쟁이 본류라 한다면 관련조약들은 본류에 합류되는 적은 지류들이다. 침략전쟁이 일제의 진면목이라면 관련 조약들은 그의 선전물들인셈이다. 둘째는 한국병탄과 식민지지배 그리고 동양평화의 파괴를 뜻하는 일제의 침략전쟁의 목적과 내용을 그들이 전쟁의 명분과 선전으로 내세운 '한국의 독립'과 '동양평화'의 유지, 나아가 '대동아공영권' 건설 따위와는 표리부동한 것이며 근본적으로 상반된 개념임에도 불구하고, 양자의 연관성을 강조하여 지난날 일제의 군국주의를 분식하고왜곡하려는 해석이다.

일본은 1894, 1895년에 청일전쟁 도발 이래 1904, 1905년의 러일전쟁, 1931년의 9 · 18 만주사변, 1937년의 중일전쟁, 1941년의 태평양전쟁, 그리고 제2차 세계대전으로 이어지는 전후 반세기에 걸친 침략전쟁을 감행하여 한국과 대만에 대한 식민지지배와 만주에 대한 위성국 '만주국' 건립은 물론, 나아가 광대한 동양전역을 파괴와 살육의 '전쟁의 지옥'으로 몰고 갔다. 그러면서도 그 명분은 시종일관 '한국독립의 공고화'를 시작으로 동양평화유지 나아가 '대동아공영권' 건설 등의 위장된명분으로 호도하고 있었다. 더구나 근년에 이르러서는 일본 내 우익집권세력들을 중심으로 '아세아 해방전쟁'이란 역겨운 선전의 강화까지서슴지 않고 있다.

일제의 한국강점은 한국의 독립보장과 동양평화의 유지를 유난히강조한 러일전쟁을 계기로 본격화되어, 궁극적으로 한국을 식민지화하기 위한 '병합'에 착수하였다. 일제는 먼저 한국의 '자주독립'을 위한다는 구실을 내세운 1894, 1895년의 청일전쟁과 삼국간섭 이래 10년을두고 남침하는 러시아를 배제하면서 한국을 독점, 식민지화하고자 하였다. 나아가 만주침략까지를 준비하는 것이었다. 한국의 식민지화를위한 이러한 방략은 1903년 8월부터 1904년 초까지 러 · 일 간 일단 외교적 담판을 시도하였다. 이 담판에서 남화정책을 추진하던 러시아와 한국은 물론, 아세아대륙을 침략하려는 대륙정책 수행에 골몰한 일본은 선착 식민지화 대상인 한국과 만주를 놓고 각기 분할 점유하자는 외교적 흥정을 시도하였다. 하지만, 양국이 모두 군사력에 의한 식민지의 확장이라는 제국주의 야심을 포장한 까닭에 양보가 있을 리 없었다. 따라서 1903년 말에는 39도선 분할까지를 논의하던 이 회담이 교착상태에 빠지게 되었다. 이에 일본은 제1, 2차 영일동맹의 체결과 가쓰라－태프트밀약에서 나타나는 것처럼 미국의 방조를 배경삼아 무력을 통한 해결을 결정하는 한편 한국에 대한 독자적인 식민지화 방침을 굳히며 무단적인 '대한방침(對韓方針)'을 일본의 국론으로 몰고 간 것이다.

이와 같은 방침에서 수행된 일본의 첫 단계 실천이 러일전쟁의 도발과 한국 주둔군의 파견을 통합 한국의 군사적 강점, 그리고 이와 같은 군사적 위협을 발판으로 삼아 한일의정서를 체결하는 것이었다.

일본은 1904년 2월 6일 러시아에 대하여 국교단절을 선언하고 러시아와 싸울 정로군(征露軍)과 함께 한국을 강점할 '한국파견군'의 출동령을 내렸다. 이 한국파견군은 해군중장 도고 헤이하치로(東鄕平八郞)가 지휘하는 60여 척의 연합함대에 정로군과 함께 탑승하여 2월 6일 비밀리에 군항 사세호항(佐世保港)을 출발하였다. 이 함대는 부산 앞바다에서 러시아군을 가득 실은 기선 1척을 공격하여 러시아에 대한 전쟁을 도발하였고, 목포 앞바다를 통과하면서 또한 러시아 기선 한 척을 노획하였다. 목포 인근 해역에서 정로군을 태운 함정은 여순(旅順)으로 향하고 한국파견군은 인천으로 향하여 8일 오후에는 인천항에 도착, 상륙하였다. 상륙군은 곧바로 서울로 향하여 다음날 오전에는 선발대가 서울에 도착, 남산을 점령하고 병위(兵威)를 떨치기 시작하였다.

일제의 이와 같은 한국파견군의 서울 침입은 한국에 대한 정치군사적 점유를 의미하는 것이다. 이에 한국정부는 겁에 질려 기왕에 표명하려던 중립국선언(中立國宣言)을 백지화시켰다. 일본군의 서울 입성이 완료되자, 일본공사 하야시 곤스케(林權助)는 광무황제를 알현하여 금차 러일의 개전과 일본군의 서울 입성은 "한국 황실과 국토를 보호하여 한국의 독립을 영구히 하기 위한 의거"라는 상투적인 거짓말로 광무황제를 기만하면서 배일행동(排日行動)을 견제하기 시작하였다. 이 일본군의 서울 진주(9일) 후에도 전력 보강과 정로북군(征露北軍)의 증파를 구실로 서울 뿐 아니라 연일 전국 정치 군사적 요충지에 들어와 영구적 군용기지를 만들었다. 이와 같은 일본군의 한국 진주는 러일전쟁을 핑계삼아 감행한 한국강점인 것이다.

3. 을사5조약과 정미7조약 및 한일합병조약

일제는 주한일본군의 위력을 빌어 러일 개전 직후인 1904년 2월 23일 「한일의정서」를 체결하였다. 정치적으로 한국 내정간섭의 길을 트고 군사적으로는 영구적으로 쓸 군용지 수용을 가능케 한 한일의정서는 한국의 식민지화를 위한 기반을 굳힌 것으로, 일제는 이 조약을 근거로 '대한방침(對韓方針)', '대한시설강령(對韓施設綱領)', '대한시설세목(對韓施設細目)' 등 식민지화를 위한 대한경영의 세부 실천계획을 수립하여 시행하였다. 이 일련의 세부계획은 한국을 완전 '병탄'한다는 전제하에 군사·외교·내정·재정·산업 등 모든 분야의 통치권을 장악한다는 것을 골자로 하였다. 또한 「한일 외교인고문 용빙에 관한 협정서」를 조인시켜 이른 바 '고문정치체제'를 확립함으로써 그들의 침략정책을 뒷받침하였다.

한편 전쟁의 승세와 한국의 병탄을 위한 정치적 침략을 병행한 일제는 이를 확실하게 굳히기 위하여 국제법적으로도 한국을 병탄 직전의 '보호국'으로 만든다는 계획을 세웠다. 먼저 이를 위한 준비로 한국의 외교권을 완전 탈취하기 위한 조약의 체결을 획책한 것이다. 한국을 '보호국'화하기 위해 국제적으로도 영일동맹의 개정과 가쓰라-태프트 밀약의 추진 및 포츠머스 강화조약 체결을 통해 준비를 마친 일본정부는 보호조약문의 원안을 사전에 작성하는 등 치밀하게 조약 체결을 위한 준비를 서둘렀다. 주한일본공사 하야시(林權助)와 주둔군사령관 하세가와(長谷川) 그리고 이 조약 체결을 총괄하기 위하여 일제의 특파대사란 직명을 띠고 본국에서 급파된 이토 히로부미(伊藤博文)가 현지에서 주동한 것이다.

마침내 이들은 광무황제와 일제의 괴뢰정부로 전락하던 한국정부의 대신들을 위협하여 국제법상 유례도 없는 "을사5조약"을 강제로 체결하려 하였다. 그러나 최고 통치자인 광무황제는 끝내 이 조약을 인준치 않아 국제법적으로는 일제의 일방적인 '선언에 그친 조약'이 되고 말았다. 그럼에도 불구하고 이 조약의 파장은 컸다. 영미를 비롯한 국제 열강이 일제에게 동조하여 한국은 실질상 외교권을 상실하고 일제의 '보호국'이란 허수아비 국가로 간주되고 말았다. 이는 곧 일본의 식민지가 된 것이나 다름없으며 미구에 명목상의 '합병'이라는 절차만 기다리고 있는 형편이 되고 만 것이다.

일제는 1907년 6, 7월에 이상설과 이준·이위종 세 특사의 헤이그 밀파를 구실로 광무황제를 강제 퇴위시키고 '정미7조약'을 늑결, 한국 내정에 대한 행정권 행사의 명분을 세웠다. 한국통감은 일본인을 차관 이하 고급관리에 임명할 수 있으며 모든 공문은 한국어가 아닌 일본어로 작성하게 되어 내정에서 실질상 일제통치가 인정된 셈이다. 이 조약의 체결에는 을사5조약의 인준을 끝내 거부하였던 광무황제가 동의할 리 만무하였고 '대리청정(代理廳政)'의 명이 왜곡 이용되어 부득이 제위에 오른 무위 무능한 융희황제가 이를 저지시킬 수 없는 군사 폭력적 위협하에서 강제 늑결되었던 것이다.

일제는 이 조약과 아울러 비공개를 전제한 조약의 부속 각서의 형식을 빌려 '군대해산'의 동의를 얻어 그해 8월 초에 강제 군대해산의 근거를 만들었다. 결국 정미7조약은 외교권 상실, 일제의 보호국이 된 을사5조약에 이어 내정권을 일제 통감부에 넘겨 한국정부를 명의만 남은 허수아비 정부로 전락시킬 명분을 제공한 셈이 되었다. 더구나 정미7조약의 부속 각서는 호국의 간성인 군대를 해산시킬 빌미를 주어 국망에 즈음하여 나라의 군대가 무장해제를 당하고 강제 해산 되는 비운을 맞게 되었다.

1910년 8월 29일 발표된 '한일병합에 관한 조약'('한일합병조약'이라 약칭)은 명실상부한 한국의 일제식민지 전락을 명문화한 것이다. 러일개전 이래 '한일합병조약'에 이르기까지 일제가 경영한 식민지체제의 내용을 정리하면 첫째, 러일전쟁을 핑계 삼아 한국을 강점한 일제 침략군이 일진회 등 현지 친일세력을 앞잡이로 내세우며 전국적 항전을 벌이던 의병을 거의 무자비하게 '토벌'(탄압)하였다.

둘째, 사령부를 용산에 둔 '주한일본군'이 서울을 비롯한 전국 주요 도시의 요새지를 완전 장악하고 영구 군영시설을 건설, 군사적으로 한국 영유를 완결시키는 한편 300~400명 이상으로 알려진 그들 헌병과 4천 명의 헌병보조원 그리고 경찰을 일본군 헌병대로 일원화시켜 그들로 하여금 '치안' 경찰의 임무까지 담임시켰다.

셋째, 주한일본군을 배경으로 일제 통감부는 한국정부를 정치적으로 무력화시켜 한국 통치에 실권이 없는 명분상의 정부로 전락시키는

데 그치지 않고, 통감부의 괴뢰정부로 개편하여 일제의 한국 식민지체제 확립을 앞잡이로 만들어 놓았다.

'한일합병'이란 식민지화의 마지막 조치의 일제 측 하수인인 데라우치(寺內正毅) 통감은 그 직전 본국 정부에 불려가 일왕으로부터 '합방을 결행하나는 유지(諭旨)'를 받고 귀임하였다. 이와 전후하여 이완용·송병준 등 한국 측 친일두목들은 서로 경쟁하다시피 데라우치에게 한국 측 하수인이 됨을 자원하여, 결국 내각 총리대신 이완용이 데라우치에 의해 지명되었다. 그 방법은 '합의적 조약' 즉 '한일합병조약'을 체결하는 것으로 꾸미고 형식은 한국 황제가 일왕에게 자진하여 한국의 통치권을 영구히 '양도'하는 것으로 하고, 그에 관한 모든 문안과 절차는 데라우치가 본국정부에서 훈령을 받은 것에 따랐다. 따라서

> 짐은 동양의 평화를 공고히 하기 위하여 …… 한국의 통치를 모두 짐이 가장 신뢰하는 대일본 황제폐하에게 양여할 것으로 결정하여 …… 내각 총리대신 이완용에게 대일본제국 통감 사내정의와 호동하여 상의 협정케 한다.

는 이완용의 신임장 내용부터 전문과 8개조의 「한국병합에 관한 조약」과 그밖의 모든 것이 데라우치의 제안대로 따른 것이었다.

한국의 명목상의 주권마저 영구히 없어지는 '한일합병' 조약의 체결이 이와 같이 일제의 하수인 데라우치와 이완용 사이에 한국민의 의사와는 무관하게, 더구나 한민족의 의지에 반하여 자의적으로 합의에 형식(조약)을 빌어 이루어진 것으로 발표하고 말았다. 그로부터 한국은 국호와 정부, 황제 등 일제의 주권적 표현마저 사라지는 일방, 일본의 식민지 통치기구인, 한국통감부를 확대한 '조선총독부'가 생겨 일제의 명실상부한 무단통치하에 들어가게 되었다.

4. 일제의 식민지정책

근대화에 뒤진 한민족은 이상과 같이 우월한 무력을 앞세운 일제의 침략을 끝내 막아내지 못하고 1910년 마침내 나라이름마저 잃고 일제의 직접적인 '식민지 지배'라는 엄청난 '민족수난'을 겪어야만 하였다. 그와 같은 식민지 지배는 1945년 8월까지 36년간에 걸쳐서 계속되었고 그 연원이 된 식민지지배체제는 1904, 1905년 러일전쟁과 그를 이은 을사5조약으로부터 확립된 것이다. 주한일본군이란 침략군의 한국 강점과 지배를 배경으로 하고 추진된 식민지 지배의 성격은 다음과 같이 세 가지 내용으로 요약될 수 있다.

첫째, 주한일본군을 파견하여 한국의 국권을 말살, 한국이라는 나라를 없애고 한국인의 정치적 자유를 속박한 일제의 통치방식은 철저하게 무단정치의 강행이었다. 한국 점유(국방)와 통치의 권력은 러일개전을 핑계로 한국을 침략한 '주한일본군'에 있었고, 식민지 한국의 지배(치안)는 그 일본군에 예속된 한국 헌병대와 헌병보조원 및 경찰 등 부용집단으로 구성된 헌병대에 그 권한이 부여되었다. 병력은 시기와 정치적 조건에 따라 가감이 있어 주한일본군의 경우 적을 때로는 1개 사단이 약간 넘는 경우도 있었으나 대체로 2개 사단이 유지되었고, 그 예하의 헌병대는 처음 2천4백 명으로 시작하여 5천 명 내외의 경찰 등 부용병력이 유지되었다. 이 헌병대는 시기와 조건에 따라 헌병과 경찰의 탈을 쓰고 식민지 한국인의 사상과 행동을 통제 내지 지배하였다. 그러므로 일제의 한국 식민지는 정치적 측면에서는 '무단통치'로 상징되는 군사파쇼정치가 본질을 이루었다. 3·1운동 이후 '문화정치'를 표방할 때처럼 문민정치를 위장할 때도 있었으나 그것은 어디까지나 위장술에 지나지 않았고 내면적으로는 보다 철저한 폭력정치가 시행되었다.

둘째, 한국의 산업과 경제 금융을 철저히 일제의 자본주의 발달을 위한 식민지경제로 개편 운영한 것이다. 따라서 한국의 민족기업과 산업 금융은 그 진로를 차단되면서 일본경제에 병합되고 말았다. 다시 말하면 모든 한국인의 자본과 산업, 기술과 노동 등 일체의 경제는 일본자본에 예속시키고 한국인의 모든 경제적 활동은 일본 제국주의와 일본인을 위한 것이 되었다. 식민지조선의 권부인 조선총독부의 권능과 형태를 요약하면 이와 같은 식민지경제 운영의 최고권부이며 이 경영자에 지나지 않았다. 따라서 동양척식회사란 것도 한국인 경제향상이나 민족자본의 발달을 위하여 둔 것이 아니라 총독부의 이와 같은 식민지 경제 운영의 보조자였던 것이다.

셋째, 한국의 영구 식민지 통치를 위하여, 그보다도 일제의 왜곡된 국시인 '대동아공영권(大東亞共榮圈)' 건설이란 미명을 붙이기도 하였던 대륙침략 수행을 위하여 한국인의 일인화정책(日人化政策)을 강행한 것이다. 19세기 이래 제국주의 전성시대에 어느 열강에서도 시행한 예가 없는 식민지 부용민에 대한 동화정책을 일제는 서슴없이, 그것도 급진적으로 강행시켰다. 원래 1억에도 미치지 못하던 일본 민족이 한국침략을 비롯한 대륙정책을 수행하기란 처음부터 무리한 발상이었고, 그것을 메우려고 가능하지도 않은 한국인의 일인화정책을 강행했던 것이다.

일세는 한국인에게 황국신민화(皇國臣民化)란 명칭의 일인화정책을 추진하기 위하여 어용학자를 동원하여 식민지사관(植民地史觀)을 정립하면서 한국의 역사·언어·문화를 왜곡 내지 비천시하고 한국 민족의식의 말살을 기도하였다. 특히 한국인의 문화적 생명인 한국어의 사용마저 금하였다. 뿐만 아니라 '창씨개명'이란 해괴한 정책까지 감행하였다.

즉 한국인의 성명을 없애고 이름을 변조하는 '폐성변명(廢姓變名)'을 강요하고 일인(日人)−황국민(皇國民)으로 의식화하기 위하여 궁성요배, 신사참배 등의 만행까지 강요하였던 것이다. 한국인의 입장에서는 나라를 잃고 일제에 의한 무단통치라는 강압하에 끝없는 착취를 당하는 식민지 경제의 예속도 어려운 시련이었으나 그에 못지않게 민족성을 말살하고 민족문화를 파괴하는 일인화정책에 보다 큰 원한과 굴욕을 느껴 민족의 '역사적 시련'으로 여겼던 것이다.

5. 역사왜곡

청일전쟁 이래 전후 50년에 걸쳐 침략전쟁에 광분하던 일제는 1945년 8월 무조건 항복을 선언하고 연합국이 제시한 카이로회담과 포츠담선언을 이행하게 되었다.

카이로회담과 포츠담선언의 종지(宗旨)는 그동안 침략전쟁으로 침탈했던 모든 타국의 영토는 원래 피 침략국에 반환하고 한국과 같이 식민지 주민으로 억압되었던 모든 인민은 해방시키며 침략으로 말미암은 학살과 파괴, 착취의 배상은 항복한 일본이 상환하도록 한 것이다. 그리고 연합국 점령하에 일본은 다시 침략전쟁을 감행하지 못하도록 일제의 군사력의 재건을 인정치 않은 평화헌법을 제정하게 하여 일본의 재생이 용인된 것이다. 이에 따라 국내외에서 오랫동안 피의 항쟁을 벌리던 우리 민족은 해방과 조국광복의 새 역사가 시작되었다.

한편 침략전쟁 중 일제에게 침탈된 대만과 남북만주의 중국 영토는 중국에 돌아가고 사할린과 그 부속도서 등은 러시아에 귀속되었다. 또한 필리핀과 인도네시아 등을 포함하는 넓은 동양 전역에서 일본군과 그 부용세력은 모두 퇴출되었다. 말하자면 메이지유신 이래 일제가 국시(國是)로 추진하던 '대륙정책'은 완전 실패로 끝나고 그들 침략세력은 동양 전역에서 축출된 것이다.

이와 같이 패전을 계기로 '일제'가 아닌 원래 '일본'으로 회기하게 된 일본을 전쟁피해국들인 한국과 중국은 물론, 관련국들은 앞으로 우호 선린국으로 순탄하게 성장되기를 바랐고 또한 영·미·중을 비롯한 연합국이 이러한 일본의 재생을 적극 후원하였다. 이와 전후하여 귀신도 아닌데 '아라히도가미(現人神)'이라 한 일본천황도 귀신이 아닌 인간으로 회귀하게 하였다.

그 후 일본은 한국의 6·25사변이란 전쟁경기를 편승하면서부터 차츰 경제대국으로 부상하였다. 그러나 평화지향의 일본국이 아닌 딴 모습도 차츰 보이기 시작하여 현재에 이르러서는 위험스러운 징조가 한두 가지가 아니다. 그중 우호선진관계의 증진을 가장 바라는 한국의 입장에서만 보아도 다음과 같은 일련의 난제들을 연이어 제기하여 위구심(危懼心)을 증폭시키고 있다.

첫째, 전후 경제대국으로 성장하면서 집요하게 추진하는 '교과서 왜곡'의 문제이다. 철저한 군국화로 시작한 메이지유신 이래 침략전쟁과 식민지 지배라는 지난날의 제국주의의 역사를 될수록 왜곡 분식하면서 그를 평화 일본국으로 이끌어 가야할 그들 국민교육용으로 교육하려 고집하여 올바른 역사의식을 훼손시키고 있는 것이다.

둘째, 전후 새로 체결된 한일협정 이래 '독도침략기도'를 더욱 강화시키고 있다. 독도(獨島)는 역사적 사실에서나 근대 국제법적 규범에서도 명백한 한국의 영토이고 우리나라 동해상 최동단의 도서인 것이다. 그럼에도 불구하고 일본은 자국도서라고 강변하면서 외교적 압력과 국제적 선전을 자행하고 있는 것이다. 그들의 속내는 독도뿐만 아니라 한국의 동해(東海)를 일본해(日本海)로 바꾸어 일본의 영해를 삼으려는 신제국주의(新帝國主義)의 흉모까지 깔려 있지 않을까. 원래 일본해는 일본 본주(本州)의 동쪽 태평양쪽 연안을 일본해라 하던 것이다. 메이지유신 이후 슬그머니 그들 본주 서쪽 동해연안을 일본해라고 표기 선전하다가 독도침탈을 기도하던 러일전쟁 전후로부터 우리나라 동해를 함부로 일본해라고 표기하며 국제적 선진을 강화시켜 가고 있는 것이다.

셋째는 일본 정계의 일본 군국주의의 상징인 야스쿠니신사(靖國神社)참배의 강행이다. 야스쿠니신사는 일제의 전쟁범죄자들인 침략전쟁의 광신군인을 군신(軍神)으로 받들어 군국주의의 숭배와 계승의식을 부양시키는 그들의 성역이다.

넷째는 일제가 연이은 침략전쟁의 수행을 위하여 학병 지원병 징병 징용 혹은 정신대 등의 이름으로 강제 동원하여 희생시킨 범죄 자료의 은폐와 나아가 그에 대한 사죄와 배상의 책임회피 문제이다. 그밖에도 여러 전쟁 중 도처에서 집단학살과 문화재 약탈 등 여러 부면에 걸친 범죄에 침묵하는 것이 산적하고 있다.

다섯째, 일본은 근래 두드러지게 자위대를 빙자하여 군사력을 증강하면서 미일군사동맹의 강화를 추진하여 100년을 내다보는 로드맵을 작성한다고도 한다. 지난날 피해 당사국들의 의구심을 떨칠 수 없는 일이다. 관련국 모두에게 평화애호의 역사정신과 지구촌화시대 필수적 우호협력의 시대정신의 함양이 보다 절실히 요구된다.

※ 「일본의 역사왜곡과 독도침탈 기도」, 『겨레사랑』 제10호, 윤봉길 의사기념사업회 및 매헌연구원, 2012에 필자의 이 글이 수록되었다. "일본의 역사왜곡과 독도침탈 기도"라는 대주제의 논문 발표로는 김학준 회장의 「한일간 논쟁의 분석을 통한 한국의 영유권

재확인」과 신용하 교수의 「17세기말 일본정부의 독도와 울릉도
에 대한 조선영토의 재확인」 등의 발표가 있었다.

국토의 동쪽 끝인 동도(오른쪽)와 서도.
일본은 1951년 이미 법령을 통해 한국이 1882년 이규원 감찰사를 보내어 관리한 독도
를 자국의 영토에서 제외했다는 사실을 확실히 알게 되었다.(출처: 조선일보)

소비에트 건설기의
고려인 수난과 강제이주

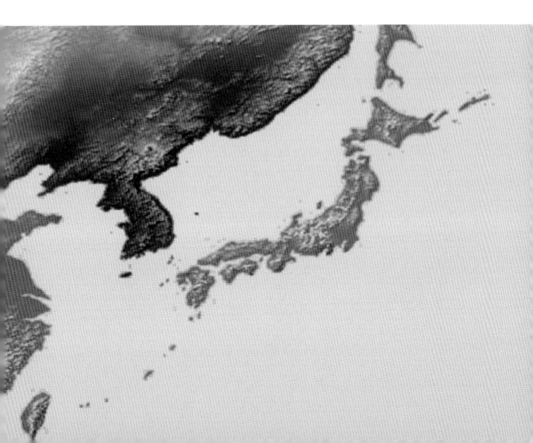

소비에트 건설기의 고려인 수난과 강제이주

1. 4월 참변

1917년 2월과 10월의 두 차례 혁명 후 러시아 극동지방인 흑룡주와 연해주에 거주하는 고려인은 볼셰비키들의 약소민족 해방과 민족자결을 강조하던 정국 변동으로 일면 새로운 기대 속에 활기도 띠웠다. 그러나 혁명의 근원지 상트 페테르부르크에서 가장 먼 곳인 연해주 등지에서는 해산 당한 제정러시아군, 체코군, 멘셰비키 백군, 볼셰비키 적군 등이 뒤섞이고 여기에 일본군을 비롯하여 미국·영국·블란서의 4대 강국 간섭군이 파견되어 소위 '시베리아 정쟁' 혹은 '시베리아 내전'이라고 불리는 전란이 벌어졌다. 이 시베리아 내전에 휩싸인 연해주 고려인은 불안 속에서도 고려인의 새로운 진로를 찾기 위하여 볼셰비키편에 가담하여 소비에트 건설을 위하여 혈투하였다.

시베리아 내전을 격화시킨 연합군 중 미국·영국·블란서군은 그래도 얼마 후 철수하였으나, 일본군은 연해주에서 장기전에 대비하며 연해주내 항일풍조를 억제소탕하려 하였다. 따라서 볼셰비키군은 자주 도처에서 일본군 기지를 습격하였고, 이러한 작전시 고려인 유격대가 합류하여 공동 투쟁하였다.

그중 볼셰비키군은 1920년 3월 12일 이항(尼港)이라고도 부르던 니콜라예프스키항에 주둔한 일본군과 그곳 체류 약간의 일본인을 공격하여 전멸시켰다. 이때 고려인 무장부대인 박일리아가 이끄는 사할린부대도 참전하여 결전적인 전공을 세웠다. 일본정부까지도 나서 이러한 고려인 무장부대는 그들이 지배하는 '조선'과 '만주'에 대한 위협이라고 주장하였다. 그보다도 일본군은 이에 대한 보복을 내세워 그 해 4월 5~6일 블라디보스토크를 비롯한 니콜리스크－우수리스크 스파스크 하바로프스크, 쉬크토보 포시에트 등 6개 도시를 공격하고 고려인에 대한 보복 탄압작전을 폈다. 특히 일본군은 블라디보스토크 신한촌(新韓村, Novaia Koreiskaia Slavadka)을 포위 공격하고 무차별 총격을 가하여 시상자가 수백 명에 이르고 분탕과 가택수색까지 자행하고 3,000여 명이나 체포하였다. 이로 말미암아 신한촌은 초토화 되었고, 고려인이 공들여 세운 한민학교(韓民學校)마저 소각되었다. 또한 니콜리스크－우수리스크에서도 일본군이 광폭하게 작전하며 고려인 76명을 체포하고 그중 최재형(崔才亨), 김이직, 엄팔주, 황경섭 등 연해주 고려인 지도자들을 학살하였다. 이 참변은 해외한인 이민사에서 1923년 일본 관동대지진 때 한인학살을 선행한 손꼽히는 해외한인의 대표적 참상이었다. 이 4월 참사 후 블라디보스토크를 비롯한 연해주에는 일본군이 그들 친일세력을 확장하기 위해 강제 조직한 '조선인거류민단'에 부득이 참여한 고려인도 있었으나 대부분의 고려인은 항일무장 부대인 의군부군단, 국민군단, 군주비단, 혈성단 등 대소 유격대에 참가하여 볼셰비키편에 서서 대일 혈전을 도처에서 벌렸다.

2. 자유시사변

상해 대한민국임시정부와 연해주 대한국민의회는 통합에 합의하고 1919년 8월 30일 국민의회는 해산을 선언하였다. 한인사회당을 이끌던 이동휘(李東輝)는 통합정부인 대한민국임시정부의 국무총리에 취임하였다. 그러나 정세를 관망하던 국민의회 의장 문창범(文昌範)은 상해 임시정부의 통합내용이 '약속위반'이라고 비판하며 상해까지 가서도 선임된 교통총장에 취임하지 않고 있다가 연해주로 돌아가 1920년 2월 15일 대한국민의회 재건을 선언하였다. 또한 연해주 내전에서 볼셰비키 혁명세력이 백위파 정권을 전복시키며 득세하게 되자 연해 주 고려인의 독립운동 세력들은 볼셰비키를 지지하며 점차 공산주의를 표방하는 경향이 두드러졌다. 그들은 러시아 공산당 산하에 고려부를 조직하거나 독자적인 공산주의 조직을 확대해 갔다. 그러나 이들 고려인 공산주의세력들은 이동휘의 상해파 고려공산당과 한명세의 이르쿠츠크파 고려공산당으로 나누어 각축하였다.

1921년에 들어서면서 자유시(自由市)라고도 하는 현재 스보보드니(Svobodny)라고 바뀐 알렉세프스크에 극동지방인 흑룡주와 연해주 및 북간도에서 활동하던 항일 무장 독립군이 집결하였다. 러시아 극동지방에서 활약하던 박일리아가 이끄는 사할린부대와 오하묵(吳夏默)이 이끄는 자유대대(自由大隊)를 비롯한 대소 여러 빨치산 부대가 활동하고 있었다. 그 병력은 2,000~3,000명으로 추산되었다. 그중 사할린부대는 볼셰비키군과 함께 니콜라예프스크 항의 일본군 공격전에 용맹을 떨친 부대로 상해파 공산당 계열의 군대였고, 자유시에 근거를 둔 자유대대는 이르쿠츠크파 공산당 계열에 속하고 시베리아 내전에서 백위군 토벌에 공이 컸다. 특히 홍군 측 빨치산 대장 카란다리쉬브라(Kalandarashvili) 장군 휘하에서 홍백전의 최격전지인 볼로차예프카 전투 등에서 혁혁한 전공을 세웠으며 정률군으로 다른 고려인부대에 대하여 우월감도 갖고 있었다.

한편 북간도를 중심한 중국 만주에서 활동하던 항일 무장 독립군은 1920년 6월 봉오동승첩과 동년 10월 청산리대첩을 치른 뒤 일본군이 자행한 경신참변을 피하여 북상, 밀산(密山)과 라자구(羅子構) 등지에서 부대를 정비 '대한독립군(大韓獨立軍)'이란 단일 군단을 편성, 소만국경을 넘었고, 이만을 거쳐 자유시 방면으로 북상했던 독립군 세력이다. 대종교의 지도자이며 북로군정서를 이끈 서일(徐一)을 총재로 하고 부총재에 '청산리대첩'과 '봉오동승첩'의 명장들인 홍범도(洪範圖)와 김좌진(金佐鎭) 그리고 조성환(曹成煥), 총사령에 김규식(金奎植), 참모장에 이장령(李章寧) 등 역전의 지휘관들로 구성된 대한독립군은 병력이 3,500명에 달하였다.

이 무렵 일본과 소련대표는 캄차카반도연안의 어업협정을 내세워 회담을 벌리고, 일본은 소련 내에서의 한인혁명당의 해산과 고려인 무장군단의 무장해제를 강력히 요구하였다. 소련 측은 이에 동의하고 그 실천을 약속하는 형세이었다. 한편 국제공산당은 극동 고려인 무장부대인 사할린부대와 자유대대의 갈등을 해소하고 나아가 만주에서 북상한 무장 한인의 독립군까지 하나의 군단으로 통합하여 그들 휘하 고려혁명군정회에 두기 위하여 러시아인 의용대장 카란다리쉬브리를 총사령관에, 오하묵을 부사령관에 임명하였다.

이와 같은 배경에서 카란다리쉬브리의 소련군은 자유시에 집결하는 모든 한인부대를 그들 예하 한인 대대로 개편하고자 고려혁명군정위원회로 하여금 다음과 같은 중요사항을 결정 통보하게 하였다. 첫째 개편되는 단일 한인 대대의 지휘관은 오하묵의 자유대대 측의 정률군

지휘관으로 임명한 것, 둘째 새로 개편되는 한인대대의 훈련 장소는 연해주에서 먼 이르쿠츠나 옴스크로 할 것, 셋째 그동안 무장부대를 이끌던 부적합한 지휘관은 자유시에 그대로 잔류하도록 하는 것 등이었다. 이러한 내용은 사할린부대나 북상한 만주 독립군부대에게는 크게 불리한 것이었고, 그들의 군권을 박탈하는 것과 다름없는 것이었다.

그러므로 사할린부대와 독립군부대는 이에 순종하지 않고 그곳을 이탈하여 딴 곳으로 이동하려 하였다. 때마침 소련군은 모든 한인 무장군인의 무장해제를 명령하였다. 이에 자유대대는 순순히 응하여 무장해제를 하고 빈손으로 다른 장소로 이동하는 것이었다. 이른 본 사할린부대는 이들 자유대대에 향하여 먼저 발포하였다. 기다렸다는 듯이 소련군과 다시 무장한 자유대대는 사할린부대와 북상한 독립군에 향하여 무차별 공격을 가하고 강제무장해제를 감행하였다. 미증유의 대 참사가 연출되었다.

이 참변의 정확한 경위와 희생자 통계는 아직까지 자료상 정확히 파악하기 어렵다. 단지 일반적으로 사살된 희생자가 700~800명에 달하고 부상자는 1,000명이 넘으며 실종자는 수백 명에 이르고 900여 명이 포로로 잡혔다는 것이다.[1] 이르쿠츠파의 자료로 보이는 '재로고려혁명군대연혁'에서는 사할린부대의 사상자를 36명, 포로 864명, 행방불명자 59명으로 기록되어 있다. 그러나 일제문서 속에 압수 첨부된 독립군 측 성토문 중에 나오는 자료에는,

"기원 4254(1921)년 6월 28일 노령 흑룡주 자유시에서 대한의용군이 노군과 싸운 결과 사자(死者) 272명, 익사자 31명 행방불명자 250명, 포

---

[1] 이광규, 『러시아 연해주의 한인사회』, 집문당, 1998, 64쪽.

로 917명의 대참변을 당하게 되었다. 대한의용대에 참가하고 있던 단체
는 사할린군대, 청룡군대, 이만군대, 광복단, 군정서 의군부, 도독부, 혈
성단으로써……"[2]

라고 기록되었다. 이르쿠츠파의 자료는 희생자를 사할린의용대에 한
정시켜 축소 발표한 것 같고, 일제 문서에 첨부된 독립군 측의 성토문
자료 속에서는 희생자를 사할린의용대에 한하지 않고 최후까지 항쟁
하던 무장부대의 희생자를 망라한 것으로 생각된다. 한국독립군 사상
최대 참변이 아닐 수 없다.

3. 볼셰비키하의 고려인 사회와 문화운동

 1922년 10월 25일 일본군이 연해주에서 철수하고 이어 러시아혁명
중 완충정부로 두었던 원동공화국(Far Eastern Republic)도 해체되어 1918년
여름 이래 5년에 걸쳐 지속된 시베리아 내전이 종결되어 본격적인 소
비에트시대가 도래하였다. 그러나 내전동안 일본군에 대항하기 위하
여 고려인의 절대적인 협력을 구했던 볼셰비키는 고려인에게 전쟁이
끝나면 토지도 분배하여 주고, 고려인의 조국 '조선'도 해방시키는데
도와주겠다던 약속은 지켜지지 않고 도리어 소비에트 체제만이 강요
되었다. 나아가 고려인에 대한 보다 심한 차별과 연해주를 떠나 시베
리아 원지 혹은 더 먼 중앙아세아에로의 이주 등이 기획되었다.
 한편 소비에트하에서의 집단농장 콜호스를 편성하면서 고려인에게

---

 [2] 윤병석 · 김창순, 『재발굴 한국독립운동사』 I, 한국일보사, 1987, 253~258쪽.

토호청산(土豪淸算)이란 박해가 자심하게 뒤따랐다. 연해주 고려인은 농민이 80%에 달하였고, 농업 중에서도 연해주 추운지방에도 벼농사를 성공시켜 많은 쌀을 생산하고 그를 다른 민족에게도 공급하였다. 그러나 1923년부터 집단농장을 편성하기 시작하면서 개인들의 토지를 몰수하였고 특히 부유한 농민을 토호라 하여 '토호청산'을 격화시켰다. 당시 고려인 중 유명한 부농은 박영수로 지칭되었다. 그는 말할 것도 없고 모든 부농을 대토호, 중토호, 소토호로 구분하면서 단계적으로 그들의 토지 재산을 몰수하였다. 심지어 소나 말 한 마리를 가졌고 자기의 농토에서 생산된 식량만으로 1년간 소비하고 남는 농민이 있으면 이런 부농으로 분류되어 청산대상이 되었다. 이와 같이 토지와 재산을 빼앗긴 토호들을 먼저 우랄시베리아 그리고 멀리는 중앙아세아 지방까지 이주되는 경우가 흔하여졌다. 그러나 이들 부농이 얼마나 청산되고 어디에 강제 이주되었는지 확실한 기록이 현재까지 알려지지 않고 있다.

1929년 현재 연해주 고려인의 총수는 168,000명으로 집계되고 그중 문자 해독률이 34%에 지나지 않는 것으로 알려졌다. 이런 소비에트 체제하에서도 고려인의 각 방면의 문화운동은 강인하게 추진되어 양적인 면에서는 제정 러시아시대보다 월등히 향상되었다. 1917년까지 원동지역에는 4년제 초등학교가 15개에 불과하였으나, 강제이주 직전인 1937년 8월 현재 고려인의 교육·문화기관은 초등학교 300여 개, 초급중학교 60여 개, 중등학교 및 전문학교 20여 개였다. 특히 니콜스크-우수리스크에는 1918년 한족회 주도로 중등학교로서 설립된 조선인사범학교가 우여곡절 끝에 1926년 고려교육전문학교로서 정식 격상되었다. 그곳에서 1936년까지 10년 동안 교원 244명을 배출하였다. 1931년에 설립된 블라디보스토크의 고려사범학교는 1935년에 첫 졸업생 17명을 배출하였고, 학교 내에 단기 코스의 노동학원을 부설하였다. 1934년 5월 현재 고려사범학교에는 158명, 노동학원에 265명의 노동자·농민 출신의 학생들이 재학하였다.

고려인사회에 대표적인 신문으로 『선봉』이 간행되었다. 『선봉』은 블라디보스토크현 당간부 명의로 1923년 3월 『삼월일일』이란 이름으로 창간되어 블라디보스토크에서 발행되다가, 1929년 4월 하바로프스크의 러시아 공산당 원동간부 명의로 1937년 8월까지 발행되었다. 『선봉』은 발행 횟수와 부수가 꾸준히 늘어 1935년 8월 현재 격일간으로 1만 부를 발행하고 있었다. 그 외에 포세트 구역 당간부가 발행한 『레닌의 길로』(1930년 창간), 포세트엠테스 정치부가 발행한 『공격대원』(1933년 창간)과 블라디보스토크 어업조합에서 발행 한 『연해주어부』(1930년 창간) 등도 간행되었다.

한편 고려인 지식인들 간에 일련의 학술 논쟁도 전개되었다. 대표적인 것이 1930년 11~12월, 『선봉』지에 게재된 오창환과 계봉우 간의 이른바 『고려문전』 논전인 것이다. 오창환이 쓴 『고려문전』을 보고 계봉우가 그의 이론을 비관하자 오창환이 이에 반박하였던 논쟁이다. 오창환과 계봉우가 각각 과거 국민의회-이르쿠츠크파, 상해파로 대립한 경력이 있었던 만큼, 이 논전은 또 다른 의미도 있었다. 그밖에 논쟁은 한자폐지론-한자제한론 논쟁도 있다. 『선봉』을 통하여 1929년 2월 계봉우의 한문폐지반대론과 이에 대한 이괄의 비판이 교환된 후, 1931년 4월까지의 논전에서 계봉우와 장도정 등이 한자제한론을, 『선봉』의 중심인물이었던 이백초와 이괄 등이 한자폐지론을 주장하였다. 한자폐지론은 1927년부터 시작된 '한글 라틴화운동'과 관련되어 제기된 것이었다. 한자폐지론-한자제한론 논쟁 역시 주도 인물들이 상해파 계봉우, 장도정과 이르쿠츠크파 이백초, 이괄로 포진된 양상을 띠었다.[3]

4. 고려인 지도자 숙청

1937년 고려인의 중앙아세아에로의 강제이주를 감행하기에 앞서 볼셰비키 정부는 고려인 중에서도 지도급에 해당하는 인사 2,500여 명을 조사, 숙청하고 학살하였다. 이들은 그동안 볼셰비키 건설에 앞장섰던 공산당 간부를 비롯하여 지식인, 군인장교 등으로 고려인에게도 큰 영향을 미칠 수 있는 이들이었다. 이들은 한결같이 러시아 혁명 후 소련에 모든 것을 다 바쳐 충성한 사람들이었으나, 그들이 연행되어 처형당한 죄목은 '반역죄'이었다. 소련에서는 구속영장 없이 요원들이 대개 밤에 집에 들이닥쳐 연행되어 가면 다시 돌아오지 못하는 것이었다. 이와 같이 처형된 사례는 무수히 많으나 그중 조명희와 김아파나시, 이르세니비치 등의 경우를 들면 다음과 같다.[4]

조명희는 저명한 프롤레타리아 작가이었다. 그는 1919년 도쿄 동양대학에 유학하였으나 러시아 작가 르타고르와 막심 고리키의 영향을 받고 1929년 러시아로 망명하여 작가활동을 하였으며 블라디보스토크에서 발행되는 한인신문, 아왕가르드, 근로자의 조국, 선봉 등 신문과 잡지에 주필 또는 발행인으로 활동하였다. 그의 대표적인 작품으로는 「악마 여성들의 춤」・「낙동강」・「저기압」 등이 있다. 1935년 이후 그는 하바로프스크로 이주하여 작가 동맹 한인협회를 지도하였다. 그는 1937년 고려인 강제이주 직전 체포되어 사형을 당했다.

김 아파나시 아르세니에비치는 1890년 포세트 구역 수카노프카 촌에서 출생하여 니콜스크-우수리스크 중학교에 재학 시인 1917년 항

---

3) 반병률, 「한국인의 러시아 이주사」, 『한국사 시민강좌』 28, 일조각, 2001, 83~84쪽.
4) 이광규, 『러시아 연해주의 한인사회』, 68~70쪽.

일 신문인『학생의 목소리』를 출간하였으며, 이것은 일본군에 의하여
폐간 당한다. 3·1운동이 발발하자 그는 니콜스크－우수리스크에서
시위를 하다 체포되어 일시 추방당하기도 하였다. 북만주를 통하여 다
시 연해주로 들어간 그는 1920년 볼셰비키당에 입당하여 활동하였으
며 1921년에는 이동휘와 같이 고려인의 대표로 레닌을 면접, 크게 이
름을 떨쳤다. 그는 연해주 당위원회, 원동변강 당위원회 등에서 활동
을 하다가 1931년 모스크바에 유학을 하였으며 1933년 포세트 기계－
트랙터 배급소 정치부장으로 임명되어 활동하였다. 그곳에서 큰 공적을
세워 레닌 훈장을 받았다. 그는 1934년 제17차 공산당대회에 원동대표
로 선발되어 참가하기도 하였다. 그러나 1937년 체포되었다가 1938년
5월 총살을 당한다. 이 두 사람의 예에서 보는 것과 같이 프롤레타리
아에 충실하고 소비에트에 충성한 것이 죄가 되어 사형을 당하였다.
연해주에서 강제이주 전 2,500명의 처형당한 사람들은 모두 이들과 유
사하였다.

5. 고려인의 중앙아세아로 강제이주

근대 세계사에서도 '민족의 집단이주'는 소련의 흑룡주와 연해주 고
려인의 1937년 중앙아세아에로의 강제이주가 호시를 이루는 것 같다.
스탈린이 지배하던 소련은 18만 극동 고려인을 한국 이주로 치면 2만
리나 되는 8,000km나 먼 중앙아세아 반사막지역에 이주시키는데 자신
을 열고, 그 후 이른 바 그들의 적성민족(敵性民族)으로 규정한 현제도
반러시아 민족운동으로 저명한 체젠족(Cheohen)을 비롯해 리투아니아족
(Lithuanian), 칼무크족(Kalmuks), 인구슈족(Ingushu) 그리고 독일족(Germans) 등

을 그들 필요에 따라 강제 이주시켰다.[5] 고려인들은 동방에서 서방 중 앙아세아 카자스탄과 우즈베키스탄공화국 지방으로 이주시켰으나 독 일족 등은 서방에서 동으로 이동시킨 것이다. 이들 소련 내 소수 민족 이 어찌하여 적성민족이 되며 그중에서도 극동의 고려인이 먼저 서방 원지에 이주시킨 근본 원인과 사실 등에 대한 심층적인 연구는 나와 있지 않다.

1937년 7월 일본이 중국을 침략하는 중일전쟁을 도발하고 이어 동년 소련과 중국은 불가침조약을 체결하였다. 이 조약과 때를 맞추어 동년 8월 21일 소련공산당 중앙위원회와 중앙인민위원회는 극동에 거주하 는 모든 고려인의 강제이주를 결정하였다. 이른바, '극동지방 국경부근 구역에서 고려인 거주민을 이주시키는 문제에 관하여'라는 결의문 (No.1428-326CC, 1937년 8월 21일)의 명령서가 중앙위원회에서 채택되고, 이것 을 당서기 스탈린과 중앙인민 위원장 몰로또프가 서명 발효하였다.[6]

극비문서(특별 file)
명령서 No. 1428-326CC
소련인민위원 대표자회의, 볼셰비키 전소련공산당 중앙위원회
1937년 8월 21일

극동 국경지대 고려인들의 추방에 관하여
소련인민위원대표자회의와 볼셰비키 전소련중앙위원회는 다음과 같 이 명령을 내린다.
일본의 간첩행위 침투를 차단하기 위하여 극동지역에 다음과 같은 조 치를 시행한다.

---

5) 이광규, 『러시아 연해주의 한인사회』, 67쪽.
6) 권희영, 『한국과 러시아: 관계와 변화』, 국학자료원, 1999, 120~126쪽.

1. 볼셰비키 전소련 공산당극동지역위원회·지역집행위원회·극동지역 내무인민위원부 관리국으로 하여금 극동의 국경지대, 즉 포시에트·몰로또프·그로제꼬보·한까이·호를·체르니꼬프·스빠스크·쉬마꼬프·뽀스띄쉐프·비낀·바젬스끼·하바로프스크·쑤이푼·끼로프스끼·깔리닌·라조·소보드넨스크·블라고베센스크·땀보프·미하일로프·아르하린스크·스딸린스크·블류헤로보의 모든 고려 주민들을 추방하여 남카자흐스탄주, 아랄해와 발하시 지역, 우즈베키스탄공화국에 이주시키도록 명한다.

2. 추방에 즉시 착수하여 1938년 1월 1일 전에 끝마치도록 한다.

3. 이주대상이 되는 고려인들로 하여금 이주 시 재산·농업용구·가금(家禽)을 가지고 가도록 한다.

4. 이주 당하는 자들이 남겨두고 가는 동산·부동산·파종된 종자들의 가격을 그들에게 보상한다.

5. 이주 당하는 고려인들이 국경 너머로 나가기를 원한다면, 국경 통과절차를 간략화함으로써 그들이 국경을 넘는 것을 방해하지 않는다.

6. 소련 내무 인민위원부는 추방과 관련하여 고려인들 측으로부터 발생할 수 있는 난폭행위나 무질서에 대비한 조치를 취한다.

7. 카자흐스탄공화국과 우즈베키스탄공화국의 인민위원회로 하여금 이주민들을 정주시키기 위한 구역과 지점을 즉시 정하고 그들에게 필요한 원조를 행함으로써 새로운 장소에서의 경제적·산업적 적응을 보장하는 정책을 세우도록 한다.

8. 교통인민위원부로 하여금 극동지역 집행위원회의 신청에 따라, 이주 당하는 고려인들과 그들의 재산을 극동지역에서 카자흐스탄공화국과 우즈베키스탄공화국으로 실어 나르기 위한 차량을 알맞은 시기에 내어주는 것을 보장토록 한다.

9. 볼셰비키 전소련공산당 극동지역위원회와 극동지역 집행위원회로 하여금 추방에 처해 지는 물자와 사람의 수량을 3일 이내에 보고하도록 한다.

10. 추방방법, 이주대상지역으로부터 출발하는 인원수, 정주 지역에
    도착하는 인원수, 국경 밖으로 내보내지는 인원수를 전신을 통해
    열흘간에 걸쳐 보고한다.
11. 고려인들이 떠날 지역 내에 국경수비를 강화하기 위해 국경수비
    병력을 3천으로 늘린다.
12. 소련 내무 인민위원부로 하여금 국경수비대원들을 고려인들이 살
    던 주거지에 배치하도록 허락한다.

소련인민위원대표자회의   볼세비키전소련공산당중앙위원회
의장 몰로또프   서기 스탈린[7]

  러시아 고려인의 역사를 송두리째 바꾼 명령문은 소련공산당 중앙
위원회에 결정에 의한 것이지만 실은 스탈린의 소수민족 탄압정책에
의하여 자행된 것이고, 그의 심복인 소련 내 무성 책임자인 예조프 지
휘 하에 하바로프스크에 위치한 소련 내무성 극동분국과 운수분국이
강제집행을 감행하였고 현지에서의 총지휘 책임자는 내무성 극동분국
책임자인 류슈코프(Liushkov)였다. 그도 스탈린의 정적 지노비에프와 차
메네프를 일망타진하여 숙청하는데 결정적인 공을 세워서 스탈린에게
서 레닌훈장을 받았고, 극동에 부임하기 직전에 스탈린에게서 고려인

---

[7] 1937년 18만 고려인의 강제이주를 명령한 스탈린과 몰로또프가 서명한 클레
블린의 극비 문서이다. 이 내용은 재소 고려인이 오랫동안 짐작만 하였지 반
세기가 넘도록 보지 못했던 특별 파일 속에 수장된 극비문서였다. 또한 이 명
령서는 1937년 8월 21일부터 1991년 6월 6일까지 54년 동안 효력을 가졌던 문
서다. 스탈린 사후 우여곡절 끝에 소련 안에서 신민주화운동이 일어나고 나
서 이 고려인에 대한 학대가 소수민족의 인권을 유린하는 것이라 간주되어
효력을 상실시켰다. 리 블라디미르, 「재소고려민족의 항일운동」, 『한국독립
운동과 윤봉길의사』, 매헌윤봉길의사의거60주년기념 국제학술회의 보고서,
1992, 272~274쪽.

강제이주의 특명까지 받았던 것이었다.

고려인이 강제이주를 당하기 일주일 전 또는 지역에 따라서는 2~3일 전에 이주준비를 통보받았다. 이주통보 시 부동산을 그대로 두고 간다는 것과 2~3일간의 식사준비를 하라고 하였다. 이주준비를 통보한 후 여행에 필요한 증명서를 압수하고 심지어 마을과 마을 간의 왕래도 중지시키고 타 지역 친척방문으로 간 사람은 그곳에서 이주열차에 승차하라고 하였다. 이주 후원금으로 각 호당 370루블과 1인당 150루블을 지불하였으나 이것을 지급받지 못한 곳도 많았다. 지역에 따라서는 가옥이나 토지를 담보로 수령증을 발급하고 새로 정착할 곳에서 토지와 가옥을 무상으로 지급한다고 약속하였으나 이것을 지킨 곳이 없었다. 이주민들에게는 행선지도 말하지 않고 다만 멀리 떠난다는 것과 출발 일자만 통보한 것이었다.

고려인들의 강제이주는 1937년 9월 9일에서 12월 25일 사이에 이루어졌다. 한 연구에 의하면 당시 이주를 당한 고려인은 총 3만 6,442가구 17만 1,781명이고, 그들이 실려 간 거리는 한국 이수로 2만 리 8천여

1937년 스탈린의 특명을 받고 18만 고려인의 강제이주를 집행한 유태인 류슈코프(1900~1945), 그는 스탈린의 정적 지노비에프와 카메네프를 체포 숙청하는 데 공을 세웠고 내무성 극동분국 책임자로 부임하여 무자비하게 고려인 강제이주를 감행하였다. 그도 결국 후일 숙청이 무서워 일본에 망명, 그곳에서 작고했다.

킬로나 된다고 하였다.

이주 출발 당일 군인이 마을을 포위하고 한 사람의 낙오자도 없이 모조리 열차에 승차케 하였다. 고려인들은 지고, 이고, 들고 갈 수 있는 것은 닥치는 대로 열차에 실었다. 다행히 기차역 가까운 곳에 거주하는 사람들은 수레에 물건을 싣고 열차까지 가져간 사람도 있었다. 병원에 입원한 사람도 퇴원시킨 후 모두 열차에 실렸다. 이주 대상자는 고려인이면 남녀노소 가릴 것도 없이 전부였고, 노약과 임산부 심지어 병원 입원자까지 예외일 수 없었다. 또한 소련 각종기관에 근무하는 사람이나 소련군에 복무하던 고려인까지 해임 또는 제대되어 이주시켰다.[8]

강제 이주시킬 고려인들을 실은 열차는 객차와 화물차 그리고 가축을 실은 가축운반차였다. 객차에 실린 사람은 신문사 직원과 극단원 그리고 사범학교 교수와 학생 등 이른바 엘리트 계층에 속하는 사람들이었으니 이들은 1천여 명에 불과하였다. 이들을 제외한 모든 고려인들은 화물차나 가축운반차에 실렸으며 보다 많은 사람이 가축운반차에 실렸다. 가축운반차는 가축의 분뇨 냄새 때문에 바닥과 벽을 널빤지로 막은 것이었고 널빤지의 사이가 벌어져 있어 열차가 달리면 사방에서 바람이 들어오는 것이었다. 이러한 가축운반차와 화물차를 이층이 되게 중간에 선반을 만들어 아래와 위에 각기 다른 가구가 있게 하여 한 화차에 4칸을 만들고, 한 칸에 한 가구가 사용하게 하였다. 사람이 잠을 잘 수 있게 한 곳은 바닥에 짚을 깐 것이 고작이었다.

고려인들을 실은 열차는 한 열차에 차량 수십 개 또는 백여 개를 단 열차가 10월과 11월 추운 날씨에 시베리아 횡단 철로를 따라 1개월 내

---

8) 이광규, 『러시아 연해주의 한인사회』, 71~74쪽.

외를 달려간 것이다. 열차의 하나가 하바로프스크 근처인 레비노역에서 충돌하는 사고도 있었다. 이 충돌사고로 7량의 차량이 전복 되어 21명이 사망하고 50여 명이 부상을 당하였다고 한다. 열차는 한 곳에 두세 시간 머물기도 하고 잠시 후에 떠나기도 하였으며, 때로는 다른 열차를 보내기 위해 2~3일간을 정차하기도 하였다. 기차가 정차하면 무엇보다 급한 것이 대소변을 보는 것이었다. 용변을 보면 바로 먹거리를 구하여야 하고 물과 나무를 구하여 취사준비를 하여야 했다. 이런 사이에도 기적이 울려 떠나는 신호가 나면 모두 열차에 승차하여야 했다.

한편 기차가 달리면 며칠을 계속 달리기도 하였으며 마실 물도 구하기 어려운 처지에 세수나 목욕은 염두도 할 수 없었다. 기차 안은 혼란을 일으키기도 하였다. 그곳에서 해산을 하기도 하고 사람이 죽기도 하며 식량을 약탈하기도 하고 강한 자가 약한 자를 겁탈하기도 하는 등 혼란도 있었다. 더욱이 추위와 굶주림에서 특히 젖먹이 어린이들이 많이 사망하였다. 고려인의 강제이동은 인류역사상 보기 드문 비참한 참사였다.

고려인의 강제이주 후 보고된 이주의 과정과 결과는 총 124대의 수송열차가 동원되었고 이동한 가구는 3만 6,442가구이며 인원은 17만 1,781명이라고 집계되었다. 캄차카 등 벽지에서 출발한 700명이 뒤졌으나 이들도 결국 이주되었다. 도착한 가구와 인원은 우즈베키스탄공화국(Uzbekistan)이 1만 6,272가구 7만 6,525명, 그리고 카자흐스탄공화국(Kazakhstan)에 2만 170가구 9만 5,256명이 이주하였다.

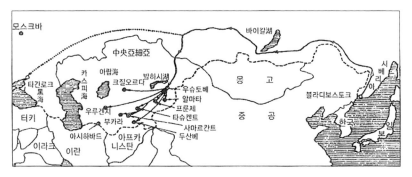

〈소련 내 고려인 강제이주의 경로와 이주지 약도〉
고려인들의 강제이주는 1937년 9월 9일에서 동년 12월 25일 사이에 이루어졌다. 극동에서 8,000㎞나 먼 중앙아시아에 총 124대의 수송열차가 동원되었고, 이주한 가구는 3만 6,442가구이며, 인원은 17만 1,781명이라고 집계되었다. 우즈베키스탄공화국에 1만 6,272가구, 7만 6,525명이고, 카자흐스탄공화국에 2만 170가구, 9만 5,256명이다.

6. 중앙아세아의 고려인 재생

이주열차로부터 하차명령을 받고 고려인들이 하차한 곳이 중앙아시아의 반사막지대였다. 멀리 4,000~5,000미터 높이의 만년설로 덮인 천산산맥만 보일 뿐 끝없는 반사막지대이기에 건조하고 여름에는 몹시 더우나 겨울에는 몹시 추운 곳이다. 카자흐스탄공화국과 우즈베키스탄공화국에 속하는 이곳 반사막지대는 제정 러시아 시대부터 원주민 이외에 유럽인의 유배지로 유명한 곳이다. 카자흐스탄공화국에서는 발하슈 호수(Balkash Lake)로 유입되는 차라탈강과 일리강 부근인 우슈토배, 크질-오르다 지역에 많이 하차하였고, 우즈베키스탄공화국에서는 아무다리야강과 시르다리야강 유역인 타슈켄트 남부 벌판에 하차하였다.

우즈베키스탄공화국에서는 타슈켄트 남부의 하부 치르치크 구역,

중부 치르치크 구역, 상부 치르치크 구역 그리고 호레즘, 구를랜 구역 등 벼농사가 가능한 지역과 이크라미브 구역 등 목화 재배 농장에 고려인을 배치할 계획을 세웠었다. 연방정부에서는 고려인에 대한 정착금과 주거지를 제공하기로 하였으나 우즈베키스탄공화국은 고려인의 이주를 반기지 않고 고려인에게 배당된 물건과 비용을 자기들이 유용하였다. 그리고 고려인에게는 예컨대 7백여 개의 유르트와 임시건물, 창고, 회교사원 등에 입주케 하였다. 이런 곳에 거주하는 사람들도 결국 토굴을 파고 토굴생활을 하였다.

강제이주를 당한 다음 해인 1938년 스탈린은 특명으로 한국어를 소련 내 소수민족의 언어에서 제외시켜 버렸다. 따라서 한국어 교사를 양성하는 사범학교를 위시하여 모든 고려인 학교가 러시아학교로 전환되고 한국어를 수업하던 교원은 다른 과목을 수업하거나 다른 직장을 가져야 했다. 또한 고려인들은 적성민족이기에 거주하는 공화국 이외의 타지에 여행하는 것이 금지되었으며, 더구나 군인으로 복무할 수도 없게 하였다.

이러한 학대와 고생을 무릅쓰고 고려인들은 이주한 다음 해 봄이 되자 운하를 파고 강물을 끌어들여 논을 만들어 가져간 벼를 심었다. 이곳 기후는 열대성 기후라 물만 충분하면 벼농사에는 더없이 좋은 조건을 갖추었다. 다행히 물은 비가 오지 않더라도 만년설을 이고 있는 천산산맥에서 흘러내리는 하천의 물량이 풍부하였다. 고려인들은 첫해에 풍년을 맞고 다음 해에도 풍년을 맞이하여 이주한 지 3년 만에 정착에 성공하였다. 중앙아시아는 원래 유목민이 유목생활에 적합한 곳이었으며 이곳에서 벼농사는 불가능한 것으로 여겨져 왔던 곳이다. 이러한 곳에 동방의 농경농업을 이식하여 옥토를 만들고 쌀과 야채를 보급하여 고려인은 쌀을 보급한 민족으로 유명해졌다. 그리고 천성이 근면한 고려인들은 중앙아시아에서만이 아니라 전 소련에서 모범적인 소수민족으로 알려지게 되었다.

이와 같은 중앙아시아로의 강제이주는 그동안 쌓아온 러시아 한인사회 전체의 기반을 송두리째 파괴한 대사건이었다. 강제이주는 2,500여 명의 한인 지도자들에 대한 대탄압과 함께 1860년대 이래 한인사회가 온갖 역경을 극복하며 쌓아올린 정치적 · 사회경제적 · 문화적인 모든 성과에 대한 전면적이며 비극적인 파괴행위였다.

그러나 이러한 악조건하에서도 고려인들은 정착에 기적으로 성공하였고 첫째, 둘째 해인 1937~1938년의 가장 어려웠던 시절을 극복하고 특유의 근면성과 끈질김으로 점차 새로운 사회와 풍토에 성공적으로 적응해 갔다. 1938년 말경 고려인들은 카자흐스탄공화국에 57개, 우즈베키스탄공화국에 48개의 모범적인 집단농장을 건설했다. 그럼에도 불구하고 이들은 스탈린 사후 1956년까지 거주 이전의 자유를 박탈당하였고, 정치적인 활동도 금지되었다. 그보다도 러시아혁명과 소비에트 건설에 크게 공헌하였으면서도 대우는커녕, 혹독하게 처형되어 역사의 뒤안길에 묻혔던 고려인 지도자들이 복권되기 시작한 것은 흐루시초프가 이른바 스탈린 격하운동을 개시한 1956년 이후의 일이다. 이때 비로소 고려인들에게 거주이전의 자유와 정치활동 참여가 허용되었다.[9]

카자흐스탄과 우즈베키스탄 등 중앙아시아의 고려인들은 정착 이후의 난관을 극복하며, 성공적으로 집단농장을 건설하고 전문 직종에도 활발히 진출하여 모범적인 민족으로서의 위상을 높였다. 그러나 고려인들은 근년에 들어 소련붕괴와 각 공화국들의 독립으로 새로운 고난

---

9) 반병률, 「한국인의 러시아 이주사」, 67~68쪽.

도 맞고 있다. 이들은 공산체제에서 자본주의체제로의 전환에 따른 시련, 그리고 그 지역 민족주의의 고조와 카자흐스탄을 비롯한 일부 국가에서의 민족갈등에 따른 긴장과 대립의 잠재적인 위협을 극복해야만 하는 처지에 놓여 있다. 따라서 새로운 거주지를 찾아 유랑의 길을 또다시 떠나는 고려인들이 늘어나고 있다. 그들 중 많은 수는 원동(遠東)이라고 부르던 고향 극동지방 연해주로 다시 귀환하여 새로운 역사를 시작하고 있다.

　※ 고려인이라고도 부르는 한인의 연해주 이주 약도는 「俄領實記」, 『한국근대사료론』, 일조각, 1979에 수록되었다.

舊소련 전역에 55만… 우즈벡 등에 몰려 있어
공직에서 밀려나고 신분불안 · 저임금에 고생
민족교육 원하지만 방법 못찾아 부모들 고민

출처: 조선일보 2004.8.14.(토)

제 Ⅱ 편

원동연강에 국면전쟁 당시에 고려인 의
병운동과 당의지도.

제 1 장 고려인 의병대 운동의 종료

육동바 로시아에는 말서 섭월혁명이 성
공되어었으나. 토령원동연강에는 천천
강을 통하야 오래 섭월혁명을 성공치
못하엿고 다만 어떠한 국뿌을 받ㅅ 우
쏘베트톡 세우엇을뿐 아나. 이도 영구히
유지를 못하고 한때 혁명적 흥헌더
색태이엿다.

원동연강은 시베리에서 만쿠아 음
ㅂ르에 소뉘 시베리아 정부측 1918년
세우고 3ㆍ대 군사 간구를 원동에 두
어 치다 로불어 의 바이갈을 통라이드
까시 그 안대만 세 물늠을 흐수미하
게 하고 둥롕혈 도흐기며 랑 연운중
섬라ㆍ2 흐르바 돔으로 간구장을
임명하써 웃수러진명우라. 앞 물저
방을 둥관라야 하. 마등 산크로부 흥
섬라고 갈써 끔의(거ㅅ크 안대만)를
지휘케하써 따러서 연본 아메키

— 1 —

루만.지아, 영국, 급 중국 등 텹참군이 해
삼을 근거카고 연해쥭 ▣▣▣▣▣ 중으도
시에 쥭께 하야 있어 원동 1변강에 있
는 로동제급은 1민 중산 농민으로 더욱러
사월혁명을 성공치 못 하게 화엿다
그러나 원동에 로동제급과 1민 중산
농민들은 삼장에 불 어러 나듯 타는 .묵
산 혁명 사상이 1먹여도 음식이 달지아
니하고 느뛰도 긴장을 들지 못 하야 연해
쥭 강쳐여서 1918년에 토서야 혁명대
가 1러날 때에 그려서 곳으로는 간혹
개인적으로는 불오의 등여에 참가 한
사실은 있엇우리나. 대욱여적으로 참
가 쟀 일은 1별로 없엇엇.어. 그러나 그
붉은 의용대에 대하야 물질적으로 나 정
신적으로 그려서 많 들이 강쳐여러 많
은 1방 쪽를 준것은 사실이엇다.

1914-18년 간 세계 제국전 ▣▣▣▣▣▣
▣▣▣▣ 경제 상꽁횡 ▣▣▣이나. 정치
상 위러가 길어지는 환경에서 1말의
토서아에는 무루수이. 미족공화. 유력끄령

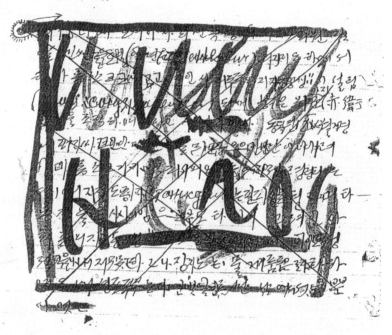

은(이월혁명"명) 지사부를 데려다 러시. 혁명으
(심월혁명"명)까지 성공되고 묵산 뭉재도
산 1메트론 조직하였으때 쎄쯘 벤서 아
▬▬▬▬▬ 오스트리아 때 화란
라. 휘드 등 때되도 혁명이 이러나서
혹은 립현군즉 중이 민즉공회로 혹은
흑앙이나 장병이 되엇던 나.과 등이
자즉독립을 선언하때 혁명정형
건이 세계적으로 건개되는 그때에
암막 밑에 신음하고 있는 동상 때 암막면
줄위때도 이 영향이 보급 되지 아닐수없
어서 동망에 새로 이러난 일본 제국즉
와의 암막을 1받는 고려에서 1919년
3월 1일에 33의 즉회로 고려독립
선언은 량토라고 조선 일대가 남녀로
늙을 물론하고 전무언권이나서. 독립을
선언하고 시위행렬을 지어만 세론호 찰하
는 이때에 중령 만즉나 로령 시베리
에 우거하는 조선인들도 누구를 물론하
고 조선 버지 독립선언에 향응 하야 로
령과 중령통만즉 의 고려인 서즐로
로령승당명 때 미즐회론소집라고 1919년

드월 15일에 대한 국민의회를 조직하야
대한 특립선 언어를 발표한(베르싸살세 강
화회의에 대한국민의회대표를 윤해
고정말 두 사람을 대서로 파송하야 나라운 멘
꼴에 대한 국민의회는 중로 량령을
통하야 림시로 고려정뿌의 행사를 라였다
그러나 대한 국민의회를 모령한 인께
진체가 □□ 그려정뿌거란 철음 콩아
최도 아날뿐만 아니라 그 하체외 능력이
라 언거 뉘선임 □□□ 중로 량령의 그려
인께를 전붸도 회못한 것이오 지뿌 할수
도 없어싯 언것이다 어는 거란의
누구의지도다 제까의 힘을 밀지 아니하고
1919 년에 수청등지에는 한창걸이
영솔한 뒤병아가 이러나고 멀두거우
지방에는 최호렷이 지도하는 그려의
병대가 조직 되엇스며 1920 년에
라서는 감군모가 영솔한 고려의병대
가 수이준지땅 에서 이러나고 림병곡
이 령솔한 그려의병아가 벅두거우땅
멘에서 이러낫으써 황하밀이 령솔
한 그려 뒤병아가 이만 등지에서 이

그래서 고려사람으로 그 때에 총을 메고
불령찬 사람은 다 고려독립군이오 군복입고
군도찬 사람은 모다 고려독립군 이라고 한즉
하였다 지금에 나서도 그들중 이렇게 보는
정인의 무던 관찰이 있으니 이는 비뚤가
한 관찰이매 물령한한 폰조이다
그때의 고려인 니병마 신질을 정치적
언사로 감정하자면 아래깨 서너거지로 갈나
불수있으니 첫재를 무산혁명을 목정라고
■■■■■■■■■■■■■ 붉은의병마 오
들래그는 로서아혁명은 로서아사람으로라고
고려독립은 고려사람으로만 한다 로서아혁명에
고려사람이 터록을볼 필요가없어 그생각하는
■■■■■■■■■■■■■ 의병마며
셋재를보는것은 ■■■■■■■■ 무롤한제
따러가 특권을 무시하는 ■■■■■ 붉으나 그럴지아
니매 사회혁명양 좌의 경향을거진 흑살의
병마도 있은거이다

로령 원동 연강에 출번전진 당사 고려의병마

러나고 최니꼴라이 영솔한 ㄹㄹ의 병마가
아ㅣ관에서 이러나으며 안준이 영솔한
ㄹㄹ의 병아가 암묵주 자유시에서 이러
나고 김병원이 영솔한 ㄹㄹ의 병아기
푸진 ㅆ 동지에서 일어낫ㅅㄴ더 Caeob가
영솔한 ㄹㄹ의 병아가 흑룡강 국 니꼴라
영스크에서 이러나섯고 김동란이 영솔
하던 공산군대가 수이푼구역 선길 동에
서 이러나섯다고 1921년에는

이상에 열거한 모든 ㄹㄹ인 의 병아는
공포령 구설ㅣ
독립을 중심하고 이러나섯기 예문에 그
의 병아의 뛰 호는 갑 ㅅ 다을가 명령 공을
명칭은 모다 ㄹㄹ 독립군 이러고 불커러
우에 열거한 ㄹㄹ 의병아 와 참리
라 연혁을 따라서 ㅃ 과에 난호어 볼수있
으니 제1대는 1919년 ㅂ 월붙어 1920년
2월게지의 어간이니 모령에서 ㄹㄹ독립을
선언한 후로붙어 연해주 전태가 끌은 의
병 의 수중에 ㅎ 팀세를 들어외 군정의리
가 해삼위 에 성립되엇은 때기지를 말
은이오 제2대는 1920년 2월붙어 4월

— 5 —

나·5 일 일본 서베리 출정군 반동사·1번 까지
비어간 으로 정하며 제 3기는 1920년
4월을 나·5일 정면으로 불어 1920년말 까지
즉 간도 토벌사·1번 까지 비 어간 으로 3정라고
제 4기는 1920년말로 불어 1922년 끼
월까지 니 즉 연해측등 흑성 모우측비
수령에서 퇴축라고 의 회측권을 천동병
강며 확실이 맥리로 막고 의 1정 대등은
해산한 데까지 즉 닐음이다·

미주 한인사회의 성립과
민족운동

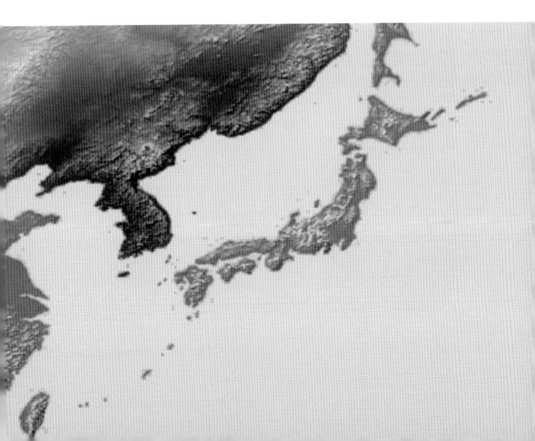

미주 한인사회의 성립과 민족운동

1. 국외 한인사회

국외 한인사회의 성립은 조선조말 1860년 이래 압록강과 두만강 넘어의 서북간도(西北間島)를 비롯한 남북 만주(滿洲)와 러시아 연해주(沿海州)지역에 영세농민의 이주개척에서 시작되었다. 그 후 제국주의 침략으로 말미암아 국내외 정치세력의 변화와 급격한 사회 경제적 변동에 따른 농촌 경제의 파탄으로 이들 지역의 이민이 급증하는 한편 중국 대륙과 일본 및 멀리 하와이, 미주 본토, 멕시코 지역에까지 확대되어 1910년 '한일합병(韓日合倂)' 전후에는 그 수가 100만으로 호칭될 만큼 크게 늘어났다. 그들은 각 지역에서 '신천지(新天地)'를 개척하여 새로운 생활의 터전을 다지며 각기 다른 나라 안에 한인사회를 형성하였다.

그중 가장 규모가 큰 두만강 너머의 북간도(北間島) 한인(조선족)사회는 1910년 전후만 하더라도 이미 수십만을 칭하게 되었다. 자료부족으로 정확한 통계는 제시할 수 없지만 동양척식회사(東洋拓殖會社)가 1917년 현재 조사한 한 통계에 의하면 한인(韓人) 호구 수 36,890가구에 남자 107,650명, 여자 87,961명, 총 인구 195,611명이라고 집계하고 있다. 또한 1910년 전후 그곳 북간도 한중인의 인구 중 한인의 비율이 70~80%를 점하게 되었으며 경작토지에서도 절반 이상을 실질상 점유, 개척하고 있었다. 따라서 인구 면에서나 농지 경작면에서나 북간도는 실질적으로 한인의 '신천지'가 되어 현재 중국 속에 '연변조선족자치주(延邊朝鮮族自治州)'의 터전을 구축하고 있었다. 또한 같은 무렵 압록강 너머의 서간도(西間島) 지방에서도 수십만을 통칭하는 이주 한인(조선족)이 그곳의 황무지를 개척하고 새로운 생활을 영위하면서 한인사회의 기반을 닦아가고 있었다. 이상룡(李相龍)의 『석주유고(石洲遺稿)』에 의하면 이미 1913년에 서간도를 포함한 현재 요녕성(遼寧省)인 봉천성(奉天省) 관내에 286,000여 명의 한인이 이주하여 거주하고 있다고 기술하고 있다. 그럼에도 불구하고 이들 지역에는 그래도 개척 가능한 광막한 가경(可耕) 황무지가 펼쳐져 있었기 때문에 계속하여 한인의 이주를 받아들일 수 있는 여지가 컸다고 하였다.

다음 연해주 지방은 1863년 이래 러시아의 시베리아 개척에 부응하여 한인(고려인)의 이주 개척이 활발히 전개되었다. 한 자료에 의하면 1863년 13호(戶)의 집단이민이 연해주 남쪽 포시에트 (Posiet) 지방 지신허(Tizinhe) 강변의 관유지를 점유 개척하기 시작한 이후 한인의 이주가 연년 증가하여 1864년에는 60호 308명이, 1868년에는 165호가 이민하였다. 그리하여 그곳에 연해주 최초한인 정착촌인 '지신허(地新墟)'가 형성되었다. 이러한 연해주지역의 이주는 1869년과 1870년에는 국내의 대흉으로 보다 급증하여 수천 명이 한꺼번에 이민하여 1869년 6월에서 동년 12월 사이에 65,000명에 달하였다. 이와 같이 늘어가던 연해주 지방의 한인 이주는 1904~1905년의 러일전쟁 이후부터 이주 성격도 변하였다. 그것

은 국내에서의 애국계몽운동과 의병항쟁이 일제 군경에 의하여 탄압
당하는 과정에서 우국지사들이 일제의 탄압을 피해 서북간도 뿐만 아
니라 연해주 지방으로 대거 망명, 민족운동이 두드러진 까닭이다. 더
욱이 일제의 '한일병합조약' 선포로써 한반도가 명실공히 일제 식민지
로 전락하는 과정에서 그동안 항전하다 살아남은 의병, 일제군경의 투
옥 학살을 모면한 애국계몽운동가, 그 밖에 일제의 식민지통치를 반대
하는 많은 경향민이 두만·압록강을 넘어 망명, 유리(流離)의 길로 나섰
다. 그중에서도 많은 지도급 인물들이 블라디보스톡(海蔘威)과 옌차아
라고 하는 연추(煙秋, 현 크라스키노)를 중심으로 하여 연해주지역에 몰려
들었다. 이들 정치적 망명자들은 그 후 연해주 한인사회의 발전과 조
국 독립운동에 중요한 역할을 담당하였다. 그리하여 이 서북간도와 인
접한 러시아 연해주 지방은 1914년 제1차 세계대전 발발 무렵까지는
실질상 국외 독립운동의 중심지역이 되었다. 특히 블라디보스토크 '신
한촌(新韓村)'은 그중에서도 핵심지역이 되었고 연추는 국외의병의 새로
운 항전기지가 되었다. 이와 같은 연해주 이주개척인이 후일 1937년
스탈린에 의하여 크즐오르다와 타시겐트를 중심한 카자흐스탄과 우즈
베키스탄공화국 등 중앙아시아 5개국에 강제 이주되어 그곳 한인(고려
인) 사회의 원조를 이루게 되었다.

식민지 본국인 일본에는 1910년 전후까지는 한인(조선인)의 이주를
크게 규제하여 1,000명 내외로 추산되는 유학생이 주류를 이루고 있었
다. 그러나 1914~1918년의 제1차 세계대전 중 전쟁경기를 타고 노동자
의 수요가 급증하여 탄광 군수공장 등의 한인 이주 노동자가 급증,
20,000명 내외에 달하여 현재까지도 문제 많은 일본속의 한인(조선인)사
회기 형성되기 시작하였다.

특히 미주 한인사회는 1903~1905년 사이에 8,200여 명의 한국인이

하와이의 사탕수수 농장과 멕시코 어저귀 농장에 노동이민하면서 비롯하였다. 이들 미주 이민은 1905년 을사5조약(乙巳五條約) 이후는 일제의 제재로 공식적으로는 계속되지 못하였지만 미주본토와 쿠바 등 중남미 각 지역까지 확산되면서 경제적 토대를 마련, 일제에 의한 민족 수난기 중 1만 인을 통칭하는 한인사회를 성립, 활발한 민족운동을 전개하여 조국 독립운동에 크게 이바지하였다.

2. 미주 한인사회

2003년 1월에 이민 100주년을 맞은 미주 한인사회는 1903~1905년 사이에 하와이 사탕수수 농장에 이주한 7,226여 명의 한인 노동이민과 1905년 멕시코 어저귀농장에 이주한 1,033명의 노동이민자들에 의해 비롯되었다. 이보다 앞서 하와이에 최초의 한인이 내도(來渡)한 것은 1899년경 인삼상(人蔘商)이었던 최동순(崔東順)·장승봉(張承奉)·강군철(姜君哲)·이재실(李在實)·박성근(朴聖根) 등으로 알려져 있다. 그러나 이들은 미국 이민국에 중국인으로 기록되어 있다.[1] 그리고 이민국에 기록된 최초의 한국인은 1901년 1월 9일 향항환(香港丸) 선편으로 도착한 '류두표'였다.[2] 그 후 이와 같은 한국인 이주가 계속되었다 하나, 하와이

---

[1] 김원용,『在美韓人五十年史』, USA: Reedley Calif,, 1959, 6쪽 ; 盧在淵,『在美韓人史略』上, 羅城, 1951, 2쪽 ; 李求弘,『韓國移民史』, 中央日報社, 연도 미상 91~92쪽 ; 玄圭煥,『韓國流移民史』下, 三和印刷, 1976, 811쪽 ;『大韓每日申報』, 1907년 4월 11일 論說「共立協會의 詳報」.

[2] 盧在淵,『在美韓人史略』上, 2쪽. 한편 李求弘과 玄圭煥은 위의 책(811쪽)에서 "한인으로서 이민국에 기록된 첫째는 1900년 1월 15일에 상륙 허가된 영백힌(31)과 김이유(34)의 두 사람이었다. 하와이 공문서 기록에도 영씨는 1백80

사탕수수 농장에 집단 이주할 때까지 그 수는 그리 많지 않았다. 한편 유학생들로는 한미수호조약(韓美修好條約) 체결 이후 노동이민전인 1902년까지 미주 본토에 처음 망명하였다가 유학했거나 혹은 처음부터 유학을 목적으로 도미한 유길준(兪吉濬)·서광범(徐光範)·박영효(朴泳孝)·서재필(徐載弼)·김규식(金奎植)·윤치호(尹致昊)·백상규·이대위(李大爲)·안창호(安昌浩) 등이 있었다. 노동이민시대에 들어서도 이강(李剛)·신성구·신흥우(申興雨)·박용만(朴容萬)·이승만(李承晚)·백일규(白一奎)·임두화·이원익·정한경(鄭漢景)·강영승(姜永升)·강영대·차의석·송헌주·임정구·양주삼 등 40여 명이 있었다. 이들 중 그곳에서 대학졸업생이 75%에 달하는 향학열 보였다. 문명개화를 배우기 위해 도미했던 이들 유학생들은 조국이 식민지화로의 전락을 목전에 보면서 귀국을 포기, 미주를 중심으로 활동하게 되었으며 특히 '한일병합' 이후 1918년까지 신도학생(新渡學生)으로 미국에 건너온 적지 않은 수의 청년들도 동참하여 활발한 민족운동을 벌이게 되었던 것이다.[3]

하와이에서는 1830년 이래 사탕수수농업이 크게 발달하여 하와이 경제에서 중요한 몫을 차지하고 있었으나, 이를 경영하는데 필요한 많은 노동력은 하와이 안에서의 자체 노동력 부족으로 거의 외국인에게 의지할 수밖에 없었다. 따라서 사탕수수 농장에 필요한 노동력을 처음에는 대양주권(大洋洲圈)에서 수입하기도 하였으나 이들은 고된 노동을 견뎌내지 못하고 되돌아가기 일쑤여서 하와이 사탕농장주들은 중국의

달러, 김씨는 4백 달러를 가지고 있었다고 하니 인삼장수에 틀림없다. 그들은 차이나호 편으로 1900년 1월 8일 호놀룰루에 입항한 것이다. 그 후 같은 1월 12일에는 도리크호 편으로 3인의 한국인이 도착하여 11일 후인 23일에 상륙이 허가되었는데 그들은 김신윤, 김원욱, 최신국이었다"라고 밝히고 있어 盧在淵과는 상이한 기술을 하고 있다.

3) 김원용, 『在美韓人五十年史』, 29~30쪽.

광동(廣東)지방에서 '꾸리(苦力)'를 수입하는 방법을 강구하게 되었다. 그리하여 1852년에 300명의 중국인을 데려온 이래로 중국인 꾸리의 수는 해마다 증가해 1882년에는 그 수가 5,037명에 이르러 전체 노동자 10,243명 중의 47%까지 차지하게 되었다. 이와 같은 하와이뿐만 아니라 미주본토에서도 중국인 노동자의 급증은 1870년대에 이르면 중국인 노동자 배척의 여론을 대두케 하였으며, 결국 1898년 하와이가 미국에 병합된 후로는 미국 본토에서 통과된 중국인 입국금지법이 하와이에도 적용되어 중국인 입국이 금지되었다. 그 여파로 1886년부터는 중국인 대신 일본인들이 대거 유입되기에 이르렀다. 그러나 이번에는 일본인 노동자수의 급격한 증가를 초래하여 1902년에 이르면 전체 사탕수수노동자 42,242명 가운데 일본인이 31,029명으로서 전체의 73.5%라는 큰 비중을 차지하게 되었다. 이 같은 일본인 중심의 노동자 구성은 급속한 미국화를 서두르는 하와이 사회에 여러 가지 문제를 야기시키게 되었고, 그 결과 사탕수수 농장주들은 일본인 노동자들을 기피하게까지 되었다.

이와 같이 중국인 입국금지법에 따라 중국인 노동자에 대해 이주금지조치가 취해지고 이어 일본인 노동자들의 격증 및 미본토로의 이주자 발생에 따라 하와이 사탕수수 농장에서는 그 대책으로 한국인노동자 고용에 착안하여 하와이정부의 동의까지 얻어냈다.[4] 그리하여 '하와이사탕수수농장주협회(Hawaiian Sugar Planter's Association)'에서는 주한미국

---

[4] 이러한 한국인노동자의 하와이 이민 경위에 대해 尹致昊는 "糖農及稻農에 노동자가 不足함으로 각국 이민을 권장하나 동양인 중에 淸人은 미국법률에 금하는 바요 韓·日 양국인은 □碍往來하되 일본인은 布哇를 經하여 미국에 轉往하는 자가 夥多함으로 各庄主□言에는 韓民이 每朔 3, 4백 명씩 이주하여도 무방하겠다 云함"이라 설명하고 있다(『大韓每日申報』, 1906년 1월 12일 「布哇情形」).

공사(駐韓美國公使)로서 광무황제(光武皇帝)의 신임을 받고 있던 알렌(Horace N. Allen)에게 도움을 청하였다. 마침 휴가차 귀국, 미국에 체재 중이던 알렌 공사는 1902년 3월 하와이 호놀룰루에 도착, 사탕수수농장 측과 한국인노동자 이민문제에 대해 협의한 뒤 서울로 귀임 이민문제를 제기하였다.[5]

알렌 공사의 협조를 구하면서까지 한국인노동자 이민을 추진하였던 하와이 농장주 측과는 달리 한국정부가 하와이 이민의 요구를 받아들인 데는 몇 가지 또 다른 이유가 있었다. 첫째는 그 무렵 계속되는 가뭄으로 인해 혹독한 기근에 시달리고 있었던 경제적 이유였으며, 둘째로는 중국인도 입국이 금지된 미국과 하와이에 한국인이 갈 수 있다는 데 대한 민족적 자존심도 들 수 있다. 셋째로는 하와이 이민이 '개국진취운동(開國進就運動)'의 일환으로 간주한 것이다. 더욱이 이민노동자들이 이민을 결행한 데는 빈곤이라는 경제적 요인뿐만 아니라 자녀 교육을 위해서, 그리고 가렴주구의 부패관리들의 압박으로부터 벗어나려던 정치·사회적 요인도 깊게 깔려 있었다.

이러한 배경에서 정부는 이와 같은 외국 이민 추진을 위한 전담기관으로 수민원(綏民院)을 설치하였다. 또한 알렌 공사의 추천으로 하와이 노동자 모집과 파송의 일을 미국인 데쉬러(David W. Deshler)에게 위임하였다.[6] 데쉬러는 동서개발회사(東西開發會社, East West Development Co.)를 인

---

5) Wayne K. Patterson, "Korean Frontier in America; Immigration to Hawaii, 1896~1910", University of Pennsylvania 博士學位論文, 1977, pp.135~143 (崔永浩, 「韓國人初期 하와이 移民」, 『全海宗博士화갑기념사학논총』, 일조각, 1979, 703쪽에서 재인용).

6) 데쉬러는 당시 東洋鑛山會社(雲山金鑛) 在仁川港灣社員으로 있었는데 하와이 이민모집을 담당하게 된 데는 하와이 이민을 알선한 Allen 공사의 추천이 있었다. 정부로부터 데쉬러가 받은 위임장의 내용은 다음과 같다.

천에 설립하고 부산·원산 등 주로 항구도시에 지점형식의 사무소를
설치, 한국인 책임자를 두어 하와이 이민 홍보사업을 벌였다. 이들의
이민모집 광고는 신문이나 그 밖에 사람들의 이목이 집중되는 역두(驛
頭)나 교회(敎會), 외국공사관(外國公使館) 기타 사람의 통행이 잦은 거리
에 광고문을 써붙이는 방법도 택하였다.7)

   이 광고문에 의하면 하루 10시간 노동에 한화 57원에 해당하는 미화
15불과 숙식·의료가 지급되는 비교적 좋은 조건이 제시되어 있다. 생
활고에 시달리고 있던 일반 노동자들의 호기심을 자극하기에 충분하
였다. 그러나 압록·두만강 너머의 내왕이 비교적 수월하던 서북간도
를 비롯한 남북만주나 해삼위(블라디보스토크)와 연추(크라스키노) 등지를
중심한 연해주와는 달리 하와이는 태평양을 건너 한번 떠나면 되돌아
오기가 용이하지 않고, 문물·풍속 등이 크게 다른 지역이었기 때문에
이민모집에 선뜻 지원하는 자는 드물었다. 따라서 이민모집을 위한 홍
보활동으로 이민회사 소속 한국인 사무원이 친지를 통해 구전하는 방
식까지 취하기도 하였다. 또한 외국인 선교사를 통한 홍보도 벌렸다.
예컨대 인천(仁川)의 감리교(監理敎) 내리교회(內里敎會)의 존스(George Hebet
Jones) 목사는 한인 신자들에게 그들의 친척이나 이웃에게 하와이 이민
을 설득하고, 직접 서울 등지에도 다니면서 교인들에게 하와이 이민에
응모할 것을 권유도 하였다.8) 이렇게 동서개발회사가 중심이 되어 모
집한 이민 응모인들은 수민원의 총재 민영환(閔泳煥) 명의의 집조(執照,

      "大韓國役夫 國外雇用事는 米國人 大是羅로 常理케 할事.
      光武 六年十一月十五日"
7) 李求弘,『韓國移民史』, 87쪽. 이 광고문은 綏民院이 미국정부를 대리하여 광
   고하는 형식을 취하고 있다.
8) 玄圭煥,『韓國流移民史』下, 799쪽.

여권)를 발급받아 출국하였다.

하와이 이민은 1902년 12월 22일 121명이 제물포항에서 출발한 것을 시작으로 이후 1905년 후반에 이민이 금지될 때까지 7,200여 명의 이민이 계속되었다. 첫 이민자들의 구성성분은 50여 인의 남녀 기독교 교인과 20여 인의 부두노동자 그 밖에 농민들이었다. 이와 같이 시작된 하와이 한인 이민들은 '기독교 교인, 공부를 목적한 학생, 향리의 선비, 광무군인(光武軍人), 농촌의 머슴, 막벌이하던 역부 및 유의유식하던 건달' 등으로 다양한 계층의 출신 인물들로 구성되어 있다.

최초 이민은 출발 당시의 121명 가운데 97명만이 실제로 하와이에 상륙하였다. 도중에 신체검사를 통해 질병자 특히 전염병 보균자 등을 색출, 탈락시켰기 때문이었다. 국내에서 이민 응모 시 육안으로 식별되는 질병자를 탈락시켜 121명이 인천항을 떠났으나 다시 일본 고베(神戸)에서 신체검사를 치러 20명이 탈락, 나머지 101명만이 미국 상선 '겔릭호'로 1903년 1월 13일 하와이 호놀룰루에 도착하였다. 여기서도 보건당국의 검사결과 4명이 탈락, 결국 97명만이 이민하게 된 것이다.

이처럼 1903년에 97명이 겔릭호로 도항(渡航)한 이후, 이어 캅틱호로 63명, 코리아호로 72명이 연달아 도항하면서 계속된 이민이 그해에는 전부 16척의 선편으로 1,133명이, 1904년에 33척 3,434명이, 1905년에 16척 2,659명이 이주하여 그 총수가 65척 선편에 7,226명에 달하였던 것으로 집계되어 있다. 그 가운데 남자가 6,048명, 부녀자는 637명, 아동이 547명이었다.

그러나 후에 윤치호(尹致昊)가 정부의 파견으로 하와이 시찰 후 보고한 「포와정형(布哇情形)」에서는 이와는 약간 달리, 1902년부터 1905년 7월 1일까지 하와이에 도항한 인원은 남자 6,546명, 여자 474명, 아이 509명으로 총 7,519명에 달하였던 것으로 기록하고 있다.9) 그리고 이 총수에 의거하여 이민들의 원적지를 조사한 바에 의하면, 지명불기인(地名不記人) 3,170명을 제외한 3,366명의 출신지를 다음과 같이 밝히고 있다.

> "경기도 906, 평안도 696, 경상도 677, 전라도 335,
> 황해도 253, 함경도 196, 강원도 155, 충청도 148."

이 조사에서 볼 때, 하와이 이민은 전국적으로 이루어졌던 것이며, 특히 경기도, 평안도, 경상도가 큰 비율을 차지하고 있다.

한편 멕시코 이민은 1904년 영국인 메이어스(John G. Meyers)가 멕시코 농장주들과 동양인 이민을 계약하고 중국과 일본에 가서 이민을 모집하려다가 실패한 후 한국에 와서 대륙식산회사(大陸殖産會社)를 경영하던 일본인 오오니와 간이치(大庭貫一)와 결탁, 노동이민을 모집함으로써 시작되었다. 중국과 일본에서의 이민모집이 실패한 것은 이미 멕시코 노동이민이 불법성을 띤 나쁜 조건의 계약노동임이 탈로 났기 때문이다. 그러나 메이어스와 공모한 오오니와 간이치는 대륙식산회사를 확장하여 서울·인천·개성·평양·진남포·수원 등 6곳에 대리점을 두고, 그해 말부터 이듬해 초까지 『황성신문(皇城新聞)』 등에 그럴듯한 조건을 제시한 '농부모집'의 과대광고를 내는 등 갖가지 방법을 써 가난한 이민자를 전국 18개 지방에서 1,033명이나 끌어 모았다.

이들 이민자는 오오니와와 통역 권병숙(權丙淑) 인솔하에 영국선 일뽀드호에 탑승, 1905년 4월 2일경 인천을 출발하여 75일간의 항해 끝에 멕시코 살리나 끄르스(Salina Cruz)에 도착하였다. 그 후 이들 노동이민은 원근 20여 개 여러 어저귀농장에 분산 고용되어 4년 계약의 노예노동

---

9) 尹致昊, 「布哇情形」. 그러나 이상의 파악된 숫자들은 정확한 것이 아니라 대략의 것임을 밝히고 있다.

을 방불케 하는 강제노역에 복무하였다.

반면 호놀룰루에 도착한 미국이민은 하와이군도의 하와이(Hawaii, 夏倭)·마우이(Maui, 馬位)·오아이우(Oaiiu, 臥后)·카우아이(Kauai, 佳倭) 4도 30여 곳 사탕수수 농장에 파송되어 한 곳에 많게는 500~600명이 적게는 수십 명씩 고용되었다.[10] 이렇게 흩어졌던 한인들의 생활상은 농장에 따라 약간의 차이가 있었을 뿐 대부분 비슷한 상황 속에서 생활하였던 것으로 보인다. 이러한 생활을 경험한 이홍기(李鴻基, 1971년 현재 95세)의 하와이의 농장생활 회상기에 나타난 한 예증은 다음과 같다. 이홍기는 이민 전까지 향리에서 이장(里長)을 맡아보다 얼마의 공사전(公私錢)을 축내고 하와이 노동이민으로 와서 카우아이섬 콜로라(Kolora) 농장에서 일을 했고, 후에 호놀룰루 한인감리교회권사도 지냈다. 그의 증언은 다음과 같다.

> 나는 4시 30분에 일어나 아침을 먹었다. 5시에 일터로 나가야 했고 5시 30분에 일을 시작했다. 나는 오후 4시 30분에 일을 마치고 중간 30분간 점심을 먹었다. 나는 하루 67센트를 받고 10시간을 일했다. …… 십장은 하와이말로 루나(lunas)라 했는데 나의 십장은 독일인이었다. 그는 내게 매우 엄격했다. …… 그는 우리가 담배 피우는 것이나 일을 일단 시작하면 허리를 펴는 것도 허용치 않았다. 그는 우리를 소나 말처럼 다루었다. 만약 누구나 그의 명령을 어기면 보통 뺨을 맞거나 사정없이 채찍을 맞았다. 우리들은 해고될까 두려워 그의 학대에 대항할 수 없었다. …… 우리들은 증명카드로써 번호표를 내내 달고 있었고 이름은 쓰지 않

---

10) 尹致昊의 「布哇情形」에 의하면 "農庄會의 今年(1905) 七月一日 調査을 據ᄒ면 我民의 夏倭 馬位 臥后 佳倭 四島 三十餘處 農庄에 散在ᄒ이 多則 五六百名 小則 幾十名 計四千九百四十六人이니 各處로 遷轉이 不一하고 往來가 無常ᄒ야 今日調査가 明日 不合ᄒ니"라 하여 그 사실을 전하고 있다.

고 번호를 대신 썼다. 나는 1414번이었다. 난 막사에 살았으며 그곳은 마
치 병사들의 막사 같았고 마루바닥과 나무로 된 침상 위에서 담요 한 장
을 덮고 잤다. 보통 미혼인 남자 4명이 한 방을 썼다. …… 가끔 나는 찌
는 듯한 실내온도로 전혀 잠을 잘 수 없었다.[11]

이와 같이 하루 10시간 노동에 품삯은 남자가 65센트 여자와 아이들
은 50센트 정도로서 한달 평균 25일 중노동에 수입이 16달러였다고 한
다.

3. 민족운동

1903년 8월 하와이 신민회(新民會)와 동년 9월 북미상항친목회(北美桑港
親睦會) 결성으로부터 시작된 미주(美洲)에서 한인단체 성립은 1907년에
이르는 동안 각 지역에서 20여 개에 달하는 한인 민족운동단체의 성립
을 보았다. 그 후 1909~1910년 대한인국민회(大韓人國民會)를 중심으로
통합되면서 미주한인사회는 물론, 해외한인사회의 권익 보장과 조국
광복을 위한 활발한 민족운동을 벌여 나가게 되었다. 이와 같이 미주
지역에서 한인의 민족운동이 일찍부터 활발히 전개된 배경에는 몇 가
지 조건이 전제되었다. 첫째, 이민지역의 특수성과 이민 구성원의 진
취적 성격을 들 수 있다. 만주·노령지역이 한반도와 접경을 이룬 지
역으로서 조선 내에 기근이 발생하였을 때 많은 월경자들에 의해 쉽게
한인 촌락을 이루곤 했던 친숙한 곳이었다면 미주지역은 한번 배를 타

---

11) 李求弘,『韓國移民史』, 95~97쪽 ; 최봉윤,『미국속의 한국인』, 종로서적출판주
　　식회사, 1983, 95쪽.

고 건너면 다시 돌아오기 어려운 이역만리 낯선 곳이었다. 더욱이 서양인을 금수로 알던 유교적 관념에서 아직 다 벗어나지 못했던 시대에 이 지역으로의 이민은 큰 모험일 수밖에 없었다. 하와이 이민모집 광고가 비교적 좋은 조건을 제시하고 있었음에도 불구하고 처음 응모자가 적었던 것은 이러한 이유가 컸다. 그러나 이러한 지역적 특수성은 한편 이민 구성원의 특수한 성격을 형성케 하였다. 이들의 이민 동기는 크게, 가난을 극복하려는 경제적 측면과 신교육을 받으려는 교육적 측면의 두 가지가 두드러졌다. 이주민들의 구성도 보수적 성향을 지닌 시골양반과 농민에 의해서라기보다 비교적 진취적 성향을 띤 중소도시의 다양한 계층으로 이루어졌다. 이민선(移民船)에 오르기 전에 대다수의 이주민들이 상투를 잘랐다는 사실과 상선을 타고 남녀가 함께 여행하는 과정에서 이미 '남녀칠세부동석(男女七歲不同席)'의 유교관념에서 벗어나게 되었으며, 또한 전통의 한복을 벗고 항해 중에 지급된 양복을 착용했다는 사실 등은 미주 이주민들의 의식변화의 일면을 엿볼 수 있는 것이다.[12] 이같이 이주민들은 전통적 보수성에서 크게 벗어나고 있었다. 여기에 유학을 목적으로 도미한 지식인과 학생들은 그 후 이 이민들을 인도하여 한인단체를 결성하는데 중추적 역할을 수행하였다.

미주 한인사회가 해외 한인사회들 중에서도 일찍부터 민족운동의 성격을 띤 사회단체들이 성립하여 활발한 활동을 전개하게 된 배경은 무엇보다 1903년 이후 도항한 이민들로 성립된 미주 한인사회가 역사·문화적으로 전혀 다른 외국풍토에서 생존발전하기 위하여 스스로를 규제하고, 또한 자신들의 권익을 보호해 줄 수 있는 사회단체의 필요성

---

12) 尹汝儁, 「미주이민 70년」, 『京鄉新聞』 연재물 1~27, 1973년 10·11월.

이 절실하였기 때문이다. 그리하여 이민 초기단계의 하와이에서는 10명 이상동포가 모여 사는 곳이면 거의 자치적 성격의 동회(洞會)를 조직하여 공중질서와 친목도모를 꾀하였다. 그러나 이러한 동회는 한인의 권익을 보장하는 데에는 일정한 한계가 있었다. 때문에 점차 정치활동단체들이 성립되었고 1905년 그런 단체는 을사5조약 강제 이후에는 조국의 가속화되는 일제식민지화정책에 저항하는 항일민족운동을 적극적으로 전개해 나가게 되었다.

둘째, 한인단체를 조직하고 활동할 수 있었던 경제력의 성장이다. 비록 그들의 초기 하와이 생활이 "낮이면 사탕수수밭에서 살고, 밤이면 농막에 들어가 밤을 지낼 때 피곤한 몸의 사지가 아프고 결려서 누웠거나 앉았거나 편치 않아 전전불매하던"[13) 고된 날들이었지만 국내에서보다는 비교적 많은 돈을 벌 수 있었다. 하와이 농장에서 지급받은 노임 69센트는 당시의 환율 2대 1로 볼 때 약 1원 40전에 해당하는 것으로 한국 노동자계층으로서는 비교적 큰 수입이었다. 이민 전 서울 남대문 근처에서 철도 역부를 지냈던 지덕수(池德洙)가 하와이 이민 전 벌었던 하루 임금이 백동전 4푼, 즉 미화 10센트에 불과했다고 하는데 비교할 때 본국에서보다 하와이 노임이 7배나 더 많았던 것이다. 이들은 월평균 16달러의 노임 중에 잘하면 절반을 저축할 수도 있었다 한다.[14) 이와 같은 사실은 윤치호의 「포와의 정형」에서도 "근면절용자 중에는 5~6개월에 미화 50~60달러를 모은 자도 있었다"는 보고를 통해 볼 때 현실적으로 가능했다고 여겨진다. 따라서 비록 사탕농장에서의 고역을 감당해야 되는 어려운 생활이었지만, 그런 과정 속에서도 건실

---

13) 김원용, 『在美韓人五十年史』, 7쪽.
14) 尹汝寯, 「미주이민 70년」.

한 생활태도로 점차 경제적 기반을 닦게 되었던 것이다.

  그 결과 이러한 하와이 농장 노동자 중에는 몇 년 지나면 농장을 떠나 도시로 진출하였고 나아가 미주본토로 이주해 가는 사람들이 증가하였다. 하와이 이민국 자료에 의하면 1905년에서 1907년 사이에 미본토로 이주한 한인은 1905년 399명, 1906년 456명, 1907년 148명으로 불과 3년 만에 1,003명에 달하였다. 그 후 『재미한인오십년사』를 쓴 김원용은 1910년 대한인국민회 인구조사에 의거, 미본토로 이주한 남자가 1,999명 여자가 12명이라고 하여 그 후에도 계속 한인이 본토 이주를 결행한 사실을 논증하고 있다.

  미주 본토로 이주한 2천여 명의 한인들은 샌프란시스코와 로스앤젤레스 등지를 중심으로 캘리포니아 각 지방에, 그중에는 더욱 동진하여 콜로라도의 덴버, 네브래스카의 링컨·헤스팅스 등 중부지방에까지 진출하여 그곳에서 생활의 새 전기를 잡고 한인들의 사회적·종교적·정치적 활동의 터전으로 발전시켰던 것이다.

  이와 같은 생활터전의 변화는 생업에도 많은 변화가 일어났다. 사탕수수농장의 노동자로부터 도시에 일터로 전업한 사람들은 하와이에서는 거의 시가지에 거처를 옮기고 일고(日雇)·세탁·재봉·잡화식료·약종상·여관업 등을 영위하였고, 아예 미본토로 이주한 경우에는 농장·철도역장 등을, 도시에서는 음식점 조역·고용살이, 혹은 영업으로 기숙사·세탁소 등을 영위하였다. 더욱이 1910년을 전후부터 이루어진 본국에서 배필감 여자를 데려오는 사진결혼의 결과 하와이와 미국 본토 한인들은 가정생활의 안정을 가져와 점차 농촌에서는 사탕·채소·화초 농사를 자작하거나 소작하는 동포들이 늘어났고, 도시에서는 재봉소·가구상·여관업·세탁소·잡화상 등의 영업자가 증가하였다. 이와 같은 이주한인들의 경제적 성장은 그 규모도 1만을 칭하게

늘어나고 여러 한인단체의 활동기반이 되어 강력한 민족운동의 배경
이 되었던 것이다.

셋째, 미국사회의 특수성이 작용하였다. 미국은 영국으로부터 독립
을 쟁취한지 얼마 안 되는 독립국이었지만 세계 유수의 문명부국으로
성장하였다. 이와 같은 사실은 이주 한인들로 하여금 미국독립일을 마
치 큰 명절로 삼아 기념할 정도로 조국 독립의 염원을 기리는 자극적
요소로 작용하였다. 게다가 미국정부도 한인들의 조국독립을 위한 정
치, 외교적 활동을 비교적 자유롭게 묵인 내지 보장해 주었다. 이렇듯
미주라는 이주지역과 이민구성의 특수성, 이주한인들의 경제적 성장,
미국정부의 한인단체의 비교적 관대한 정치적 활동 보장 등이 미주에
서 한인 사회단체 활동을 활발히 전개시켜 민족운동의 큰 동인으로 작
용하였던 것이다.

4. 한인결사와 민족운동

미주한인사회는 이와 같이 그들 한인의 자치와 권익을 신장시키고
효과적인 조국 광복운동을 펴기 위하여 각종 항일단체를 조직, 민족주
의를 발전시켰다. 미주 한인단체는 1919년 3·1운동 전후까지 세 단계
의 발전을 거쳤다. 첫 단계는 1903년부터 1905년까지로서 이 시기 하
와이에서는 각 지방마다 동회(洞會)를 설치, 질서와 친목을 유지하였고,
학교를 설립하여 교육을 장려하였고 또한 정치활동을 전개하고자 '신
민회(新民會)'를 조직하였다. 미 본토에서는 동포가 많지 않고 널리 산재
해 있어서 동회는 두지 않았으나 친목을 위해 상항친목회가 조직되었
던 초창기였다.

두 번째 단계는 1905년부터 1907년까지로서 1905년에 일본이 러일전쟁에서의 승세를 타고 을사조약을 강제, 국권 침탈이 본격화됨에 따라 하와이·미주의 한인사회가 다같이 배일을 결의, 각종 항일민족운동단체의 성립을 보았다. 특히 1907년 헤이그특사사건에 따른 광무황제의 강제 퇴위와 군대해산 등이 계기가 되어 이와 같은 한인의 민족주의 단체가 항일운동기관으로 발전, 활발한 국권수호운동을 전개하게 되었다.

세 번째 단계는 1907년 이후 한인 단체 통합시기로서 하와이에서 합성협회(合成協會)가 성립되고, 미주본토에서 1908년 3월 장인환(張仁煥)·전명운(田明雲)의 스티븐스 총격의열을 계기로 북미지방과 멕시코, 하와이 지방을 망라한 통합운동이 활발히 전개되어 대한인국민회가 성립되는 시기이다. 그 후 대한인국민회는 미주본토와 하와이, 멕시코를 중심으로 멀리 시베리아와 남북만주 등 해외지역까지 조직이 미치는 '가정부(假政府)', 즉 민족운동의 중추기관으로서 활동하여 해외한인의 권익보호와 나아가 국외 항일운동의 구심점이 되었다.

이와 같이 하와이와 미주지방 및 멕시코지방의 한인사회는 신민회로부터 시작하여 대한인국민회로 통합, 활동될 때까지 전후 5년 동안 20여 개에 달하는 단체를 설립 통합하면서 한인의 권익신장과 일제 의하여 유린되는 조국의 국권수호를 위한 항일운동을 활발히 전개하였던 것이다. 그중 신민회와 공립협회(共立協會)·대동보국회(大同保國會)·합성협회·대한인국민회로 계보가 이어지는 일련의 단체들이 추구했던 항일운동은 크게 국권회복을 위한 정치·외교 활동과 실력양성·애국계몽운동의 양면으로 파악될 수 있다. 정치·외교 활동은 조국의 국권 침탈에 대한 항일운동으로 주요 국제회의에 대표단을 파송하여 일제의 불법성을 폭로규탄하고 한국인의 독립의지를 천명하는 것이 주류를 이루었다. 한편 실력양성과 애국계몽운동은 한인사회의 근대적 역량의 배양과 조국의 국권수호를 위한 민족운동을 전개하는 것이었다. 그를 위하여 『공립신보(共立新報)』를 시작으로 『대동공보(大同公報)』, 『신한민보(新韓民報)』, 『신한국보(新韓國報)』 등도 간행하였고 한인의 경제향상을 위하여 태동실업회사 등 주식회사도 설립하였다. 또한 각지에 국어학교와 학생양성소를 설치, 민족주의 교육도 시행하였다. 나아가 원동(遠東)지역을 중심으로 추진 중인 '독립전쟁론'의 구현을 지원하기 위하여 상무운동(尙武運動)을 일으키어 독립군의 사관 양성을 도모한 네브라스카의 소년병학교(Military School for Korean)와 멕시코 메리다의 숭무(崇武)학교, 하와이의 국민군사관학교(Korean Military Academy)까지 설립·운영하였고, 조선국민군단(朝鮮國民軍團, Korean Military Corporation)의 편성까지 시도하였다.

이와 같이 미주 한인사회는 일본제국주의가 팽창되어 가는 시기에 해외에서 항일민족운동을 전개하며 한국문제에 관한 세계여론을 주도하였다. 특히 대한인국민회는 상해 임시정부수립 전단계의 민족독립운동의 최고 중추기관으로 해외에서 성립한 임시정부를 뜻하는 '가정부'라 할 수 있는 중요한 위상과 그에 따른 역할을 수행해 갔던 것이다. 그와 같은 과정에서 한인사회의 민족주의는 성장하였고 새 시대의 사조인 민주주의는 민족주의와 조화를 이루면서 발전하여 갔던 것이다.

※ 이 글은 '미주 한인 이민 100주년 기념논집'인 『미주 한인의 민족운동』, 연세대학교 국학연구원 편, 혜안, 2003에 수록된 글이다. 필자는 연세대학교 국학연구원에서 미주 한인 100주년이되는 2000.8. 이 주제의 글을 발표하였다. 이와 관련되는 글은 『국외 한인사회

와 민족운동』속의 「미주 한인사회의 조국 독립운동」(일조각, 1990)
에 수록되었다.

제2회 독립기념관 학술상
심사경위 및 축사

이만열
제2회 학술상 심사위원 / 전 국사편찬위원회 위원장

먼저 오늘 영예의 학술상 수상자로 결정된 윤병석 교수님과 그 가족 여러분들께 축하의 말씀드립니다. 심사위원장으로 수고하신 강만길 위원장님께서 오셔서 그 동안의 심사경위와 또 심사위원회를 대표하여 축사의 말씀을 드려야 하지만 여의치 못하여 제가 대신하게 되었습니다.

독립기념관으로부터 심사위원으로 위촉받은 사람은 강만길 친일진상규명위원회 위원장을 비롯하여 정창렬 한양대학교 명예교수, 유영렬 국사편찬위원회 위원장, 이배용 이화여자대학교 총장, 그리고 저를 포함하여 다섯 사람이었습니다. 심사위원들은 독립기념관측에서 보내온 자료들을 검토한 후 2006년 7월 28일 서울 시청 앞 '현해탄'에서 모여 최종적인 결정을 하게 되었습니다. 추천된 세 분 중에서 윤병석 인하대학교 명예교수를 수상자로 결정했습니다. 독립기념관에서 제정한 이 상이 저술상이 아니고 학술상이기 때문에 그동안의 학술적인 활동과 업적을 종합적으로 평가하여 수상자를 선정하는 것이어서, 특별히 이 심사를 위해서 저술의 제출이 필요한 것은 아니었습니다만 추천자들은 추천된 분들의 저술을 같이 제출했습니다. 윤 교수님을 추천한 분은『간도 역사의 연구』(국학자료원, 2003)를 추천해 보냈습니다. 심사위원들이 제2회 수상자로 윤 교수님을 모시게 된 것은, 무엇보다 한평생 한국독립운동사를 중심으로 한 한국근대사를 초지일관 연구해온 선생님의 학문적인 업적과 한국독립운동사학계의 원로로서의 업적을 높이 평가했기 때문입니다. 그리고 이번 수상과 관련하여 윤 교수님의 업적으로 추천된『간도역사의 연구』또한 간도를 중심으로 한 한국독립운동의 역사와 한국의 영토문제를 방대한 실증적 자료를 바탕으로 새롭게 개척한 역작이라는 점도 높이 평가했습니다. 간도는 우리 선대들이 개척한 땅일 뿐만 아니라 한말 일제 강점기에는 독립운동의 중요한 근거지가 되었던 땅이었는데도, 우리의 의지와는 관계없이 청일 간에 맺어진 1909년의 소위 간도협약이 맺어졌고, 그 협약이 몇 년 있지 않으면 100주년을 맞게 되었습니다. 심사에 임한 위원들은 이러한 시점에 이 같은 연구가 역작으로 출간되어 간도문제에 대한 일반 국민들의 관심을 환기시키게 된 것이 대단히 중요하며, 그 역사적 의의가 크다고 생각했습니다.

심사위원회가 윤 교수님을 수상자로 결정하였지만, 학계의 여러분들이 모두 아시는 바와 같이, 이 시간 윤 교수님의 학문적 활동과 업적을 되돌아보지 않을 수 없습니다. 1957년에 서울대학교 사학과를 졸업하신 선생님은 서울대 사학과 조교를 걸쳐 1962년부터는 국사편찬위원회 편사관보로, 한국독립운동사와 한국사료총서 등을 편찬하였고, 1970년에는 동 위원회 편사실장, 이어서 조사실장을 두루 역임하시며 한국사 25권 등을 간행했습니다. 1976년 인하대학교 사학과 교수로 부임하신 선생님은 한국정신문화연구원 창설 때에 사학연구실장을 역임하셨고, 1981년에는 독립기념관건립추진위원회 기획위원으로 또 국가보훈처 독립유공자심사위원으로 수고하셨습니다. 남달리 부지런하신 선생님은 중요한 학회활동에는 꼭 참여하여 때로는 학회를 이끌어 가시고 때로는 후배들을 격려하여 왔습니다. 선생님은 인하대학교 한국학연구소 초대소장으로부터 시작하여 한국민족운동사연구회 회장, 백범김구선전집편찬위원회 위원장, 도산사상연구회 회장, 백암박은식전집편찬위원회 및 우강양기탁전집편찬위원회 위원장을 거쳐 현재 백암학회 회장, 독립기념관 단재신채호전집편찬위원회 위원장으로 수고하고 계십니다. 아무도 관심 갖지 않던 시절, 또 당시의 사회적 분위기로서는 좀처럼 용기를 낼 수 없었던 시절이었음에도 불구하고 선생님께서는 가장 먼저 한국독립운동사에 관심을 가지시고 초지일관 오늘날까지 연구에 연구를 거듭해 오셨습니다. 해방 후 일정한 기간동안 우리는 일제 강점기와 역사조차 연구할 수 없었고, 그런 분위기 아래에서는 일제강점기 우리 민족사의 주류로 간주 되어야 할 국권회복을 위한 독립운동사는 더더구나 손을 대기가 힘들었습니다. 내유외강하신 선생님은, 한국 민족이라면 당시 마땅히 먼저 밝혀야 할 연구과제이면서도 그러나 사회적 분위기 때문에 누구도 감히 엄두도 내지 못하는 이 분야에 과감히 뛰어들었습니다. 자료를 찾고 기록을 뒤적이며 사료의 맥을 뚫고 구술을 받는 그런 각고의 노력을 통하여 독립운동사 연구 분야를 개척하여 한국독립운동사 연구를 한국사 연구의 중요한 학문분야의 반열에 올려놓았습니다. 오늘날 많은 후진들이 이 방면의 연구업적을 쌓게 된 것은 선생님의 선구적인 업적에 힘입은 바라고 감히 말할 수 있습니다. 이렇게 한국독립운동사라는 한 분야의 연구를 통하여 선생님은 수백 편의 논문·논설을 남기셨고, 수십 권의 저술을 남

기셨습니다. 1975년『삼일운동사』간행을 비롯하여 이 시대, 이 방면
의 저술만 거론하더라도『의병과 독립군』(1977),『한국근대사료론』(1979),
『이상설전』(1984),『한국사와 역사의식』(1989),『독립군사』(1990),『국외한
인사회와 민족운동』(1990),『한말의병장열전』(1991),『한국독립운동의 해
외사적탐방기』(1994),『근대한국민족운동의 사조』(1996) 등을 연구 간행
하셨고, 최근에는『간도역사의 연구』(2003)와『해외동포의 원류－한인,
고려인, 조선족의 민족운동』(2005) 등을 남겨 이 방면 연구자들의 길잡
이가 되고 있습니다. 선생님의 연구자세는 철저히 기록을 근거로 하여
사실을 밝히는 것입니다. 선생님의 사료에 대한 애착과 사료섭렵은 남
다르다고 하지 않을 수 없습니다. 때문에 사료에 대한 해박한 지식은
이 세대에 누구도 뒤따를 수 없습니다. 선생님의 역사학은 검증된 사
료와 그것을 토대로 한 고증에 바탕해 있습니다. 선생님의 고증으로
그 동안 근거가 박약한 사실들이 때로는 보완되고 때로는 허구의 것으
로 판명되었습니다. 사료수집과 문헌의 진위판별 등에 대한 선생님의
지적 해박성은 정평이 나있어서 최근에 많은 애국선열들의 전집간행
이 시도될 때마다 거의 책임을 맡으시게 되는 것도 바로 이 점과 깊은
관련이 있습니다. 또한 선생님의 철저하고 해박한 진위판별 정신은 독
립유공자 심사과정에도 잘 나타나 국기가관에 의한 심사를 확실한 근
거에 의해 과유불급의 정신으로 진행시킴으로 포상을 엄정하게 했습
니다. 1930년생이신 선생님은 올해 喜壽(77세)를 맞습니다만 그 총기가
조금도 쇠하지 않아서 후배들이 혀를 내두를 정도입니다. 섭생에 특별
히 유념하여 건강하고 또한 연구 활동을 가능케 하고 있으며, 후진 양
성도 아직은 자신할 수 있습니다. 부디 더욱 강건하셔서, 오늘과 같이
축하받으실 일이 많아지기를 기대하며 학적인 업적도 더 많이 쌓으셔
서 후진들의 귀감이 되어 주시기를 기원합니다. 선생님을 내조하시면

서 학문의 길을 동행하시는 사모님, 그리고 자녀손들에게도 축복된 나날이 계속 되기를 기원하면서 축사를 대신합니다.

2006. 8. 11

찾아보기

윤 병 석 尹 炳 奭

■ 학력

1950~1958   서울대학교 사학과 졸업
1990~1993   숭실대학교 대학원 문학석사
1995.8.25   숭실대학교 대학원 명예문학박사

■ 경력

1961~2003   서울대학교 문과대학 사학과 강사
            (한국독립운동사 및 한일관계사 전담 강의)
1962~1976   문교부 국사편찬위원회 편사관(편사·조사실장)
1976~1995   인하대학교 교수(박물관장, 문과대학장, 한국학연구소장)
1978~1981   한국정신문화연구원 파견교수(사학연구실장)
1982~1984   독립기념관건립추진위원회 기획위원
1984~   한국독립운동(민족운동)사 회장
1990~현재   매헌연구원 원장
1992~2002   안중근의사숭모회 이사(상임이사)
1992~2000   위암 장지연회(부회장)
1993~1994   중국인사증언 한국독립운동사자료집
1995~현재   인하대학교 명예교수
1997~1998   도산 안창호기념사업회 전집편찬위원장
1998~1998   백범 김구선생전집 편찬위원회 위원장
1998~1999   성재 이동휘선생전집 편찬위원장
1998~1999   이화장소장 우남 이승만문집(3·4권, 3·1운동편 해제)
2002~2003   백암 박은식선생전집 편찬위원회 위원장
2002~2003   우강 양기탁선생전집 편찬위원장
2007~2008   단재 신채호전집 편찬위원장
2008~2009   위암 장지연서간집 편찬(장지연회)
2008~2009   장인환·전명운의 샌프란시스코의거 자료집
2011~2012   안중근문집 및 자료집 편찬
2012~2013   매헌 윤봉길전집 편찬위원장

■ 상훈

■ 주요 저서

『증보 三一運動史』(정음사),『신증 李相卨傳』(일조각),『의병과 독립군』(세종대왕기념사업회),『韓國近代史料論』(일조각),『韓國獨立運動史』(공저, 한국일보사),『韓國史와 歷史意識』(인하대학교 출판부),『國外韓人社會와 民族運動』(일조각),『獨立軍史』(지식산업사),『러시아지역 韓人社會와 民族運動史』(공저, 교문사),『러시아지역의 한인사회와 조국독립운동사』(교문사),『구한말 의병장 열전』(독립기념관),『한국독립운동의 해외사적 탐방기』(지식산업사),『직해 백범일지』(집문당),『安重根傳記全集』(편저, 국가보훈처),『근대한국 民族運動史의 思潮』(집문당),『誠齋李東輝全書』(편저, 독립기념관),『中國東北지역 韓國獨立運動史』(공저, 집문당),『大韓國人安重根, 사진과 유묵』(편저, 안중근의사기념관),『간도역사의 연구』(국학자료원),『해외동포의 원류』(집문당),『1910년대 국외항일운동』(독립기념관),『안중근 연구』(국학자료원),『안중근전기』(국학자료원),『안중근문집』(선인),『한국독립운동가의 문집과 자료집』(선인),『대한과 조선의 위상』(선인),『3·1운동사와 대한민국 임시정부, 의정원과 광복선언』(국학자료원, 출판 중),『한국과 주변 4강과의 관계』(선인) 등